KB125211

미래를 건설하는 역사교육

wanzig Jahre
Schulbuchrevision in Westeuropa

미래를 건설하는
역사교육

1945~1965 유럽 역사교과서 개선활동

오토 에른스트 쉬데코프 외 지음 | 김승렬 옮김

역사비평사

【옮긴이의 말】 편협한 민족주의 역사교육에서 공동의 미래를 건설하는 역사교육으로

　역자가 이 책을 접하게 된 계기는 최근 다시 불거져나온 일본 중학교 역사교과서 문제였다. 일본의 역사교과서 문제는 1982년 이후 주기적으로 대두되었던 것으로서 전혀 새로운 문제는 아니지만 이 문제를 대하는 이전의 우리 시각과 비교해보았을 때, 최근 우리 시각에서 조금 진전된 면모가 확인된다. 일본의 역사교과서뿐 아니라 우리의 역사교과서도 함께 문제시해야 한다는 주장, 한국과 일본만의 문제틀을 초월하여 중국과 기타 다른 아시아 국가들도 이 문제와 관련하여 함께 고찰되어야 한다는 입장, 조금 더 근본적인 문제제기로서 역사교육과 민족주의의 관계를 깊이 성찰해야 한다는 시각, 그리고 유럽에서 1945년 이후 이루어진 역사교과서 문제 해결의 예를 좀더 체계적으로 살펴볼 필요성을 느낀 것, 이 모든 것이 그러한 진전된 측면이라고 할 수 있다.
　한국측은 기존의 대응방식을 개선하기 위하여 서구에서 그간 행해진 교과서 협의를 부분적으로 참조했지만, 일본측은 이를 전혀 고려하지 않았다. 그러나 정도의 차이는 있지만, 양측 모두 서구의 선례를 심도 있게 고려하지 않았다는 점은 동일하다. 서구의 선례를 심도 있게 참조할 때, 한·일 간 교과서 협의는 현재보다 더 긍정적인 성과를 얻을 수 있으리라 판단된다. 아래에는 본 역서를 이해하는 데 도움이 될 만한 몇 가지

점을 소개하겠다.

1. 쉬데코프(Otto Ernst Schüddekopf : 1912~1984)

한국 독자들에게 국제교과서 분석에 있어서 많은 기여를 했던 에케르트(Georg Eckert)는 어느 정도 알려졌으나[1] 쉬데코프는 전혀 소개된 바 없어 여기서 짧게 소개하겠다.

에케르트와 쉬데코프는 독일 브라운슈바이크(Braunschweig) 국제교과서연구소(이것은 1975년 게오르크-에케르트 국제교과서연구소Georg-Eckert-Institut für Internationale Schulbuchforschung로 개칭되었다)를 이끌었던 쌍두마차였다. 1975년 쉬데코프는 25년 간의 연구소 활동을 마치고 은퇴했다. 이 두 사람은 서로를 보완했는데 에케르트가 아이디어를 내고 국제화해의 무대에서 연구소를 운영하며 자신의 고유한 추진력과 설득력으로 연구소 일을 위한 외부의 지지를 얻어냈다면, 쉬데코프는 교과서 관련 활동의 열매를 거두어들이고 그것의 보존자로서의 역할을 했다. 즉 그는 반갑지 않은, 그러나 필요 불가결한 허드렛일인 연구소출판의 편집일을 지속적으로 도맡아서 해왔다. 그는 무엇보다『역사와 지리교육 국제연보(Internationales Jahrbuch für Geschichts- und Geographieunterricht)』16권과 연구소 출판시리즈 20권을 출판했다. 이것은 교과서연구소의 자기 기억과 교과서 개선활동 역사에 있어서 매우 중요한 보물이다. 쉬데코프는 교과서 연구에 중요한 기여를 했다. 그의 연구서『20년 간의 서유럽 역사교과서 개선, 1945~1965(Zwanzig Jahre Schulbuchrevision in Westeuropa)』(Braunschweig, 1966 : 영어와 불어로 번역되었음)은 오래전부터 이 분야의

---

1) 김유경,「기억을 둘러싼 갈등과 화해 : 독일·프랑스 및 독일·폴란드의 역사교과서 협의」,『역사비평』, 2002 여름, pp.363~385.

표준적 연구서로서, 즉 '고전'으로서 인정받고 있다.

그는 자신의 학문적 프로필을 본래 현대사연구에서 쌓았다. 그의 광범위한 연구서들 중에 표준적인 역사연구서로 인정받고 있는 세 권만을 언급하겠다. 『지난 세기의 독일 내정과 보수적 사상(Die deutsche Innenpolitik im letzten Jahrhundert und der konservative Gedanke)』 (Braunschweig, 1951), 『우파에서의 좌파 사람들 : 바이마르 공화국에 있어서 민족혁명적 소수파들과 공산주의(Linke Leute von rechts : Die nationalrevolutionären Minderheiten und der Kommunismus in der Weimarer Republik)』(Stuttgart, 1960 / 개정판 Berlin, 1973), 『우리 시대의 혁명들 : 파시즘(Revolutions of Our Time : Fascism)』(London, 1973 : 독일어, 스페인어, 네덜란드어로 번역되었음).[2]

2. 번역서에 대하여

1965년 유럽평의회(Council of Europe)의 문화협력위원회(Council for Cultural Co-operation)는 1945년 이후 서유럽에서의 역사교과서 및 역사수업 개선의 역사에 대한 연구 프로젝트를 시작했는데, 쉬데코프는 이 프로젝트의 책임을 맡았다. 유럽평의회는 본 연구의 결과물인 『역사교육과 역사교과서 개선활동(History Teaching and History Textbook Revision)』 (Otto-Ernst Schüddekopf ed., Strasbourg, 1967)을 영어판과 프랑스어판으로 출판했다. 여기에는 쉬데코프의 연구서 이외에 역사협회 국제위원회 (International Committee of the Historical Association) 위원장 단스(E. H. Dance), 프랑스 역사 및 지리교사협회(Société des Profeseurs d'Histoire et de

---

2) Ursula A. J. Becher/Rainer Riemenschneider (eds.), *Internationale Verständigung. 25 Jahre Georg-Eckert-Institut für internationale Schulbuchforschung in Braunschweig,* Hannover, 2000, p.123.

Géographie) 명예회장인 브륄레(Edouard Bruley) 그리고 비북유럽 국가들과의 교과서 협의활동 책임을 맡고 있는 노르웨이 교사협회위원회 회장 비간더(Haakon Vigander)의 연구논문이 포함되어 있다.

『역사교육과 역사교과서 개선활동』은 서론, 본론(네 개의 장), 결론 그리고 부록으로 구성되어 있다. 서론은 공동집필된 것이고 제1장(1945~1965, 역사교과서 개선활동)과 제4장(역사교과서 개선활동의 교훈) 및 결론은 쉬데코프가, 제2장(북유럽 국가들의 역사교과서 개선활동)과 제3장(1953~1958, 역사교과서 문제에 관한 유럽평의회의 국제학술대회들)의 제1절(역사교육에 있어서 유럽 이념)은 비간더가, 제3장 제2절(역사교육과 역사교과서에서의 편견들)은 단스가, 제3장 제3절(역사의 시기구분 문제)은 브륄레가 집필했고, 제3장 제4절(결론과 권고사항들)은 비간더, 단스 그리고 브륄레가 공동으로 집필한 것이다.

역자는 비간더의「북유럽 국가들의 역사교과서 개선활동」은 쉬데코프의 글과 중복되는 부분이 있고, 그의「역사교육에 있어서 유럽 이념」은 지나치게 짧아 우리에게 제공하는 정보가 너무 적기 때문에 본 역서에서는 생략했다. 그리고 브륄레의「역사의 시기구분 문제」는 우리에게 시사하는 바가 적기 때문에 이것도 생략했다. 따라서 쉬데코프와 단스의 글만이 본 역서에 번역된 셈이다. 그런데 쉬데코프는 자신의 연구서를 『역사교육과 역사교과서 개선활동』(1967)이 나오기 이전에 서독[3]의 독자들을 위하여 별도의 독일어판(『20년 간의 서유럽 역사교과서 개선, 1945~1965』, Braunschweig, 1966)으로 출간했다. 역자는 이 쉬데코프의 독일어판과 유럽평의회의 영어판을 비교하면서 번역했다. 그런데 쉬데코프의 독

---

3) 본 번역문에서 사용될 '독일'과 '서독'이라는 용어에 대해 약간의 설명이 필요하다. 서독은 1949년 이후 탄생된 국가로서 공식명칭은 '독일연방공화국(BRD)'이다. 서독이나 동독은 자신이 독일을 대표한다고 주장하기 때문에 특별한 경우가 아니면 'Deutschland'를 자신의 표기로 사용한다. 그러나 번역문에는 서독이라는 의미로 번역하는 것이 더 적절하다고 여겨질 때 'Deutschland' 또는 'deutsch'를 '서독'이라고 번역하고, 그 이외의 경우에는 '독일'이라고 번역했다. (역자)

일어판 내용 모두가 유럽평의회의 영어판에 포함되지 않았다. 쉬데코프의 원래 내용의 대략 3분의 2 가량만이 이 영어본에 소개되었다. 그러나 주로 예로서 제시된 내용들이 많이 삭제되었으므로 이 영어본은 쉬데코프 본래 글의 핵심 내용을 다 담고 있다고 보아도 무방하다. 그러나 역자는 한국 독자들이 이해하는 데 필요한 범위 내에서 쉬데코프의 독일어판 내용을 더 번역했음을 밝혀둔다. 그리고 쉬데코프의 독일어판 서문도 가치 있는 것으로 판단하여 본 역서에서 번역했다. 또한 역사교과서 국제협의에 관심 있는 독자들을 위해 1945~1965년 기간에 이루어졌던 교과서 협의활동 목록을 부록에 수록했다. 이것은 위에서 소개된 영어본의 부록을 첨삭 없이 그대로 옮긴 것이다. 이를 번역하면 오히려 이해하기 어려울 것이라 판단되어 영어 목록 그대로를 실었음을 밝혀둔다.

원본 제목과 달리 역서 제목을 『미래를 건설하는 역사교육 : 1945~1965 유럽 역사교과서 개선활동』이라고 했는데, 이는 역서의 의미를 뚜렷하게 부각시키기 위해서이다. 유럽이 1945년 이후 극심했던 민족주의적 폐해를 극복하기 위해 민족주의를 지양하는 유럽통합을 추진했다는 것은 주지의 사실이다. 역사교육은 민족주의를 확산하고 공고히 하는 데 매우 효율적이었던 국민국가의 도구 역할을 100여 년 가까이 수행했다. 유럽통합이 제공한, 민족주의로부터 다소 자유로운 문화공간에서 유럽인들은 민족주의적 역사교육을 인권과 민주주의에 기초한 보다 넓은 보편성을 지닌 역사교육으로 개선하고자 많은 노력을 기울였다. 이러한 노력 중에서 중요한 것이 바로 국제 역사교과서 개선활동이다. 이러한 활동의 중심을 이루는 국가가 민족주의의 폐해가 가장 극심했던 독일이었고, 그 중심에 바로 게오르크-에케르트 국제교과서연구소가 있었다. 이러한 활동에 유럽평의회와 유네스코의 전폭적인 지원이 있었다는 사실 자체도 잊어서는 안 될 것이다. 이러한 일단의 노력들은 대체적으로 긍정적인 평가를 받고 있다. 이 책은 이러한 노력 중에서 1945~1965년 기간의 성과를 정리하고 분석한 것이다. 역자가 『미래를 건설하는 역사교육 : 1945~1965 유럽 역사교과서 개선활동』을 통해서 나타내고자 했던 것은 유럽 역사교육의 패러다임이 분쟁의 씨를 안고 있던 민족주의에서 이를 극복하기 위한 탈민족주의로 전환되고 있다는 점이다. 분명 역사교육의 문제는 역사교과서만의 문제가 아니다. 그러나 역사교과서가 역사교육에서 차지하는 위치가 크기 때문에, 역자는 역사교과서의 경향을 역사교육의 경향으로 확대하여 해석했다. 물론 논리의 비약은 있겠지만, 대체적인 경향을 측정하는 데는 무리가 없을 것이라고 생각한다.

3. 교과서 연구와 국제적 교과서 개선활동

교과서 연구(Schulbuchforschung)는 민족주의의 등장으로 일반국민교육이 시작된 19세기 초부터 시작되었지만, 국제적 맥락에서 수행된 교과서 비교연구의 기원은 19세기 후반 평화운동까지 거슬러 올라가며, 이것이 본격적으로 논의되기 시작한 것은 제1차 세계대전 이후이다. 이는 지역 주민을 민족으로 구성하는 데 국민교육, 특히 역사교육이 크게 기여했고, 이에 따라 역사교육은 자국 또는 자민족 중심성과 타국가 또는 타민족 배타성이 국제관계의 긴장과 전쟁을 초래했다는 인식이 제1차 세계대전 이후 크게 반향을 불러일으켰기 때문이었다. 이러한 역사교과서 연구는 처음에는 '교과서 개선(Schulbuchverbesserung ; Textbook Improvement 또는 Schulbuchrevision ; Textbook Revision)', '교과서 협의활동(Schulbuch -arbeit ; Textbook Work)'으로 불렸다. '교과서 개선' 활동의 주 목적은 양국 간의 적대감정을 유발하는 서술들을 개선함으로써 해당 국가간 이해증진에 방해요소가 될 수 있는 것을 최소한 제거하는 것이었고, 그래서 양자간 교과서 협의활동이 주요한 형태였다. 20여 년의 활동을 통하여 최소한 서유럽 내에서는 이러한 결점들이 상당히 시정되었다. 1970년대 이후부터 교과서 비교연구가 양자간 협의활동에서 다자간 협의활동으로 서서히 전환되기 시작했고, 그 관심대상도 각 국가의 기본적인 인식틀 및 사고틀, 소위 '배후에 놓여 있는 전제들(underlying assumptions)'에 대한 분석으로 전환됨에 따라 명칭도 '교과서 연구(Schulbuchforschung; Textbook Research)'로 개칭되었다.[4]

교과서 분석의 관심영역이 이렇게 변화됨에 따라 그 방법론에 대한 문제의식도 변화했다. 오랫동안 브라운슈바이크의 국제교과서연구소(Internationales Schulbuchinstitut)에서 교과서 국제비교분석을 해왔던 쉬데코프는 1966년 제2차 세계대전 이후부터 당시까지 '교과서 개선' 활동을 평가하면서, 교과서 분석은 기본적으로 '실용적인 기법(pragmatische Kunst)'이라고 정의했다. 따라서 그에 따르면, 한 분야가 학문의 한 분과(discipline)가 되기 위해서 필요한 체계적이며 과학적인 방법론이 여기에서는 그다지 필요치 않았다.[5] 역사교과서 국제비교는 그 방법론에 대한 심각한 고려 없이도 이미 1920년대에 시작했고, 그 소기의 성과를 얻었다는 점, 그리고 1949년 유네스코에서 마련한 기초적인 모델[6]을 통해서도 그 이후의 역사교과서 국제비교의 성과를 이루었다는 점을 감안한다면, 방법론 정립에 대한 쉬데코프의 의견은 근거 있는 것이다. 그러나 교과서 분석의 관심영역이 전환되는 1970년대 이후부터 그 방법론에 대한 문제들이 진지하게 제기되었다. 야이스만(Karl-Ernst Jeismann)은 다음과 같이 그 문제를 지적했다.

---

4) K. Peter Fritzsche, "Vorurteil und verborgene Vorannahmen", K. Peter Fritzche (ed.), *Schulbücher auf dem Prüfstand*, Frankfurt am Main, 1992, p.107.

5) O. E. Schüddekopf, *20 Jahre westeuropäischer Schulgeschichtsbuchrevision* 1945~1965, Braunschweig, 1966, p.42.

6) UNESCO, *A Handbook for the Improvement of Textbooks and Teaching Materials. As Aids to International Understanding*, 1949, 특히 제7장 A Model Plan for the Analysis and Improvement of Textbooks and Teaching Materials as Aids to Interantional Understanding 참조.

국제 교과서 연구는, 쉬데코프가 지적했던 바와 같은 '실용적 기법 (pragmatische Kunst)'으로만 머물러서는 안 된다. 국제 교과서 연구는 이론적 기초를 튼튼히 다져야 한다. 교과서 비교분석에 있어서 방법론상 사용가능한 기술적 도구들을 개발하기 위한 노력을 말하는 것이 아니다. 오히려 필자는, 자기 이해와 타자에 대한 이해의 구조가 한 사회의식 속에서 유효하게 작용하고 있는 메커니즘을 인식하고 밝혀내는 것, 그리고 계몽적 학문이 우리가 살고 있는 세계의 상징적 의미세계와 맺고 있는 관계를 밝혀내기 위한 이론적 기초 다지기를 말하고자 한다.[7]

이러한 문제의식에서 교과서 분석 방법론을 과학화하고자 하는 시도들이 많이 있었지만, 아직 만족할 만한 보편적인 과학적 방법론은 정립되어 있지 못한 형편이다.

4. 유럽의 역사교과서 개선활동과 한·일 역사교과서 문제

주지하다시피, 제2차 세계대전 이후 서유럽은 냉전 구도 속에서 서유럽의 국민국가들 간 갈등의 원인이었던 민족주의의 부정적 측면을 극복하는 데 성공했다. 즉 유럽통합을 통해서 서유럽인들은 이를 달성했고, 그 일환이 바로 서유럽 국가들 간의 역사교과서 협의활동이었다. 그러나 동아시아의 상황은 이와 사뭇 다르다. 먼저 한국과 일본의 관계는 과거 식민지 관계였는데, 서유럽 국가들 간에는 침략과 피침의 경험은 있지만 장기적인 식민관계는 없었다. 그리고 동아시아의 중심이었던 중국이 공산주의 진영으로 편입됨에 따라 서유럽에서 서독에 대해서 프랑스나 영국이 했던 역할을 할 수 있었던 강력한 국가가 없었고, 이 때문에 일본의

---

7) K.-E. Jeismann, "Internationale Schulbuchforschung. Aufgaben und Probleme", *Internationale Schulbuchforschung*, 1/1979, pp.16ff.

과거극복 노력은 서독에 비해 거의 전무했다고 볼 수 있다. 이러한 상황 가운데 일본에서는 민족주의가 아직도 바람직한 사고틀로서 인정되고 있고, 한국에서도 민족주의가 근대화, 북한과의 대결, 일본과의 문제 등으로 인해 아직까지도 바람직한 역사관으로 인정되고 있는 형편이다. 민족주의가 바람직한 것으로 인정되고 있는 한, 한·일 간 교과서 분쟁 해결 노력은 서유럽의 수준에서 볼 때 '교과서 개선' 활동을 본격적으로 시작할 1945년 이전 시기의 그것과 유사할 것이다. 따라서 현재 서유럽에서 개진되고 있는 교과서 분석 방법론에 대한 논의는 일본 교과서 문제를 둘러싼 동아시아의 실정을 훨씬 초월하는 것이라고 판단할 수 있다. 오히려 쉬데코프가 말한 '실용적 기법'으로서 교과서 분석 방법론의 인식이 우리 상황에 더욱 잘 부합할 것이다. 이러한 점을 감안할 때, 1945년부터 1965년까지의 유럽 역사교과서 협의활동의 역사와 그 방법론을 다룬 본 역서는 우리 실정에 적합하다고 할 것이다.

유럽 국민국가들의 관계는 식민지적 관계가 아니었다는 점에서 한·일 간의 역사교과서 문제 차원과 동일하게 볼 수 없다는 것은 분명하다. 그러나 좀더 시각을 넓혀서 보면, 이 연구들은 민족주의와 역사교육의 관계를 역사적으로 고찰할 수 있는 계기를 제공할 수 있고, 이로부터 우리에게 유용한 시각과 방법론을 차용할 수 있을 것으로 기대된다.

이러한 시각에서 서유럽 역사교과서 협의활동의 사례를 우리가 어떻게 받아들여야 하는가라는 문제를 고민하면서 역자가 번역 과정에서 개인적으로 배운 점 몇 가지를 언급하겠다.

첫째, 전문적 역사연구와 역사교과서 편찬의 관계 문제이다. 역사교과서는 일반적으로 역사연구의 성과가 반영된 것이기 때문에, 역사교과서 분석에서는 먼저 역사연구의 성과를 검토해야 하는 것이 당연하다. 그래서 최근 일본 중학교 역사교과서 논쟁에서 일본측은 대부분 학설 상황을 근거로 한국측의 시정요구 사항을 받아들이지 않았다. 그러나 학설이 교과서에 어느 정도, 또 어떤 방식으로 반영되어야 하는가라는 문제에 대해 특별히 정해진 원칙이 있는 것은 아니며, 그것은 해당 국가의 교육당국이나 교과서 저자의 결정사항이다. 예컨대, 반드시 다수설을 교과서에 반영해야 하는 것은 아니며, 소수설이라고 해서 반드시 교과서에 반영되지 말라는 원칙도 없으며, 또한 다수설과 소수설을 모두 서술하든지, 아니면 논란이 되는 해석을 아예 삭제하고 역사적 사실만을 서술할수도 있다. 따라서 역사연구에 대한 검토와 교과서 서술의 분석은 긴밀한 관계가 있지만 서로 차원을 달리하는 문제다. 즉, 학설의 반영 여부와 반영 정도의 문제는 자유로운 학문적 영역의 문제가 아니라 당국의 교육정책 상의 고려, 교과서 출판사와 저자의 선택에 의해 결정되는 것이다. 이 점을 감안한다면, 문제가 되는 테마에 대한 해석을 두고 한·일양국 학자들 간에 어느 정도의 합의가 이루어지지 않았다 하더라도, 이합의의 부재를 이유로 교과서 서술 문제를 해결할 수 없다는 논리는 원론적으로 잘못된 것이다. 물론, 양국 간 지배적인 학설의 차이가 크면 클수록 교과서를 둘러싼 협의는 어려울 것이기 때문에, 이를 위한 학자들간의 협력이 필요하다는 점은 잊어서는 안 될 것이다. 어쨌든 학설과 이를 역사교과서에 반영하는 문제는 별개이기 때문에, 교과서 분석 방법론을 학설 검토와 별도로 연구할 필요성이 제기된다.

일본 자체 학설 상황에서만 본다면 일본측 답변이 부당하거나 편파적이라고만 판단할 수 없지만, 과거 적대관계에 있었던 유럽 국민국가들간의 교과서 협의의 쟁점은 사실관계의 오류 문제가 아니라 일본 문부과학성이 해석의 문제, 기술되어야 할 사항의 누락 및 미흡한 기술 등의 항목으로 분류하여 시정노력을 하지 않은 부분들이었다는 점을 기억하는 것이 중요하다. 사용된 어휘(예컨대, '복속국')나 해석의 문제들은 이 책에서 소개된 분석원칙인 공정성에 해당하는 문제들이다. 일본은 그 동안 서유럽을 중심으로 이루어진 국제 교과서 분쟁 노력의 기본원칙들을 전혀 참조하지 않았거나 의도적으로 무시했다고 해석할 수 있는데, 바로 이 부분에서 한국과 일본 양측의 협의 노력이 필요하다.

둘째, 학문의 자유에 관한 문제이다. 일본의 검인정 제도는 분명 우리의 국정 제도보다 시민사회의 자유를 더 보장하는 것이다. 일본 역사교과서에 비판적이고, 한·일 역사교과서 협의활동에 우호적인 진보 인사들은 '권고안' 작성이 그 동안 일본이 싸워서 이룩한 시민적 자유와 학문의 자유를 침식할 우려가 있다는 이유로 이것을 반대했다. 영국과 독일의 역사교과서 권고안에 대해서 영국의 일각에서도 이와 동일한 비판이 가해졌다. 이에 대해 쉬데코프는, 권고안은 결코 강제성을 지니고 있지 않으며 이에 참가한 학자들의 개인적인 의견에 불과하기 때문에 권고안이 이와 다른 의견을 갖고 있는 학자들의 학문적 자유를 침해하지 않을 것이라고 반박했다. 권고안은 계속 수정되고 보완될 수 있는 것이지 결코 고정된 것이 아니며, 다만 쌍무적 논의의 구조적 틀을 구축하기 위한 수단에 불과하다는 것이다. 이러한 쉬데코프의 논리를 우리도 얼마든지 활용할 수 있으리라고 판단된다.

셋째, 쌍방간의 문제를 해결하는 데 있어서 쌍무성 내지 상호성의 원칙이 반드시 지켜져야 한다는 점이다. 일본 중학교 역사교과서 문제를 둘러싼 한·일 쌍방의 그간의 노력들에는 민족주의적 고집이 많이 확인된다. 국제 교과서 비교연구의 기본 원칙인 상호성에 근거해서 각자의 입장을 이해하는 자세가 좀더 필요하리라고 판단된다. 예컨대, "조선 반도가 일본에 적대적인 국가의 지배하에 들어가면 일본을 공격하는 절호의 기지가 되어"라는 진술을, 한국측은 한국침략 및 지배를 방위명목으로 합리화하려는 논리라고 보았기 때문에 침략의도의 명기를 요구했다. 이에 대해 일본측은 "당시 일본 정치 지도자 및 사상가들 사이에는 구미 열강이 조선반도에 강력한 발판을 확립할 경우 일본은 독립을 위협받을 수 있다는 인식이 있었다는 것이 널리 인정되고 있기" 때문에, 이러한

15

학설상황에 비추어 명백한 오류라고는 할 수 없다고 답변했다. 19세기 말 일본의 상황인식만을 역사교과서에 서술할 것인가, 그에 대한 오늘날의 평가까지 삽입할 것인가는 일본 학습지도요령에 나타난 중학 역사교육의 목적과 이에 대한 교과서 집필자의 해석에 달린 문제로서 단순한 학설상의 이견 문제를 뛰어넘는 것이다. 이런 점에서 한국측의 요구나 일본측의 답변은 부적절하다고 판단된다. 바로 이 부분에서 교과서를 둘러싼 국제분쟁의 해결이 다양한 방면에서 시도되어야 할 것이다. 예컨대, 한국측은 19세기 말의 한반도를 둘러싼 국제상황에 대한 인식(위협설)을 인정하고, 일본측은 그 위협의식 배후에는 분명 조선침략의 합리화 의도도 있었다고 인정하는 방식으로 문제 해결을 볼 수 있지 않나 생각된다. 이러한 해법은 구한말 한·일관계의 역사왜곡 전반에 적용될 수 있지 않나 판단된다. 예컨대, 일본에 의해 이루어진 근대화 중 어떤 것은 결과적으로 당시 조선 사회의 근대화라는 결과를 초래했다는 것을 우리측이 (학계의 연구결과가 허용하는 범위 내에서) 인정하고, 일본측은 그것이 우리 민족을 위해서가 아니라 조선 식민지 지배를 위한 것이라는 목적을 인정하는 것이다.[8]

넷째, 일본 역사교과서 분석에 있어서, 분석자는 최소한 국제 교과서 협의에서 사용되고 있는 분석 원칙들(정확성, 공정성, 포괄성과 균형성, 보편적 가치 지향성 또는 비판적이며 문제지향적인 역사교육 목적)을 깊이 참조할 필요가 있다. 이러한 원칙을 밝힐 때, 일본측에서도 그 원칙 자체를 무시할 수 없으므로 답변의 성실성을 최소한 담보할 수 있지 않을까 판단되며, 우리 입장에서도 국제사회에 한국 입장의 정당성을 주장할 때 보다 우호적인 여론을 얻어낼 수 있을 것이다.

---

8) 이 제안은 역자가 이 시기의 한·일 문제에 대해 전문적 지식을 갖고 있지 못한 상태에서 쉬데코프의 논리를 형식적으로 적용한 것에 불과함을 독자들은 감안하기 바란다.

끝으로, 이 책을 번역·출간하는 데는 많은 분들의 도움을 받았음을 밝힌다. 먼저 넉넉하지 않은 살림에도 불구하고 한국의 현실을 밝혀줄 수 있는 인문서 출간을 흔쾌히 허락해주신 역사비평사 김백일 사장님과 편집을 도맡아 읽기 어려운 원고를 수정해준 이상실씨, 그리고 최초의 원고를 수정해준 백은진에게도 감사의 말을 전한다. 그러나 번역의 책임은 전적으로 역자에게 있다는 점을 밝혀둔다.

2003년 1월 1일
안암골에서 역자

【영어판 서문】 역사교과서 개선활동을 기록하며

유럽평의회(Council of Europe) 자문의회(Consultative Assembly)의 권고에 따라 유럽평의회 각료이사회(Committee of Ministers)는 1950년대 초 역사 교과서와 지리교과서 개선 문제를 다루었다. 그밖에 유네스코 활동을 도 와주기 위해서 각료이사회는 교과서의 유럽 관련 부분에 대한 논의를 위한 역사교과서 전문가 회의를 소집하기로 결정했다. 이에 따라 유럽평 의회 주최로 여섯 차례에 걸친 국제학술대회가 1953년부터 1958년까지 개최되었다. 각 회의의 주제는 다음과 같다. '역사교육에 있어서 유럽 이 념'(서독 칼프Calw, 1953), '중세'(노르웨이 오슬로, 1954), '16세기'(이탈리아 로 마, 1955), '17세기와 계몽주의의 세기'(프랑스 르와이요몽Royaumont, 1956), '1789~1871'(네덜란드 쉐베닝겐Scheveningen, 1957), '1870~1950'(터키 이스 탄불과 앙카라, 1958).

이 여섯 차례의 회의 결과들은 브륄레(Edouard Bruley)와 단스(E .H. Dance)의 편집하에 출판되었다(『하나의 유럽사?A History of Europe?』, Szthoff/Leyden, 1960). 또한 불어, 독일어, 네덜란드어, 스페인어, 이탈리아 어, 그리스어 그리고 터키어로 번역되었다. 이 회의들의 또다른 결과인 『역사의 기본개념들 : 유럽 역사상에 대한 50개의 기고문(Grundbegriffe der Geschichte: 50 Beiträge zum europäischen Geschichtsbild)』(Gertelsmann, 1965)은 독일어로만 출판되었다. 이 개념사 사전의 중요한 기고문 중의 하나인 사틀러(R. J. Sattler)의 '유럽(Europa)' 개념설명은 별도로 영어와 불어로 출판될 예정이다(1968).

역사교과서 개선에 관한 일련의 회의에 이어서 지리교과서 개선에 관한 네 차례에 걸친 국제학술대회가 1961년과 1964년 사이에 개최되었다. 각 회의의 주제는 다음과 같다. '중앙유럽'(서독 고슬라, 1961), '남유럽'(스페인 산타 크루즈 드 테네리페Santa Cruz de Ténériffe, 1962), '서유럽'(아일랜드 브레이Bray, 1963), '북유럽과 동유럽'(아이슬란드 레이캬비크Reykjavik, 1964). 그 결과는 1967년에 출판될 것이다.

1962년부터 지리교과서 개선에 관한 국제학술대회는 새로 건립된 문화협력위원회(Council of Cultural Co-operation), 특히 그 하부기구 중 하나인 일반 및 기술교육위원회(Committee for General and Technical Education)가 주관하게 되었다.

지리교과서 개선을 위한 회의의 첫 번째 회기인 1962년에 일반 및 기술교육위원회는 역사교과서 개선에 관한 이전의 활동이 유럽의 역사교사들에게 어느 정도 잘 알려지고 홍보가 되었는지를 알아보기 위해, 그리고 역사교육의 유럽사 과정을 준비하기 위해 역사전문가 그룹을 소집해줄 것을 유럽평의회 비서국에 요청했다. 이 회의는 1965년 8월 덴마크에서 개최되어 '유럽에서의 역사교육'에 관한 비교연구를 수행했다. 이 회의 결과는 곧 출판될 것이다.

이제 본 연구결과물에 대해 설명하겠다. 이것은 역사교과서 개선을 위한 전문가 회의의 결과물로서 이 분야의 다른 국제적 활동, 특히 유럽 활동을 배경으로 한 유럽평의회의 활동을 기록하고 있다. 그리고 본 연구결과물은 유럽평의회가 역사교과서 개선활동을 시작할 때부터 함께 작업했던 전문가들의 협력과 특히 독일 브라운슈바이크(Braunschweig)의 국제교과서연구소(Insternationales Schulbuchinstitut) 협력 덕에 완성될 수 있었다. 쉬데코프(Schüddekopf)의 기고문은 유럽협력위원회가 위탁한 연구의 일부분을 발췌한 것이다. 그리고 북유럽 국가들의 역사교육에 대한 비간더(Vigander)의 기고문과 비간더, 단스 그리고 브륄레가 준비한 유럽평의회의 활동결과에 대한 기고문도 이 책에 함께 편집되었다. 각각의 글에 대한 책임은 전적으로 각 저자가 지는 것이지만, 이들은 이 연구를 수행하면서 상호 긴밀한 협력관계를 유지하며 각각의 연구결과물을 서로 비판적으로 독회하며 조언을 해주었기 때문에, 이것은 이들 모두의 공동작업의 결과라고 할 수 있다. 따라서 이 책은 역사교과서 개선에 대한 일관된 체계를 갖추었다고 볼 수 있다.

끝으로 문화협력위원회는 이 네 명의 연구자들에게 심심한 감사의 말을 전한다.

【독일어판 서문】 '절실한 시대의 요청'에 직면하여

올해(1965) 유럽에서는 제2차 세계대전 종전일에 모든 국가의 수도에서 승리의 축제가 열렸다. 이제까지는 유럽 어디에서도 유럽을 구성하며 유럽인들을 한데 묶는 요소들에 대해 생각하지 않았는데, 이제 이러한 것을 생각하는 것이 당연한 일이 되었다. 왜냐하면, 1945년 전쟁의 참화를 극복한 것이 유럽이었기 때문이다.

이러한 생각 대신에 현재 대륙의 정치적 분위기를 지배하는 것은 비판, 회의 그리고 공공연한 거부이다. 정신적 통합은 퇴보했다고 볼 수 없지만, 정치적 통합이 지지부진한 것처럼 잘 진척되지 않는 듯하다. 이러한 시점에서 종전 직후 민간 단체의 주도로 시작되어 20년이 지난 현재 의미 있는 성과를 거두고 있는 유럽 공동의 노력들, 즉 역사교과서 개선 활동에 대해 생각해보는 것은 적절한 일인 듯하다.9)

필자는 유럽의 역사가들, 역사교사들, 역사교과서 저자들 그리고 출판사들의 이러한 활동을 세 가지 일화를 통해 특징짓고 싶다. 이 일화들은 장문의 서술보다 이 활동의 특성을 더 잘 부각시킬 것이기 때문이다.

첫째, 앙리 브룬슈비히(Henri Brunschwig)는 1950년 젊은이들의 역사의식 형성에 역사교과서가 미치는 영향에 대해 매우 회의적이라고 말한 바 있다.

---

9) 이 연구서가 출간된 1960년대 중반은 유럽통합에 대한 회의가 만연했다. 서문의 앞부분은 이러한 맥락에서 이해할 수 있다. (역자)

나는 글 읽는 것을 배우기 이전에 이미 '프랑스적인 것'은 '좋은 것'이고 '독일적인 것'은 '나쁜 것'이라고 알고 있었다. 할머니가 어느 날 독일에서 사용되는 7학급용[10] 역사교과서를 읽으시더니 화를 내시면서, '독일인들이 우리로부터 샤를마뉴[11]를 훔쳤다!'고 외치셨던 것을 나는 뚜렷이 기억하고 있다.

물론 교과서가 이전에도 역사관을 형성하는 유일한 요소가 아니었음은 분명한 사실이다. 앞선 세대는 후대의 젊은이들에게 영향을 미치기 위해 많은 시도를 했다. 독일인들이 샤를마뉴를 독일인이라고 보는 데 반해 브룬슈비히의 할머니는 프랑스인이라고 생각했다. 실제로 9세기 전후 시기에는 독일이나 프랑스의 실체가 없었다. 샤를마뉴는 게르만족의 하나인 프랑크족의 지배자일 뿐이었다. 그러므로 그를 오늘날 유럽의 건설자 중 한 사람으로 간주하는 것이 역사적 진실에 보다 가까운 판단이다.

두 번째 예는 루르지역 투쟁(Ruhrkampf)[12]을 종식시키는 문제와 관련하여 1924년 2월 작성된, 베를린 독일제국 국방부 소속의 한 고위급 군인관료의 정책문서이다.

프랑스가 먼저 양보하여 우리 독일의 발전을 방해하지 않는 협정을 우리와 체결하지 않는다면, 거짓에 근거한 베르사유 조약의 부당성은 힘으로 일단 제거되어야 한다. …(중략)… 그런데 프랑스가 전향적으로 나올

---

10) 이것은 대략 우리의 중학 1학년용에 해당한다. (역자)
11) Charlesmagne는 영어로는 Charles the Great, 독일어로 Karl der Große 등으로 불린다. 샤를마뉴는 어떤 민족에 속했다고 볼 수 없다. 왜냐하면, 800년경의 유럽은 아직 영국, 프랑스, 독일이 형성되지 않았기 때문이다. (역자)
12) 제1차 세계대전에서 패한 후 독일은 베르사유 조약에서 규정된 독일의 전쟁배상금을 경제적 어려움으로 인하여 제대로 지불하지 못했다. 이에 격분한 프랑스와 벨기에 군대가 루르지역을 1923년 1월 점령했고, 독일 정부는 루르지역 주민들에게 소극적 저항을 하도록 지시했다. 루르지역 투쟁이란 바로 이 소극적 저항을 일컫는 용어이다. (역자)

것이라고 예상되지 않으며 지난 독일-프랑스의 역사의 흐름에 비추어보아도 이런 판단은 올바를 것이다.

모든 대상을 '친구'와 '적'으로 나누며 지난 몇 백 년 동안의 독일-프랑스 역사를 유럽에서의 헤게모니 쟁탈을 위한 영구적인 대립으로만 바라보는, 당시 널리 받아들여진 역사상을 우리는 이 정책문서에서 확인할 수 있다.

셋째, 독일 문필가 루트비히 뵈르네(Ludwig Börne)는 그가 사망한 해인 1936년에 불어로 작성된 한 논문에서 프랑스의 시인인 베랑제(Béranger)를 독일의 시인 우르란트(Urland)와 다음과 같이 비교했다.

독일인들이 어느 날 그들 군주들의 거짓말과 그들 시인들의 후예들에 의해서 그리고 그들 지식인들의 무지로 인해 오도되어 프랑스에 대해 자멸적인 증오감을 다시 한번 불살라야 한다면, 베랑제의 시들은 독일인들을 계몽할 것이며 그들의 분노를 몰아낼 것이다. 프랑스인들이 한 지도자의 자만심과 야망에 이끌려 다시 한번 독일에 적대하여 일어선다면, 정의 속에서 자신의 명예를 찾고 법의 방패 역할을 하는 한 민족은 결코 정복되거나 노예적 삶으로 전락될 수 없으며 친선이 어떤 전쟁의 승리보다 더 좋다는 것을 인식하기 위해서 우르란트의 시들을 읽어야 한다.

이 세 가지 일화 중 어떤 것이 합리적인 내용을 포함하고 있는가라는 물음에 어느 누구도 잘 모르겠다고는 말하지 않을 것이다. 그것은 분명 루트비히 뵈르네의 일화인 것이다. 그가 이 두 시인의 의미와 그 발전가능성을 너무 과대평가했다고 비판할 수 있을 것이다. 그러나 뵈르네만이 인간주의적인 측면에서나 정치적인 측면에서 합리적인 목표, 즉 민족들 서로간의 이해를 위한 노력을 제시했다는 것은 분명하다.

교과서 협의활동은 19세기 유럽의 거대한 평화운동의 작은 한 구성부분으로서 탄생했다. 그러므로 아직도 교과서 협의활동은 반민족적이며 평화주의적인 특성을 지니고 있다. 그런데 교과서 협의활동이 엄격한 역사적 진실의 희생 위에서 단순하고 잘못된 조화를 추구한다는 비판의 소리가 있다. 즉 이러한 활동을 하는 사람들은 역사적 진실과 학문적 신뢰성을 희생해가면서까지 무조건적으로 서로를 이해하고 화해하는 사람들이라는 것이다. 그러나 교과서 협의활동은 일방적인 견해, 아주 드물기는 하지만 의식적인 거짓말, 무지로 인한 실수 그리고 본질적인 중요한 사실에 대한 침묵 등을 교과서에서 개선하는 것을 목적으로 한다.

사람은 절대적인 역사적 진실을 인식할 수 없지만, 특정 민족 또는 특정 집단의 역사이해를 극복하고자 노력해야 한다. 왜냐하면 이러한 역사인식은 반드시 편협하며 오류를 포함하고 있기 때문이다. 우리의 역사이해가 다양하고 광범위한 내용을 포함하면 할수록 우리는 절대적 진리에 보다 더 가까이 접근하고 있는 것이다. 뚜렷하지만 가느다란 빛을 발산하는 조명등 대신에 우리는 무지개를 얻는다. 이로써 현실에 대한 높은 인식수준에 도달한다. 이를 단스(E. H. Dance)의 영국식 표현으로 바꾸자면, 우리는 '사물들을 다른 관점에서 볼' 준비가 되어 있어야 한다.

끝으로 교과서 협의활동은 인류 역사를 다양성을 지닌 통일체로서 인식하고자 하기 때문에, 학문적 과제와 함께 교육학적 과제를 안고 있다. 교과서 개선활동은 이러한 높은 목적을 추구함으로써 동시에 피교육자가 평화지향적인 자세를 배우도록 돕는다. 교과서 협의활동은 평화운동으로부터 이러한 지향점을 전수받아 모든 어두운 시대에도 이것을 간직했다. 1926년 교사협회국제연맹((Fédération Internationale des Associations d'Instituteurs : FIAI)이 프랑스의 주도로 창설되었을 때, "다른 민족 구성원들의 이해를 지향하는 아동교육 및 성인교육의 이념, 인간 존엄성에 대한 존중, 그리고 인권의 실천"이 이 협회프로그램의 중심내용을 구성했다.

지난 20년 간 '국제이해 교육(education for international understanding)' 차원에서, 그리고 '학교를 통한 평화(peace through the school)'를 지향하면서 교과서 협의활동은 이러한 경향을 따라갔다.

　1811년 괴테는 "세계사는 시대에 따라 다르게 쓰여야 한다. 현재보다 이러한 요청이 더 절실한 시대가 언제였던가?"라는 이야기가 있다고 지적한 바 있다. 시인의 이 말은 이 시대에 아주 적합한 말이다. 역사학과 같이 교과서 협의활동도 일종의 '주기적인 문제(problème cyclique)'에 직면해 있다. 두 번에 걸친 세계대전 속에서 힘의 균형의 구질서가 붕괴된 오늘날 우리는 각 민족의 역사로부터 하나된 유럽의 역사를 만들어야 하는 과제에 직면해 있다. 동시에 우리는 본래 의미에 있어서 세계사 시대의 시작을 경험하고 있다. 필자는 이러한 발전의 일부분으로서 1945년 이후 유럽에서 전개된 일련의 활동들에 대해 상세히 밝히고자 한다.

미래를 건설하는 역사교육 / 차 례

Ⅲ. 교과서 개선의 문제들과 방법론 — 쉬데코프

Ⅳ. 미래의 교과서 개선 목표와 방법 — 쉬데코프

I

1945~1965년, 교과서 개선활동의 역사

- 쉬데코프

1. 역사적 배경 : 선구자와 모델들

먼저 교과서 협의활동의 시작단계를 검토하기로 하자. 이때 향후 교육 개선을 위해 교과서를 단지 검토하는 수준의 개정(Revision, révision, revision)에 보다 더 강조점이 두어지는가, 또는 궁극적인 목적인 교과서 내용의 개선(Verbesserung, épuration, improvement)에 보다 더 큰 강조점이 두어지는가의 차이는 무시될 것이다.

이 연구에서는 기본적으로 유럽의 교과서 협의활동에 국한시키고자 하기 때문에, 서서히 '민족들의 민족(nation of nations)'이 되어가는 유럽에 국한시키고자 하기 때문에, 교과서 협의활동 영역에서 '유럽'의 의미를 먼저 분명히 밝혀야겠다. '유럽'이란 무엇인가? 우리는 교과서 협의활동 영역에서 '유럽'을 어떻게 이해하고 있는가?

먼저 아주 부정적인 두 가지 해석을 소개하겠다. 1865년 러시아 자연과학자 다닐레브스키(Danilewski)는 범슬라브주의의 바이블이 된 『러시아와 유럽(Rußland und Europa)』이라는 유명한 책을 저술했다. 그에게 유럽은 러시아의 역사적 운명의 영원한 적대세력이었다. 그에게 유럽은 지리적 의미에서의 유럽이 아니라 역사적 개념이었는데, 이때는 다만 로망-게르만 문명권을 의미했다. 대략적으로 말하자면, 오늘날 크리스트교의 서구(Christliches Abendland)라고 부르는 문명권으로서 대개 그 동쪽의 경계가 엘베(Elbe)강 또는 더 넓게 잡는다면 리메스(Limes)강까지 이르는 지역이다. 다닐레브스키는 그리스도 범슬라브주의 연맹에 속하는 것으로 생각했다(이때 사람들은 파리를 방문하여 자신들은 '유럽'에 속할 것이라고 선언한 그리스인들을 자동적으로 머리에 떠올릴 것이다).

이와 유사한 유럽에 대한 부정적 이미지는 독일의 국가사회주의(Nationalsozialismus)[13] 시절에 전파된 유럽이다. 이때 유럽은 프랑스 혁명, 즉 '자유주의적-마르크스주의적 혁명' 공간이며 그것의 주도개념이었다. 당시 독일의 한 역사교과서는 이렇게 기록했다. "유럽은 프랑스 혁명의 정치적 공간개념이며, 그 수도는 파리이다." 나치 독일은 프랑스를 침공하고난 이후에야 비로소 헤게모니를 쟁취하고자 하는 독일의 노력을 유럽적 표현들로 장식하고자 하는 착상을 시작했다. 그 이전에는 독일 지역인 작센(Sachsen)의 약탈자로만 여겨졌던 위대한 유럽인 샤를마뉴가 독일지역에서 자신들 역사의 연속선상의 한 위치를 차지하기 시작했으며 1940년대의 '대독일 시대(Großdeutsche Zeit)'[14]에 이르기까지 모든 독일의 역사는 유럽의 자유와 질서를 위한 투쟁의 역사로 간주되기 시작했다.

유럽이라는 개념은 그것이 의미를 지니고 있다면 오직 자유롭고 동등한 민족들의 공동체를 의미할 수 있는 개념인데, 이 개념이 특정한 한 민족의 헤게모니 추구를 위해 자의적으로 오용되고 있는 현실로 인해 많은 유럽인들은 '유럽적'이라는 수사가 붙은 것에 대해 불신하게 되었다. 프랑스의 문필가 앙드레 말로(André Malraux)는 다음과 같은 조소 섞인 말을 한 바 있다. 즉, 독일인들은 '유럽'이라는 개념에 대한 각별한 애정을 갖고 있는데, 그것이 정치적인 실재에 있어서는 전혀 존재하지

---

13) 국가사회주의(Nationalsozialismsus)는 영미 지역에서는 보통 나치즘(Nazism)이라는 약자로 대체되기도 한다. (역자)

14) 나치 독일은 오스트리아를 1938년 3월 합병(Anschluß)했다. 1848/49년 혁명 당시 독일 민족주의자들은 프로이센 중심으로 북독일 지역만 통일한다는 '소독일주의'와 오스트리아를 중심으로 한 전독일 통일이라는 '대독일주의'로 양분되었다. 비스마르크에 의해 1870/71년 오스트리아를 제외한 거의 모든 독일 지역이 통합되어 결국 '소독일주의'가 승리했고, 1938년 나치 독일의 오스트리아 합병으로 19세기 중반 '대독일주의'의 꿈도 실현된 셈이다. 나치 독일은 이러한 역사적 맥락에서 이 시기를 가리켜 '대독일의 시대'라고 지칭했던 것이다. (역자)

않는 가상의 것이라는 것이다. 그에 의하면, 유럽인들을 서로 연결해주는 유일한 끈은 카톨릭 교회이다. 힐레이 벨록(Hillaire Belloc, 『유럽과 신앙Europa and the Faith』)과 앙리 마시(Henri Massis, 『서구의 방어Défence de l'Occident』)도 말로와 같은 의견을 가지고 있다. 이 서유럽의 문필가들에게 아시아는 라인강부터 시작하는 것이었다. 왜냐하면, 이들은 로마적 유산과 서구의 크리스트교(westliche Christenheit)를 유럽의 본질적인 특징으로 보기 때문이다. 일전에 블라디미르 바이들레(Wladimir Weidlé)가 말한 바와 같이, 이들 문필가들의 사고 속에서는 바흐(Bach)의 푸가음악이 유럽음악에 속하는 것인지, 괴테의 활동무대였으며 독일 최초의 공화국 수도였던 바이마르(Weimar)가 유럽에 속하는 것이지 불분명하다.

그 장구한 역사의 흐름 속에서 여러 차례 아시아로부터 도전받으며 풍부해진 유럽의 정신적 기원들을 잠시 생각한다면, 유럽은 '서구(Abendland)'로 좁게 해석될 수 없다는 것을 바로 알게 될 것이다. 민족주의자들이 유럽 개념을 오용한 것에 대한 방어로서, 그리고 동쪽에서의 정신적 위협에 대한 방어로서 이러한 협소한 개념규정이 유래했다고 이해할 수 있지만, 오늘날 우리 상황에서 이러한 협소한 개념은 사용될 수 없겠다. 특히 역사교육에서는 이 협소한 개념이 큰 문제이다. 『서구의 유산(Erbe des Abendlandes)』이라는 제목의 한 독일 고등학교용 역사교과서 시리즈 제1권은 중국, 인도, 메소포타미아 그리고 이집트의 고대문명에 대해 독일의 상황 서술에 비추어 놀라울 정도로 상세하게 서술했고, 이어서 예수의 탄생 직전까지의 이스라엘 역사에 대해서 다루었다. 이러한 사실들은 제목이 잘못되었음을 알려주는 것이다.

지리적 개념으로는 정치적이며 정신적인 관점에서의 '유럽' 공간의 문제를 전혀 설명할 수 없다. 구래의 지리적 경계는 임의적이며 인위적인 것이었다. 폴 발레리(Paul Valéry)가 일전에 말한 바와 같이, 지리적 개념으로서의 유럽은 '구대륙(alter Erdteil)[15]의 돌출부분(Vorgebirge)이며 아시아의 서쪽 부속지대(westliches Anhängsel)'이다. 그러므로 유럽의 경계는 어느 지역의 사람들이 유럽에 속한다고 생각하지 않는 바로 그 지점에 설정되어야 한다. 이것만이 결정적인 기준이 될 수 있으며, 우리 교과서 협의활동의 범위와 성격을 규정할 수 있다. 필자는 터키의 예를 통해 이것을 구체적으로 설명하겠다. 독일의 역사교과서들에서는 16세기부터 18세기까지의 투르크족의 유럽 침입에 대한 유럽 국가들의 방어투쟁이 마치 일종의 유럽 통일전쟁으로, 즉 '동부로부터의 위협'에 대한 유럽 통일전쟁으로 서술되어 있는 데 반해, 유럽평의회(Europarat) 회원국인 오늘날의 터키는 자신들이 유럽 민족의 일원, 더욱 정확히 말하면 서유럽의 일원으로 여겨지는 것에 대단한 가치를 부여하고 있다. 유럽사에 대한 지나치게 협소한 시각 때문에 터키를 유럽의 일원으로 받아들이기를 거부할 필연적인 이유가 우리에게는 없다.

그 본질적 특성에 속하는 이러한 확장된 유럽 개념, 그리고 지나치게 협소한 서구(Abendland) 개념과 대조되는 이러한 확장된 유럽 개념이 교과서 개선을 위한 노력들이 처음부터 전제하고 있었던 기초였다. 우리가 다 아는 바와 같이, 이러한 노력들은 19세기 후반기의 평화운동과 긴밀한 관계를 맺고 있다. 그 이유야 어떻든 평화운동은 러시아의 차르들이 열정적으로 지원하고 있었다는 사실도 우리는 알고 있다. 그러므로 교과서 협의활동에 있어서 당시의 유럽은 대서양으로부터 시작하여 태평양까지 이르는 광범위한 유럽이었다.

군사적 군축과 정신적 긴장완화 간의 직접적인 관계는 이처럼 일찍부터 인식되었으며, 모든 민족간의 평화유지에 기여하고자 하는 의지는 오늘날 교과서 협의활동의 기초를 이루고 있다. 따라서 이러한 활동은 역사적 진실을 왜곡함이 없이 민족간의 평화와 상호화해 증진에 기여해야

---

15) 여기서 '구대륙'이란 러시아, 인도, 중국을 포함한 아시아 대륙 전체를 의미한다. (역자)

한다.

이와 관련하여 국제평화운동과 나란히 그러나 다른 정치적 이유에서 역사교과서를 국제적 차원에서 협의하여 그 해악성을 제거할 것을 요구했던 두 번째 그룹이 언급되어야 한다. 바로 유럽의 사회주의 노동운동이다.

이렇게 하여 19세기 마지막 몇 십 년 동안 국제교과서 협의활동이 시작되었다. 특히 1889년 파리에서 개최된 세계평화대회(Weltfrieden -skongreß)에 이어서 제1회 각국 의회 협력회의(Interparlamentarische Konferenz)가 창설되었고 1890년에 스위스 베른(Bern)에서 이 협력회의 상임위원회(Ständige Interparlamentarische Union)가 모임을 가졌는데, 바로 이 협력회의가 당시에 이미 교과서 개선 문제를 다루고 있었다. 그러나 이에 기초한 교과서 개선활동은 제1차 세계대전 발발 전까지 몇몇 보잘 것없는 결실만을 거두었을 따름이다(미국 : 1899, 프랑스 : 1905, 네덜란드 : 1910). 이러한 활동에 대한 무관심한 세력이 너무 강했고 민족간의 적대적인 긴장관계가 심화되었기 때문에, 이러한 활동에 각국 정부들이 관심을 표명하기까지는 제1차 세계대전의 참화가 필요했다.

제1차 세계대전 직전과 특히 전쟁 기간 동안 사용되었던 교과서들은 어느 시대의 교과서들보다도 자극적이었다. 가장 경악케 하는 것은 당시의 아동과 청소년을 위한 독본들이다. 오늘날 사용되고 있는 아동과 청소년을 위한 책들의 내용을 알고 있는 사람들은 1914년 전후하여 전파된 정신구조를 이해할 수 없을 것이며, 특정 민족 그룹과 인종 그룹들에 대해 적대적이었던 나치 독일 시기의 그것들과 이 당시의 독본들과의 유사점을 찾을 수 있을 것이다. 이 모든 것을 고려하는 사람들은 앙리 브룬슈비히(Henri Brunschwig)가 옳다고 이야기할 수 없다. 한 정치공동체 구성원들의 견해를 반영하고 있는 교과서들은 그 자료의 선택과 서술방식을 통해서 젊은이들의 의식형성에 매우 큰 영향을 미친다. 그러므로 교과서들이 모든 국가에서 진실을 밝히고 상호간의 화해증진에 기여한다면, 이것은 모든 것을 했다고 할 수 없지만, 상당히 많은 일을 했다고 할 수 있다.

오늘날의 시각에서 볼 때, 1919년부터 1939년까지 기간에(독일은 1933년까지), 스칸디나비아 국가들 간의 역사교과서 협력 사례를 제외하고, 교과서 개선을 위한 노력들은 별로 성과를 얻지 못했다. 그러나 이러한 노력에 신념을 가지고 동참한 인물들이 있었다는 사실을 잊어서는 안 된다. 이러한 협력활동을 기본적으로 반대하는 사람들이 많다는 사실과 정부와 교육기관에 대한 이들의 영향을 생각한다면, 이런 반대에도 불구하고 작지만 영향력 있는 성과를 이루어냈다는 측면에서 그렇게 부정적인 평가를 내릴 근거는 없다. 물론 분명 제2차 세계대전의 발발로 이러한 모든 교과서 개선 활동은 갑자기 종결되었다. 하지만 잊어서는 안 될 것은 1945년 이후의 교과서 개선 노력에 대한 자극과 그 성과는 1919년부터 1939년까지의 이와 관련된 노력들이 없었다면 생각할 수 없었다는 사실이다. '역사의 간지(奸智, List der Geschichte)'[16]를 믿는 사람은 매우 유용한 정보를 많이 포함하고 있는 단스(E. H. Dance)의 『배신자로서의 역사(History the Betrayer)』에서 좋은 예를 발견하리라. 그에 의하면, 제2차 세계대전 동안 영국으로 망명을 오거나 이민을 온 대륙의 많은 정치가들, 학자들 그리고 교육학자들은 영국 역사협회(British Historical Association)가 교과서 개선을 위한 기본플랜을 작성하도록 자극을 주었고, 전쟁 이후 이 계획은 유네스코 사업 구상에 매우 중요했으며, 서독 최초의 교과서 협의활동인 영국-서독 교과서 협의에 크게 기여했다.

이와 관련하여 교과서 개선 영역에서 1945년 이후의 유네스코 활동을 고찰해보면, 유네스코 활동은 그 선구자들, 즉 국제연맹 산하기구인 지

---

16) 역사의 간지(List der Geschichte)는 헤겔의 표현인 이성의 간지(List der Vernunft)를 패러디한 것으로서, 역사가 때로는 속임수를 써서 사건의 흐름을 조종한다는 뜻이다. (역자)

적 협력 국제위원회(International Committee on Intellectual Cooperation, ICIC), 그 산하 기구인 제네바 지적 협력 연구소(Institute of Intellectual Cooperation in Geneva), 이와 유사한 국제연맹의 산하 기구들과 다른 국제 기구들의 활동들과 직접적인 관계를 맺고 있다. 심지어 세부적인 사항들과 방법론 면에서도 그 연속성을 발견할 수 있다. 지적 협력 국제위원회 (ICIC)가 몇 년 동안 국제연맹 회원국들의 교과서들을 조사한 후 스페인 대표자 카자레스(Casares)는 중요한 사업을 제안했다. 그 결과 1926년 국제연맹 총회는 '카자레스 결의안(Casares-Resolution)'을 채택하게 되었다. 그 내용의 핵심은 다음과 같다. 즉, "각국 국민들의 지적 협력을 가능하게 하는 가장 효과적인 방법 중 하나가 교과서에서 그 속성상 젊은이들에게 다른 국가들에 대한 결정적인 오해를 야기할 가능성이 있는 잘못된 이미지를 전달하는 표현들을 제거하거나 개선하는 것"이라는 확신에서 지적 협력 국제위원회 지부(국가위원회)가 국제연맹 회원국에 설치되어 이 사업을 협력해야 한다는 것이다. 이 지부(국가위원회)는 기본적으로 유네스코 회원국에 설치된 유네스코 국가위원회(National Commission)와 동일한 것이다. 이 국가위원회는 당시에 이미 상대방들의 교과서 내용에 대한 불만을 전달하고, "만약 개선될 내용이 있다면, 이를 위해 어떤 종류의 우호적이며 사적인 표현들이 교과서 저자들과 출판사들에게 전달되어야 하는가"에 대한 문제를 결정해야 한다고 했다. 이 문장을 오늘날의 시각에서 읽으면, 이 규정이 너무 구속력이 없는 것처럼 보여서 '카자레스 결의안'이 단지 적은 성과밖에 거두지 못했다는 것에 사람들은 별로 놀라지 않을 것이다. 1926년부터 1930년 사이에 이 결의안은 단지 세 번 적용되었는데, 이 세 가지 경우 중 한 경우에 있어서만 다른 국가의 교과서 내용에 대한 불만이 근거 있는 것으로 받아들여져 바랐던 변경이 이루어졌다. 물론 우리 입장에서 이 부분에 대해 우월감을 느낄 근거가 없다는 것은 당연한데, 왜냐하면 한 가지 예를 제외하고는 어떠한 진전도 이루어지지 않았기 때문이다. 사람들은 곧 이 최초의 결의안의 약점을 인식했기 때문에, 지적 국제 협력위원회에 의해 1932년 최소한으로 제기된 문제들의 진지한 고려를 보장하는 보다 확장된 결의가 채택되었다. 1934년에는 제네바 지적 협력 연구소가 역사교과서 개선을 위한 쌍무 협정 모델을 만들기도 했다. 그러나 이 계획은 미국, 영국, 프랑스 그리고 스위스의 격렬한 반대로 무산되고 말았다. 이 국가들은 반대 이유를 외부의 간섭을 금지하는 연방주의적 교육제도 때문이라고 제시했다. 이러한 반대논거는 오늘날의 교과서 협력활동도 자주 부딪치게 되는 논리이다. 교과서 채택에 국가기관이 영향력을 행사하는 것은 바람직하지 않을 뿐만 아니라, 프랑스 교사들이 지적 국제 협력위원회의 희망을 자발적으로 고려한다면, 이러한 간섭은 필요치 않다는 한 프랑스 대표의 말은 이러한 관점에서 흥미롭다. 필자는 프랑스 교사들의 이러한 열린 마음에 대해서 후에 다시 언급할 것이다.

이러한 반대를 극복하기 위해 제네바 지적 협력 연구소는 1937년 선언문 '역사교육에 관한 선언(Declaration Regarding the Teaching of History)'을 기획했다. 민족간의 상호화해를 증진시키기 위해 정부와 교과서 저자들은 가능한 한 역사교과서의 많은 지면을 다른 민족 서술에 할애할 것 그리고 세계사 서술부분에 각 민족간의 상호의존관계 측면을 보다 더 상세하게 서술할 것에 많은 관심을 표명해야 할 것을 이 선언문은 요구하고 있다. 이 선언서는 또한 지적 협력 위원회 각국 위원회 내에 교과서 특별위원회를 설치할 것을 권하고 있다. 이것은 1945년 이후 많은 유네스코 각국 위원회 내에서 실현될 것이었다. 강대국들은 대부분 교사의 독립성이라는 이유로 이 선언서에 조인하는 것을 거부한 데 반해, 중소 국가들만이 이 선언서에 조인하여, 이 선언서의 조인국은 총 15개국에 불과했다.

이러한 국제연맹의 노력만을 고려한다면, 1919년 이후의 교과서 협의활동에 대한 매우 부정적인 인상을 가질 수 있다. 그러나 제2차 세계대전이 발발되기 전까지의 시기에 일련의 성공적인 협의활동들이 있었고, 이에 근거하여 오늘날의 유럽 교과서 개선활동이 재개되었다는 사실을 잊어서는 안 된다.

독일에서 교과서 개선활동이 중단되었던 1933년에 아르헨티나와 브라질 간에 우리 시대 최초의 쌍무 교과서협정이 체결되었다. 협의 대상은 당시 사용되고 있던 역사교과서와 지리교과서 내용 개선이었다. 1933년 12월 몬테비데오(Montevideo)에서 개최된 제7차 아메리카 국제회의에서 라틴아메리카 국가들은 이 협정의 확대적용에 대한 협정에 조인했다. 다자간으로 확대된 이 협정에는 한 국가의 교과서들을 정기적으로 다른 국가의 전문가들이 검토하는 절차까지 포함했다(제2조 : To review periodically the textbooks). 이러한 중요한 절차는 후에 유럽 국가들 간에 체결된 여러 차례의 쌍무 협정에서도 나타나게 될 것이었다.

독일과 프랑스의 역사가들이 1935년 말 파리에서 여러 차례 만남을 통해 1789년부터 1925년까지의 양국 관계 논쟁점들에 대해 논의했던 사실도 라틴아메리카의 교과서 협의활동과 마찬가지로 우리의 관심 대상이다. 이 협의는 양국의 역사가 협회와 역사교사 협의의 협정에 의해 시작되었다. 이 협의를 통해 40개 항목으로 구성된 권고안이 작성되었다. 물론 양국의 참석자들이 특정 권고사항에 대한 유보사항들을 병기하여 합의의 가치를 다소 떨어뜨리기는 했지만, 그럼에도 불구하고 양국이 교과서 협의활동의 기초를 만들었다는 점에서 이 권고안은 가치 있는 것이었다. 제2차 세계대전 이후 1951년에 서독과 프랑스의 역사가들이 다시 모여 이 권고안이 아직도 유효한지를 검토했을 때 이 권고안은 협의의 토대가 되었다. 그리고 양측에서 1935년에 제기된 유보사항들이 아직도 유효한지도 고찰되었다. 양측 역사가들은 1951년도 모임에서 1935년의 권고안을 기초로 역시 40개의 항목으로 구성된 권고안을 작성했는데, 새로운 권고안의 특징은 대상 시기가 1925년에서 1932년으로 확장되었다는 점과 1935년도의 모든 유보사항들에 대한 합의를 도출해내 이것들 모두가 삭제되었다는 점이다. 서독-프랑스 교과서 협의의 예는 특별히 강조되어야 한다. 왜냐하면 이 협의활동을 통해 교과서 협의활동에는 퇴보도 있지만 오랜 전통에 기초해서 새롭게 시작될 수 있다는 것을 분명히 알 수 있기 때문이다.

교과서 문제에 직접적으로 관련된 교사들이, 교과서가 별로 좋지 않아서 개선되어야 한다고 확신할 때 무엇이 성취될 수 있는가에 대한 좋은 예가 1933년 이전 시기 프랑스에서 확인된다. 민족간의 평화가 정착되어야 한다는 내적 확신을 갖고 교과서 개선을 추구했던 선구자로 인정되고 있는 한 사람을 먼저 생각하지 않을 수 없다. 그가 바로 조르주 라피에르(Georges Lapierre)이다. 수년 동안 프랑스 교사노조(Syndicat National des Instituteurs)의 총무직과 교사노조 잡지 『해방학교(L'Ecole liberatrice)』의 편집장직을 역임했던 그는 1919년부터 각국의 역사교과서에서 다른 민족을 폄하하고 다른 민족에 대한 증오감을 서술하는 태도를 비판해왔다. 그는 1926년 프랑스 교사노조 스트라스부르 연례총회에서 '교과서에서 공격적 경향을 제거하는 것에 관한 보고(Rapport tendant à la radiation des livres scolaires de tendances bellicistes figurant sur les listes départementales)'라는 이름의 보고를 했다. 이 보고서에서 그는 전쟁을 칭송하고 과거의 적대국가와 앞으로의 적대국가에 대한 증오를 가르치고 있는 26개 역사교과서와 독본들을 분석한 후 다음과 같은 결론을 내렸다.

우리의 현재 입장은 다음과 같다.
1. 우리는 매일 프랑스 젊은이들을 '전쟁 공포의 박물관으로(dans la Musée des Horreurs de la Guerre)' 이끌고 들어가는 그런 역사교과서와 독본

을 더이상 원하지 않는다.

2. 우리는 불신, 경멸, 증오 그리고 전쟁의 씨앗을 뿌릴 수 있는 그런 왜곡된 역사교과서를 더이상 원하지 않는다.

3. 우리는 역사적 진실을 밝히는 데 실패하고 증오를 환영하는 저자의 교과서를 추방할 것이다.

7만 8천 명의 프랑스 교사들은 이러한 라피에르의 호소에 긍정적으로 반응했고, 그 이후 2년 동안 출판사들은 라피에르가 문제시한 26개의 역사교과서와 독본을 새로운 것으로 대체해야 했다. 이들은 이로써 유명한 교육학자인 얀 아모스 코멘스키(Jan Amos Komensky, Comenius, 1592~1670)가 1628년, 즉 그가 고향 보헤미아를 멀리 떠나 이민생활을 할 때 저술한 그의 주저 『대교수론(Die große Unterrichtslehre : Panpaedia)』에서 요구했던 것, 즉 "오류로 인도하는 모든 교과서는 없애야 한다"는 말을 실천한 것이다. 교사들에 의한 특정 교과서에 대한 이러한 종류의 거부를 반대하는 입장에 대해서는 뒤에서 다루게 될 것이다. 여기서는 1930년 이후 프랑스 역사교과서가 내용적으로 훌륭하여 프랑스 교육부상관이 1932년 제네바 군축회의에서 자랑스럽게 다음과 같이 말할 수 있었다는 사실을 지적하는 것만으로 족하다.

쇼비니스트적인 서술방식이라는 옛 관습에서 우리의 프랑스 교과서를 해방시키기 위해 법적 수단을 동원할 필요가 없었다. 다른 민족에 대한 적대감을 나타내는 모든 교과서들을 프랑스 공화국의 학교에서 추방하는 것은 교사들의 공동 노력만으로도 충분했기 때문이다.

그러나 프랑스 교사들은 자신들의 역사교과서에서 선입견을 제거하는 것에 만족하지 않았다. 그들은 국제협력을 위한 두 번째 단계를 향하여 결연히 나아갔다. 1926년 그들은 암스테르담에서 독일 교사협회

(Deutscher Lehrerverein)와 함께 '모든 자유 인민들의 협력을 통한 평화 준비를 위한, 그리고 교육협력을 위한 교사협회 국제연맹(Fédération Internationale d'Instituteurs pour la collaboration pédagogique et pour la préparation de la paix par la coopération des peuples dans la liberté)'을 결성했다. 이 연맹의 가장 중요한 과업 중 하나가 평화를 지향하는 교과서 개선이었다. 제2차 세계대전의 종결 직후 이 활동이 다시 재개되었고, 프랑스와 독일 간의 새롭고 긴밀한 협력이 재개될 것이었다. 이와 같은 종국적인 성공을 가져온 것은 모든 열악한 환경에도 불구하고 지칠 줄 모르는 집념이었다. 라피에르가 전쟁중 한 독일 포로수용소에서 다른 독일 포로수용소인 브란덴부르크 수용소로 이관되어 이곳에서 교육학적 유언이라고 할 수 있는 자신의 마지막 글을 작성할 때, 그는 자신의 후계자들에게 "교사들의 국제적 연대와 협력을 새롭게 시작하기 위한 시도를 하며 이에 대한 책임을 져야 하는 임무를 앞으로 당신들이 떠맡을 수 있다"는 점을 깊이 고려할 것을 권했다. 그의 지지자들이 바랐던 것보다, 그의 적대자들이 우려했던 것보다 더 빨리 이러한 일은 발생했다.

북유럽협회들(Vereinigungen Norden : Forening Norden)의 교과서 협의활동은 이와 같은 드라마틱한 변화 없이 순조롭게 진행되었다. 이 북유럽협회들은 1919년 제1차 세계대전의 비참한 경험을 배경으로 덴마크, 노르웨이 그리고 스웨덴이 참여하여 성립된 것이다. 핀란드와 아이슬란드는 몇 년 뒤 이에 합류했다. 이에 참여한 사람들은 초국가적 차원에서 교과서 개선활동을 매우 시급한 과제로서 인식했다. 제2차 세계대전 기간의 약간의 퇴보를 제외한다면, 이들의 협력활동은 방법적인 측면에서나 실제적인 측면에서나 유럽의 다른 지역에서는 확인할 수 없는 모범적인 예를 남겼다. 여기서 그 상세한 측면까지 모두 살펴보지는 않겠다. 국제교과서 개선활동을 벌인 이들 선구자들에 대한 연구는 하콘 비간더(Haakon Vigander)의 논문[17]에서 확인할 수 있다. 여기서는 1945년 이후 유럽에서의 교과서 협의활동에 자극이 되고 모범이 된 측면들만을 잠시 살펴보겠다. 그것은 단지 북유럽 역사에서 논란이 되는 문제들을 교사들과 교과서 저자들을 위해서 역사학의 최근 성과들에 근거해서 다룬 그들의 자료모음집을 만드는 것일 뿐 아니라 전체 유럽에서 모범적인 것으로 인식될 다음과 같은 세 가지 방법도 포함한다.

1. 1938년까지 모든 북유럽 국가들에서 '출판 이전의 통제(control before publication)'라는 교과서 개선의 원칙이 관철되었다. 노르웨이 교육당국과 핀란드 교육당국은 북유럽협회들의 공동위원회에서 검토된 역사교과서만을, 그리고 다른 국가들의 역사를 다룬 부분과 북유럽 역사의 공통점을 다룬 부분에 대해서는 모든 참가국에 의해 사전에 인정된 역사교과서만을 인가해주었다. 출판되고난 이후에 검토하는 전통적인 방식에 의할 때 문제가 될 부분들의 개선이 불가능하지는 않다고 하더라도 상당히 어렵다는 점을 감안할 때, 이러한 방법은 매우 의미 있다고 하겠다.

2. 우리 대륙에서의 교과서 협의활동의 매우 중요한 원칙인 자발성(Freiwilligkeit)이란 각자가 자신의 판단하에 이에 대한 참여를 결정하는 것을 의미한다. 또한 교육당국들도 이러한 노력들과 그 결과에 대해 우호적이지만 이러한 태도가 어떤 구속력을 지닌 것은 아니다. 이 점에서 유럽대륙은 북유럽의 경우와 다르다. 북유럽에서는 출판되기 이전에 관계된 국가들이나 위원회에서 검토되지 않은 역사교과서를 교육당국이 인가해주지 않음으로써 교육당국 자체가 이러한 협의활동에 큰 기여를 하고 있다. 자발성이라는 분명 필요한 원칙을 합리적으로 적용하는 것은 문제가 되는 사항들을 무시하거나 잊어버리는 것이 아니라 - 독일에서는 이렇게 많이 생각한다 - 일부분 자기 자신의 권리 제한을 스스로 인

---

17) 이 논문은 본고 인사말에 소개된 유럽평의회 문화협력위원회의 프로젝트 결과물인 Otto-Ernst Schüddekopf (ed.), *History Teaching and History Textbook Revision*, Strasbourg, 1967, Chapter II "Textbook Revision in the Nordic Countries"를 말한다. (역자)

정하는 것과 같이, 자발성 원칙의 합리성과 선의를 인정하고 이 원칙을 받아들이고 촉진하는 것을 의미한다.

3. 끝으로, 우리가 배워야 할 가치가 있는 모범적 특성인 북유럽협회들의 교과서 협의활동의 세 번째 원칙을 살펴보겠다. 그것은 역사교과서의 상호검토가 한두 차례에 끝나는 것이 아니라 일정한 기간을 두고 지속적으로 계속된다는 원칙이다. 비간더가 1950년대 이미 말한 바와 같이, "최근의 자료를 바탕으로 한 지속적인 개선의 중요성은 아무리 강조해도 지나침이 없다." 자신이 저술한 교과서가 특별히 비판 대상이 되었다고 생각하는 저자가 있기 때문에, 이를 방지하기 위해서 모든 교과서를 정기적으로 교환하고 예외를 두지 말 것을 비간더는 강조했다("…모든 교과서가 자동적으로 상호간의 검토 과정을 통과해야 한다"). 그는 또한 검토자, 저자 그리고 출판사들의 상호의사소통을 원활히 할 수 있는 기구를 마련해야 한다고 강조했다. 국제교과서 협의활동에 대한 이러한 실제적인 절차와 방법이 제2차 세계대전 이전에 이미 고안되었다. 이러한 절차와 방법이 보다 더 넓은 범위에서 실제로 적용되기 위해서 물론 또 한 차례의 도덕적 충격이 필요했다. 하지만, 유럽 전체가 북유럽협회들이 활용한 방법과 그 성과와 동일한 수준에 도달하기 위해서는 아직도 많은 노력이 더 필요하다는 점을 우리는 분명히 알고 있다.

이상 유럽의 교과서 협력활동에 자극이 되는 요소들과 모델들에 대해 개관해보았다. 우리는 이러한 노력에 많은 빚을 지고 있으며, 아직도 1933년에서 1939년까지 성취된 수준에 도달하지 못했다는 것을 알 수 있었다. 1932년 독일 시인 슈테판 츠바이크(Stefan Zweig)는 '유럽의 도덕적 정화(Die moralische Entgiftung Europas)'라는 주제로 개최된 로마 아카데미(Accademia di Roma) 유럽회의에서 전쟁의 결과 유럽의 영혼은 매우 파괴당했으며 '증오심의 과잉상태(hate-dumping)'에 빠졌다고 말했다. 유럽의 새로운 세대의 성장은 오직 정신적 혁신으로부터 시작해야 한다는

것이다. "유럽의 어린 청소년들이 모든 국가에서 동시에 올바른 교육을
받는다면, 모든 것이 제대로 결정된 것이다." 유럽 민족들의 대립보다도
그들의 공통성에 대한 이상을 강조하는 변화된 역사관으로부터 이 새로
운 교육은 시작되어야 한다는 것이다. 적국에 대한 전쟁과 증오를 필연
적으로 강조할 수밖에 없는 정치사 대신에 '모든 업적과 발견을 기록한'
문화사(Kulturgeschichte)[18]가 보다 더 강조되어야 한다고 그는 주장했다.
승전국의 국민이건 패전국의 국민이건 유럽의 모든 인민은 1945년 이
말을 기억했다. 그러나 유럽 민족들의 의식에서 언제나 생생하게 기억되
어야 할 많은 것, 즉 생존하기 위해 자유와 평화 속에서 협력체제를 구축
해야 한다는 사실, 그리고 이를 위해 끊임없이 노력해야 한다는 사실은
20년이 지나는 동안 잊혀졌다. 하지만 잊혀져서는 안 될 것 중의 하나가
바로 교과서 협의활동이다.

---

18) 쉬데코프가 편집한 영문판에서는 문화사가 사회사(social history)로 번역되어 있다.
　　이것은 아마 사회사와 문화사를 오늘날처럼 첨예하게 대립된 것으로 인식하지 않
　　았던 당시의 실정과 무관하지 않을 것이다. (역자)

2. 제2차 세계대전 이후의 새로운 시작 : 유럽과 세계적 차원에서의 교과서 협의활동(Schulbucharbeit)

1933년 독일에서 나치당이 정권을 탈취함으로써 독일에서의 국제교과서 협의활동은 더이상 발전하지 못했다. 나치 정권 기간 동안 독일의 역사가 및 교사들과 프랑스와 폴란드의 역사가 및 교사들과의 대화는, 그 참여자들은 비록 진지한 자세로 이 협의활동에 임했다고 인정하더라도, 나치 정권의 정치적 책략에 불과한 것이었고, 그것이 책략적 가치가 없다고 판단되자마자 단절되고 말았다. 1939년 전쟁 발발과 더불어 유럽에서의 교과서 협의활동은 종식되었다.

1945년 전쟁이 종결되자, 1918년과 마찬가지로, 그러나 보다 더 강화된 형태로 국제적 차원에서의 교과서 개선활동을 위한 노력이 재개되었다. 그러나 패전국인 독일과 일본은 제1차 세계대전 종결 이후와는 달리 주권을 완전히 상실하여 처음에는 교과서 협의활동의 파트너가 될 수 없었다. 그렇기 때문에 교육체제를 민주주의적으로 개혁하고 교과서를 개선하려는 전승국 정책의 대상에 불과했다. 모든 역사교과서는 금지되었고, 따라서 다시 문을 연 학교에서 처음에는 역사수업이 행해지지 않았다.

점령된 독일에서 교육은 1945년 8월 2일 포츠담 협정의 원칙("독일의 교육은 나치주의자들과 군국주의 독트린을 제거하고 민주주의 이념들이 발전하도록 가능하면 완전히 통제되어야 한다" : Part III, paragraph 7)에 의해 규정된 '재교육(re-education)'의 모토 아래 재정비되었다. 이 애매한 규정은 그 이후 각 점령당국의 교육국들에 의해 구체화되었다. 연합국 지상군 최고사령부(Supreme Headquaters Allied Expeditionary Forces : SHAEF)의 '교육 및 종교 지침서(Technical Manual for Education and Religious Affairs)'에 다음과 같은 사항이 규정되었다. "모든 교과서와 교육교재의 사용은 그것들이 나치즘이나 군국주의적 특성, 그리고 군점령당국이 반대할 만한 기타 다른 특성들을 포함하고 있지 않다는 최고사령관의 확인이 있기 전까지 금지된다." 그리고 "다음과 같은 경우를 제외한 나머지 사항에 있어서 독일 학교들의 교육과정에 해를 미칠 일에 간섭하지 않는 것이 최고사령관의 정책이다. 그 예외적인 경우란 다음과 같다. 1. 군국주의를 찬양하는 경우, 2. 나치즘을 선전하거나 부활시키거나 정당화하는 노력, 그리고 나치주의자들의 업적을 찬양하는 행위, 3. 인종과 종교에 근거한 차별정책을 좋게 여기는 경우, 4. 유엔 회원국들 간의 우호적인 관계를 방해하거나 그런 관계를 적대하는 행위, 5. 전쟁의 실제, 동원 및 전쟁준비에 대한 연구(그것이 경제 분야든, 과학 분야든 또는 산업 분야든 상관없음)나 군사지리 연구를 촉진하는 행위". 1946년 8월 21일자 영국 군점령당국의 교육통제지침은 여기에 두 가지를 더 첨가했다. "6. 잔인성과 불건전성(morbidity)을 격려하는 행위, 7. 극단적인 민족주의를 격려하는 행위".

포츠담 협정에 매우 애매하게 정해진 규정과 달리 연합국 최고사령관과 군점령당국의 규정들은 매우 구체적이며 곧 재개될 초국가적 교과서 개선의 많은 내용을 포함하고 있다는 것을 알 수 있다. 그런 한에 있어서 소위 '재교육'에 대한 이러한 지침 속에 장차 교과서 협의활동의 씨가 뿌려졌다고 이야기해도 과장된 것은 아닐 것이다. 이것은, 위의 규정 제3번과 제4번에서 보다 명확하게 알 수 있는 것이지만, 전쟁중에 있었던 전주곡의 전개와 그 이후 전개된 실제 상황에 의해 입증되었다. 즉, 영국 역사협회(British Historical Association)가 제2차 세계대전중 유럽 대륙 국가들로부터의 많은 망명객, 이민자들과 이야기할 기회를 가졌다고 필자는 앞에서 이미 언급했다. 종전 후 집중적인 교과서 개선활동이 필요하다는 신념이 이를 통해서 자라났다. 그 결과, 이미 언급한 것처럼 역사교과서 개선에 관한 플랜을 기획했는데, 이것은 1945년 유네스코가 이 분야를 구상할 때 기초자료로서 활용되었다. 4년이 지난 1949년에 이 작업 플랜은 영국-서독 간 교과서 협의활동의 기초로서 역할을 했다.

전쟁중 독일에 대한 또다른 접근법이 구상되었는데, 이것은 '재교육' 정책을 준비하는 것이었다. 독일이 런던을 공중폭격할 때, 테렌스 J. 레오나르드(Terence J. Leonard)는 후에 독일 통제위원회 교육국장이 될 사람에게서 임무를 부여받았는데, 그것은 바이마르 공화국 시기의 교과서들이 점령된 독일에서 수업에 활용되기에 적합한가에 대한 문제를 검토하는 것이었다. 결과는 기본적으로 부정적이었다. 독일이 점령되고난 직후 독일 교과서 약 1천 권이 조사되었는데, 그 결과는 더욱 부정적이었다. 그러므로 완전히 새로운 교과서가 만들어져야 했다. 이 과제의 실무 부서는 교육국 교과서과와 1945년 12월에 결성된 독일 중앙교과서위원회(German Central Textbook Committee)였다. 독일에서 살고 있는 저자에 의해 저술된 교과서는 사용되어서는 안 된다는 규정이 있기 때문에 이러한 시도는 매우 힘들었다. 1946년 여름이 되어서야 이 규정이 폐지되었다. 왜냐하면, 이 규정으로 인하여 역사교과서가 없어졌기 때문이었다. 전쟁 기간중 프리츠 카르센(Fritz Karsen)을 포함한 망명자들에 의해서 저술된 역사교과서가 출판되기 시작했다. 이 교과서를 사용하는 것을 반대하는 독일의 저항과 변화된 세계정치 상황으로 인하여 이 완성되지 못한 교과서는 곧 사라지게 되었다.

독일에서의 '재교육' 정책은 분명 사랑받지 못했다. 그러나 '재교육'의 문제가 전쟁 이후 일반적으로 제기되는 기본적인 문제라는 사실에 대해서는 의문의 여지가 없다. 월터 스콧(Walter Scott)은 『보나파르트 나폴레옹의 생애』라는 제목의 저서에서, 당시 영국 진영에 포로로 수용된 프랑스 군인들을 재교육시키고자 영국인들이 어떠한 노력을 기울였는지를 명확하게 묘사했다. 이와 유사한 오늘날의 시도들은 충분히 많이 알려져 있다. 그런데 영국 점령당국의 '재교육' 노력은 이러한 일반적인 시도 차원을 뛰어넘어 독일의 역사교사들과 역사교과서 저자들이 확신을 가지고 새로운 정신을 대변하는 데 있어서 지원을 아끼지 않았다. 그러므로 연합군 최고사령관의 교육프로그램 제3항(인종과 종교에 근거한 차별정책을 좋게 여기는 경우), 제4항(유엔 회원국들 간의 우호적인 관계를 방해하거나 그런 관계를 적대하는 행위)은 장차 국제교과서 개선활동에 있어서 커다란 의미를 지닌 출발점을 구성했다고 볼 수 있다.

이러한 시각은 점령군당국의 교육정책 의미를 너무 높이 평가한 것이라는 반대도 있다. 교육개혁에 앞서 사회구조의 개혁이 선행되어야 하는 것이 모든 교육개혁의 전제조건인데, 점령군당국의 교육개혁에서는 이러한 노력이 그다지 두드러지지 않았다(이러한 현상은 1918년 이후나 1945년 이후 모두 마찬가지이다)고 반대의견을 가진 사람들은 지적한다. 그럼에도 불구하고 독일인들이 재개된 교과서 협의활동에 참가하도록 자극과 지원을 아끼지 않았던 점령군당국 교육국의 노력은 간과되거나 잊혀져서는 안 되는 것이다. 서독과 영국의 역사교사들 간에 잦은 교류가 있었고, 이로부터 1949년부터 시작된 영국-서독 역사가 학술대회가 조성되었다. 이 대회는 1957년까지 지속되었다. 프랑스 점령군당국의 문화국(Direction Culturelle) 주선으로 벨기에, 서독 그리고 프랑스의 역사가들이 1949년과 1950년에 독일 슈파이어(Speyer)에서 세 차례에 걸쳐 학술대회를 개최했다. 이로부터 서독-프랑스 역사교사 학술대회가 탄생했으며, 이것은 처음에는 매년, 조금 지나서는 격년으로 개최되었다. 이뿐만 아니라 순수한 역사가 학술대회도 개최되었다. 이곳에 모인 양국의 역사가들은 1935년의 협의활동과 마찬가지로 양국의 역사교과서와 역사수업에서 다루어지는 양국의 관계사를 집중적으로 다루었고 그 결과 이에 관한 권고안을 작성했다. 현대문제연구센터(Centre d'Etude des Problèmes Actuels, Paris)의 주도로 1962년 12월 서독 브라운슈바이크(Braunschweig)에서 개최된 서독과 프랑스의 역사가 및 역사교사 학술회의는 한 결의서를 채택했는데, 이에 의하면 1951년 권고안은 프랑스의 새로운 역사교과서들에 많이 반영되었다. 대략 15년이 넘는 양국 교과서 협의활동의 시작 단계는 이와같이 성공적인 평가를 받으면서 일단락을 맺었다. 이러한 성공은 마인츠(Mainz)에 있는 프랑스 고등위원회(Hochkommission)[19] 문화국의 지원에 힘입은 바 크다. 또한 이 교과서 협력은 미국의 고등위원회 지원에 힘있은 바 크다. 미국의 교육학자들은 수년 동안 가장 많이 활용된 역사교과서『민족들의 길(Wege der Völker)』편찬에 협력했다. 미국 고등위원회 문화국의 지원과 관심이 없었으면 1952년 이후 브라운슈바이크에서 지속된 미국-서독 역사학자 학술대회는 쉽게 실현되기 어려웠을 것이다.

1950년 서독 교육에 대한 서방 군점령당국의 권한이 종결됨과 동시에 1945년 이후 지속된 유럽 역사교과서 협의활동의 첫 번째 단계도 종결되었다. 이 첫 번째 단계는 주축국의 완전한 패배라는 정치적 상황에서 나온 것으로서 교과서와 관련된 모든 활동에 국가기관의 영향력이 대단히 높았던 단계였다. 그러나 그 이후 단계에서는 유럽의 교과서 개선활동에 있어서 개인들과 민간 직업단체들이 결정적인 영향력을 행사했다. 이후의 역사가들은 교과서 개선활동의 이 두 번째 단계를 영웅적 시기라고 특징지을 것이다. 왜냐하면, 약 10년이라는 상대적으로 짧은 시기

---

19) 1949년 서부독일점령지역이 합쳐져서 독일연방공화국이 성립된 이후, 미국·영국·프랑스 3개국의 군사점령당국의 구성원이 민간인으로 교체되면서 그 명칭도 고등위원회로 개칭되었다. 1955년에 독일연방공화국이 군사주권과 외교주권을 회복함으로써 완전한 주권국가로 승격되고난 이후 이 고등위원회들은 정상적인 대사관으로 개칭되었다. (역자)

동안에 현재까지 가장 중요한 노력들이 시도되었고 가장 의미 있는 성과들이 성취되었다는 사실에 이의를 제기할 사람은 없을 것이기 때문이다.

그러나 이 두 번째 단계에도 역시 다른 유관기관들의 지원과 성원이 없었다면, 자발성의 원칙과 민간단체들의 노력은 그렇게 성공적이지 못했을 것이다. 하지만, 이번에 이 활동을 지원한 기구는 국가기관이 아니라 두 개의 중요한 초국적 기구들이었다. 즉, 간전기의 국제연맹 산하 기구인 지적 협력 국제위원회의 후신인 유네스코(UNESCO : United Nations Educational, Scientific and Cultural Organization)와 유럽평의회(Europarat ; Council of Europe ; Conceil d'Europe)이다. 이 두 기구는 물론 일련의 문화적 과업들을 수행했지만, 그 중에서도 특히 유럽의 교과서 개선활동이 보다 넓고 보다 튼튼한 기초 위에 세워지도록 하는 데 많은 기여를 했다.

1945년 11월 16일에 창설된 유네스코는 처음부터 교과서 개선활동을 자신의 본질적인 과제영역으로 받아들였다. 1946년 파리 총회(이것이 제1회 유네스코 총회였음)에서 교과서와 기타 교재 개선을 위한 아홉 가지 프로그램(Neun-Punkte-Programm)이 채택되었는데, 이에 의하면, 모든 회원국의 교과서들을 모두 수집할 교과서센터를 설립해야 하며, 유네스코는 각국 유네스코 위원회와 관련 직업단체들과 협력하여 자신들의 교과서와 다른 국가의 교과서를 검토하고 이에 대한 의견서를 제출하도록 요청해야 했다. 유네스코는 또한 이러한 과제를 지원하기 위해『국제 화해를 촉진하기 위한 방법으로서의 교과서와 기타 보조교재의 개선과 분석을 위한 모델 플랜(A Model Plan for the Analysis and Improvement of Textbooks and Teaching Materials as Aid to International Understanding)』을 수립해야 했다. 유네스코는 이에 따라 1949년에『교과서와 기타 교재 개선을 위한 안내서(A Handbook for the Improvement of Textbooks and Teaching Materials)』를 출간했다. 그밖에 이와 관련된 유네스코의 과제는 교과서 협의활동에 관계된 당사자들 간의 교류의 틀을 만들고 교과서 협의를 위한 세계적 차원에서의 학술대회를 개최하는 것이다. 그리고 유네스코는 회원국들 간의 쌍무 교과서 협정 체결을 촉진하는 역할도 수행했다. 이 쌍무 협정의 모범이 앞에서 설명한 『안내서』에 소개되어 있다. 유네스코는 또한 교과서 저자들에게 수시로 새로운 자료들을 제공할 것이며 '민족간의 평화를 해치는 교과서의 예들'에 대한 보고서를 총회에 제출해야 한다.

일련의 거대한 규모의 유네스코 국제세미나가 1947년 파리 인근에 위치한 세브르(Sèvres)에서 하워드 E. 윌슨(Howard E. Wilson)의 사회로 개최되었다. 이것은 '국제이해교육(Education for International Understanding)을 위한 한 실험'이었다. 이 최초의 교육자 학술회의의 경험에 근거하여 두 차례의 대단히 중요한 세미나가 개최되기 전에 유네스코는, 일본에서 그러했던 것처럼, 독일의 재교육에 관여할 계획을 수립했다. 유네스코는 "독일의 교과서 문제를 연구하고, 유네스코의 시각에서, 그러한 교과서들의 준비와 출판을 지도할 기준을 마련하고자" 했다. 관할권이 있는 연합군 점령당국 부서와의 협력 없이는 실현될 수 없는 이러한 시도들은 그러나 이러한 협력 속에서 추진되지 못했다. 프랑스인들이 이 점에 있어서 보다 현실적인 접근을 했다는 것을 독자들은 알게 될 것이다. 그러나 유럽에서의 교과서 협의활동은 유네스코의 두 차례에 걸친 여름 세미나를 통해서 그 결정적인 추진력을 얻게 되었다. 즉, '교과서, 특히 역사교과서 개선(The Improvement of Textbooks, particularly History Books)'이라는 주제로 1950년 여름 브뤼셀 자유대학(Université Libre)에서 개최된 국제학술대회와 '국제화해 발전의 수단으로서의 역사교육(The Teaching of History as a Means of Developing International Understanding)'이라는 주제로 1951년 여름 파리 인근 세브르에서 개최된 국제학술대회가 바로 그것이다.

세계 각 지역 국가들의 교육자들이 참석한 이 두 번의 국제학술대회는 풍부한 정보와 많은 자극을 주었다. 이 학술대회는 로워리스(J. A. Lauwerys, *History Textbooks and international Understanding*, UNESCO, Paris, 1953)와 힐(C. P. Hill, *Suggestions on the Teaching of History*, UNESCO, Paris, 1953)이 상세히 정리했다. 그런데 무엇보다 중요했던 것은 서로 아무런 교류가 없었던 수년이 지난 이후에 다양한 국가들의 교육자들 간에 맺어진 개인적인 교류였다는 것이다. 그 결과 이들은 앞으로 쌍무 교과서 협의활동에 대한 일련의 약속을 했는데, 이 약속이 이후 교과서 협의활동에 활력을 불어넣었던 것이다.

유네스코는 단지 교과서 협의활동이 시작되도록 도왔던 데서 머무르지 않았다. 유네스코는, 아홉 가지 프로그램에서 규정되어 있는 바대로, 교과서 협의활동에 대한 보고(예컨대, '역사교과서 개선을 위한 쌍무 협의들 Bilateral Consultations for the Improvement of History Textbooks : 1953.7')를 수시로 작성하여 총회에 제출했다. 거의 모든 교과서 국제협의에 유네스코 사무총장의 대리인들이 관찰자로 참석했다. 1958년 4월 브라운슈바이크 국제교과서연구소에서 개최된 전문가 회의(이것은 동년 가을 유네스코 주최로 동경에서 개최될, 동·서 간의 교과서 대화를 학문적으로 준비하기 위한 회의였다) 같은 몇몇의 경우는 유네스코의 물질적 지원 없이는 성사될 수 없었다.

이제 교과서 협의활동의 다음 단계, 특히 그 세계적 차원의 구조로 인해 세계 교과서 문제에 집중적으로 관여하고 있는 유네스코의 교과서 관련 활동의 다음 단계를 살펴보자. 1951년 뉴델리(New Delhi)에서 유네스코가 개최한 유럽과 아시아 지식인들의 라운드테이블 회의는 이미 당시에, "학교에서 가르치는 역사는 민족주의적 시각으로부터 해방되어야 하며 역사교과서의 출판은 서로 다른 민족의 대표들로 구성된 협동위원회에 의해 감독되어야" 할 것을 주장했다. 여기에 이미 초국적 협력위원회에 대한 착상이 다양한 문화의 대표들을 포함하는 보다 넓은 차원으로 확대되었다.

　유네스코가 전쟁 종결 이후 몇 년 간은 먼저 서구 국가들에서 집중적으로 그 활동을 벌였다면, 1953년 이후부터는 동양까지 그 활동범위를 넓혀가기 시작했다. 이로써 유네스코의 활동은 세계적 차원으로 확장되기 시작했다. 이와 관련하여 세 차례 거대한 규모의 국제학술대회가 개최되었다. 그 전체 제목은 '동양의 문화가치와 서유럽의 문화가치 간의 상호 평가에 관한 유네스코 프로젝트를 위한 교과서 개선에 관한 전문가 회의(Meetings of experts on the improvement of Textbooks for the objectives of UNESCO's Major Project in Mutual Appreciation of Eastern and Western Cultural Values)'였다. 1956년 파리에서 개최된 회의는 서양 국가들의 교과서에서 동양이 어떻게 다루어지고 있는가라는 문제를, 1958년 도쿄에서 개최된 회의는 동양 국가들의 교과서에 서양 역사와 문화가 어떻게 다루어지고 있는가라는 문제를, 그리고 1962년 독일 고슬라(Goslar)에서 개최된 회의는 앞선 두 회의에 기초한 활동들을 검토하고 앞으로의 활동에 대한 대안들을 구상했다.

　이 회의들의 본래 목적은 "역사 수업을 통해서 서구의 발전이 아시아의 발전에 의해 영향받았던 상황, 서구의 발전조건이 아시아의 상황에 의해 영향받은 방식 그리고 어떤 경우에는 서구의 발전이 아시아의 발전과 병렬적으로 전개되는 상황, 그리고 그 역의 관계"에 대한 평가를 지구상의 모든 국가의 역사교과서와 역사수업이 포함하도록 하기 위한 길을 모색하는 것이었다. 즉, 진실로 보편사적인 시각을 개발하고 이것이 모든 국가의 역사교과서와 역사수업에 반영되도록 하는 것이었다. 유네스코의 활동은 이 점에서 두 가지 면에서 유럽평의회 활동과 깊은 관련을 맺고 있다. 첫째, 전유럽적 역사관을 확립하고자 하는 유네스코의 노력은 그 자체가 목적이 아니라 민족주의적 역사관과 보편사적 역사관의 중간단계로서 설정된 것이다. 즉, 전유럽적 시각은 보편사의 틀 내에서 해석되어야 할 특정 지역 문화의 시각일 뿐이다. 그런데 당시까지 역사관들의 편협성을 극복하기 위해 유네스코가 이 학술회의에서 고안해낸 방법들은 여러 가지 점에서 유럽평의회가 주도하고 있는 교과서 협의활동에 대해 하나의 모범이 되었다. 그 예로서 1958년 브라운슈바이크 국제교과서연구소에서 개최된 전문가 회의의 성과('아시아 국가들의 역사교육과 역사교과서에서 다루어져야 할 유럽사에 대한 권고안Recommendations for the treatment of European history in the textbooks and the teaching of Asian Countries')만 기억하면 될 것이다. 이 성과물은 유네스코의 1958년 동경 학술대회에 권고안과 제안서로서 제출된 바 있다. 1958년 선사시대에 관한 브라운슈바이크 전문가 회의에서 논의되었던, 나르(Karl J. Narr)의 연구서 『유럽과 아시아의 선사시대 및 고대사 시기의 관계(Ur- und frühgeschichtliche Beziehungen zwischen Europa und Aisen)』도 마찬가지 역할을 했다. 유네스코의 이러한 성과물들은 역사에 대한 전지구적 시각을 다듬기 위한 유럽에서의 노력에 있어서 대단히 커다란 의미를 지닌다. 특정한 역사적 현상들에 대한 모델을 구축할 것을 유네스코가 다양한 방식으로 제안했는데, 이것도 마찬가지로 가치 있는 것들이다. 이 방법은 후에 또다시 언급될 것이다.

유네스코가 주최한 학술대회들은 오늘날 아직까지도 대부분 실현되어야 할 일련의 소중한 제안들을 내놓았다. 무엇보다 유네스코는 교과서 저자들이 주목할 가치가 있는 주요한 원칙들을 수립했다. 이에 따르면, 아래와 같은 사항들이 시도되어야 한다.

1. 역사의 초기단계부터 현재에 이르기까지 인류문명에 대한 서양과 동양의 기여들을 객관적으로 평가하기
2. 근대 문명의 성장, 특히 학문과 기술의 발전에 대한 서양과 동양의 기

여를 정당하게 평가하기

　3. 동양과 서양에서의 거대한 종교적, 문화적 운동들에 대해 서술하기

　4. 그리스 시대부터 현재까지 동양과 서양의 정치적, 경제적 그리고 문화적 관계 및 상호적인 영향에 대해 서술하기

　5. 가족생활, 문학, 연극, 의복, 교육, 여행 그리고 취미생활 같은 서양과 동양의 삶과 사유, 특히 지난 100년 간의 이러한 삶과 사유를 교과서에 최소한 약간 정도 묘사하기

　이러한 원칙들에 근거한 모델 교과과정이 다양한 유네스코 세미나에서 수립되었다. 유네스코 함부르크 교육연구소와 이미 앞에서 언급된 브라운슈바이크 국제교과서연구소 같은 연구소들도 이 작업에 참여했다. 부르사(Bursa)에서 개최된 함부르크 유네스코 연구소 세미나에서 작성된 교과과정의 주제들은 1962년 고슬라에서 개최된 유네스코 학술회의를 촉진시키는 데 기여했고, 또한 유럽의 교과서 협의활동에도 큰 의미를 지닌다. 그런데 너무 소량 출판되었기 때문에 이 가치 있는 자료들을 교사들과 교과서 저자들이 거의 활용할 수 없었다는 점이 아쉽다. 그러므로 이 주제 제안들을 모두 모아 출판하는 것은 매우 가치 있는 일이 될 것이다. 이때 중요한 것은 유럽의 본질적 요소들과 역사에 대한 '전지국적 시각'의 본질적 요소들이다.

　지역 교과서 센터들(regionale Schulbuchzentren)[20])의 설립이나 교과서 검토와 개선의 기준 설정(이것은 이 분야의 활동에 있어서 매우 값진 것이다) 같은, 유네스코 학술회의의 구체적인 제안들에 대해 언급할 것이 몇 가지 남아 있다. 이들을 실현하는 것은 국제교과서 협의활동의 체계화와 제도화라는 측면에서 매우 바람직하다. 교과서 협의활동은 순전히 실용

---

20) 본고에서 사용된 지역(regional)이라는 용어는 한 국가 내의 지역이 아니라 유럽이나 동아시아 등과 같은 의미로 사용되었다. 본고에서는 문맥에 따라 regional을 '지역(적)' 또는 '거대지역(적)'이라고 번역했음을 밝혀둔다. (역자)

적인(pragmatisch) 이유 때문에 시작되었고, 이를 위한 방법론이 정립되지 않았을 때 실용적인 방식으로 실현되어가고 있었다는 점을 잊어서는 안 된다. 지역 교과서 센터들의 수립이라는 측면에서 살펴보면, 유럽에 이미 이와 같은 연구소가 설립되었다. 이에 반해 남동아시아에 존재하는 이러한 종류의 연구소들은 모두 매우 제한되고 일방적인 과제만을 수행하고 있다. 예컨대, 뉴델리 소재 교과서 연구소와 일본의 오사카와 후쿠오카 대학들의 교육연구소들, 그리고 끝으로 동경 소재 국제교육정보센터(International Society for Education Information)가 그렇다는 것이다. 이러한 연구소들은 국제적 협력에 대한 고려 없이 자국의 교과서를 개선하는 데만 관심을 갖고 있거나 혹은 외국 교과서에 자국의 문명과 역사가 좀더 우호적으로 서술되게 하는 데만 관심을 갖고 있다. 이러한 활동도 분명 교과서 개선에 일정 정도 기여하겠지만, 국제교과서 개선활동 중 너무 작은 부분에 불과하기 때문에 그 관심 영역이 더욱 확대되어야 한다.

유네스코의 이 거대한 프로젝트(Major Project of Unesco)는 아직 세계사 프로젝트로 불릴 수 없다는 주장이 있는데, 이것은 아프리카라는 중요한 지역이 아직 편입되지 않았기 때문이다. 역사에 대한 전지국적 접근을 지향하는 발걸음은 앞으로 더 나아가야 한다. 이러한 필요성은 유네스코 스스로가 명확히 인식하고 있다. 이러한 사실은, '적도 아프리카의 문화들이 유네스코 프로젝트에서 차지하는 위치(Place of the cultures of tropical Africa in the Major Project)'에 관한 1961년도 파리에서 개최된 유네스코 프로젝트 자문위원회의 권고사항에서도 잘 나타나 있다. 아프리카의 많은 국가들이 유럽과 맺고 있는 긴밀한 역사적, 문화적 관계를 생각할 때, 유럽인들의 과제가 바로 이 부분에 있음을 우리는 쉽게 알 수 있다. 브라운슈바이크 국제교과서연구소가 이 부분에서 최초의 노력을 시도했는데, 연구소 학술잡지 『역사교육 국제연보(Internationales Jahrbuch für

Geschichtsunterricht)』제9권(1963/64)이 서독의 교과서가 아프리카 역사와 문화를 다루는 방식을 비판하는 글을 특집으로 게재했다. 이와 같은 문제의식에서 유네스코 주도로 교사협회국제연맹(Fédération Internationale des Associations d'Instituteurs: FIAI)이 서독, 프랑스, 영국 그리고 스위스의 초등학교 교과서에 나타난 아시아 및 아프리카 관련 서술에 대한 연구를 수행했다. 또한 아프리카인들과의 다자적 지역 학술대회가 기획되기도 했다.

유네스코는 처음부터 주도자, 촉진자 그리고 교과서 교환 센터로서의 역할을 수행했다. 그 실천적 활동은, 간전기 때 국제연맹이 했던 것처럼, 각국의 역사교사협회 같은 직업단체와 유네스코 각국 위원회 교과서 분과에 의해 쌍무적 차원에서 실현되어야 했다. 모든 서유럽 국가들에 이와 같은 교과서 분과가 존재하는 것은 아니지만, 지난 몇 년 간, 예컨대 프랑스·영국·오스트리아 유네스코 위원회의 교과서 분과는 많은 활동을 했다. 스위스에는 연방교육당국 내에 존재하는 이 교과서 분과가 연방 차원에서 교과서 개선 문제를 다루는 유일한 기구이다. 스웨덴 유네스코 위원회 교과서 분과는 '스웨덴 교과서, 특히 역사교과서에 나타난 아시아와 아시아 문제에 대한 서술'에 관한 보고서를 작성했다. 이와 같은 작업은 일본 유네스코 위원회 교과서 분과도 수행한 바 있다. 미국 유네스코 위원회 교과서 분과는 '미국 역사교과서에 나타난 국제기구에 대한 서술'에 관한 연구를 수행했다. 서유럽 국가들 간에 개최된 쌍무 역사가 학술대회 중 많은 대회가 각국 유네스코 위원회 주선으로 이루어졌다. 유럽 역사관의 구성요소들을 담고 있는 많은 중요한 연구결과물이 각국 유네스코 위원회 활동의 결과물이다. 몇 가지 예를 들면 다음과 같다. E. H. 단스,『배신자로서의 역사. 편견에 대한 일 연구(History the Betrayer. A Study in Bias)』(London, 1960), 오스트리아 유네스코 위원회의 의뢰로 핸젤(Händsel)과 미콜레츠키(Mikoletzky)가 간행한 출판물들, 그리고 다음과 같은 프랑스 유네스코 위원회의 쌍무 학술대회 결과물들, 즉 『국제이해를 위한 역사교육(L'Enseignement de l'Histoire de la Compréhension Internationale)』(1951), 『역사교육에 대한 권고안(Recommendations pour l'Enseignement de l'Histoire)』(1952), 『역사교과서와 역사교육의 개선을 위하여. 이탈리아 전쟁 시기[21], 15~16세기 문명의 역사 그리고 1870~ 1939 시기의 역사를 주제로 한 프랑스-이탈리아 역사가 학술대회(Pour l'Amélioration des manuels et de l'Enseignement de l'Histoire. Entretiens Franco-Italiens sur la période des guerres d'Italie et l'Histoire de la Civilisation aux XVe et XVIe siècle et sur la période 1870~1939)』(1953/1956).

이러한 연구들과 학술대회의 결과물들이 보편사를 지향하는 것이라면, 특별히 유럽 민족들의 협력에 기여하는 유럽평의회는 역사교과서, 역사수업 보조교재 그리고 역사수업의 개선을 위해 적극적인 노력을 했고 중요한 연구물들을 산출했다. 유럽평의회는 1949년 창립되었는데, 이 당시 창립회원국가가 10개국이었다. 그 목적은 "유럽 회원국들의 공동 유산인 사상과 원리들을 보존하고 실현하기 위하여 회원국들 간의 긴밀한 협력의 틀을 구축하는 것"이다. 유럽평의회는 1954년 유럽문화협정(European Cultural Convention)을 결의했는데, 이에 20개국이 가입했다. 이 협정의 중요한 목적 중 하나는, "유럽평의회 회원국들 간에 쌍무 문화협정을 체결하는 것뿐 아니라 유럽 문화의 발전을 보장하고 촉진하는 공동의 실천방안을 모색하는 것"이다. 이런 맥락에서 무엇보다 먼저 '유럽인 모두에게 공통된 언어, 역사 그리고 문명에 대한 연구'가 촉진되어야 한다. 이를 위해 특별히 마련된 문화협력위원회(Council for Cultural Cooperation)를 통하여 유럽평의회가 자신의 중요한 과제 중 하나로서 교과서 개선을 위해 노력하는 것은 당연한 일이다. 유럽평의회 회원국의

---

21) 여기서 이탈리아 전쟁이란 16세기 전반 프랑스와 합스부르크 제국이 이탈리아 북부지역에서 벌인 전쟁을 의미한다. (역자)

지원과 유럽평의회의 노력으로 1953년부터 1958년까지 역사교과서 개선을 위한 학술대회가 다섯 차례 개최되었다. 이 학술대회의 결과에 대해서는 후에 상세히 다루겠다. 여기서는 본 연구의 주제 전체를 이해하는 데 필요한 사실관계만 언급하겠다. 1953년 제1회 학술대회는 유럽 역사관의 구성요소 전반에 대한 서술 문제를 다루었다. 이 제1회 학술대회의 그밖의 목적은 "역사교과서 개선에 관해 유럽 국가들 간에 진행된 쌍무 협의에 있어서 현재까지 성취된 결과들을 서로 비교하는 것"이다. "그리고 이렇게 함으로써 이러한 협의활동이 어디서 더 확대 심화되어야 하는가 그리고 이러한 작업에 어떠한 방법이 가장 효과적인 것인가를 확인할 수 있다. 또한 국사 이외에 다양한 유럽 국가들의 공동의 유럽사를 우리가 확립할 수 있는가, 그리고 있다면 어느 정도 이를 달성할 수 있는가라는 문제가 제기되어야 한다." 이 학술대회는 일반적이면서도 매우 중요한 권고안을 마련했다(E. Bruley/E. H. Dance, 『하나의 유럽사?Eine europäische Geschichte?』, Leiden, 1960).

그 이후의 네 차례에 걸친 학술대회들은 회원국의 역사교과서가 모든 유럽 국가들의 역사의 내용을 어느 정도 담고 있는가라는 문제를 중점적으로 검토했다. 1945년 이래 국제교과서 개선활동에 있어서 중요한 두 인물인 에두아르 브뤼레(Edouard Bruley)와 E. H. 단스가 편집한 중요한 자료모음집(『하나의 유럽사?』)에 이 회의들의 결과들이 연대순으로 기록되었다. 이어서 유럽평의회 문화국 일반교육 및 기술교육 분과가 주최한 두 차례의 전문가 회의가 서독의 브라운슈바이크와 덴마크의 코펜하겐(Kopenhagen)에서 개최되었는데, 이 회의는 앞선 다섯 차례 학술회의 결과가 구체적인 실천전략을 통해서 보다 실현 가능한 형태로 발전될 수 있는 방법에 대해서 논의했다.

유럽평의회가 주최한 이 일련의 회의 결과들 중 매우 흥미롭고 의미 있는 것은, 유럽 국가들에서 사용되는 역사적 기본개념들이 각 나라마다 종종 매우 다른 의미를 지니고 있다는 것을 확인한 것이었다. 그러므로 유럽사의 기본적인 역사 개념 사전을 마련하는 것이 매우 중요한 과제로 부상했다. 학술대회 참석자들은 다양한 개념들을 가능한 한 유럽의 공통분모 위에서 파악하는 작업을 하기 위해서 각 기본개념들이 나라마다 어떻게 다른 의미로 사용되는가를 이 사전 편찬으로 분명히 밝히고자 했다. 이 프로젝트는 수년 동안 지속되었고 수많은 여러 가지 난관들을 극복해야 했다. 이 프로젝트의 최초의 결과물이 이제 세상에 선을 보이게 되었다. 『역사의 기본개념들 : 유럽 역사상에 대한 50개의 기고 (Grundbegriff der Geschichte. 50 Beiträge zum europäischen Geschichtsbild)』 (Gütersloh, 1964)가 바로 그것이다. 이 독일어본 이외에 영어본과 불어본도 출간되었다. 이 작업에 벨기에, 서독, 프랑스, 영국, 그리스, 이탈리아, 스위스 그리고 스웨덴의 학자들이 참여했다. 이들은 각 국가마다 다르게 사용했던 기본적인 역사 개념들이 모든 유럽 민족에게 공통된 역사 개념으로 발전할 수 있는 길을 처음으로 모색했던 것이다. 우리는 하루속히 유럽의 역사교사들과 역사교과서 저자들이 반드시 참조해야 하는 그런 작업 결과가 인적, 물적 측면에서 보다 넓어진 기초 위에서 이러한 작업이 속개되기를 바란다. 위의 작업 결과는 이러한 일련의 노력 중 다만 시작에 불과하다.

　이상 1945년 이후 국제 기구들이 교과서 개선활동에 참여한 부분을 서술했다. 위에서 언급된 두 기구 이외의 다른 초국적 기구들도 교과서 개선활동에 열성적으로 참여했다는 점을 잊어서는 안 된다. 이러한 기구 중 두 가지만 언급하겠다. 즉, 세계형제회의 유럽지부(The European Branch of World Brotherhood)와 제네바 문화 유럽센터(Centre Européen de la Culture)는 많은 쌍무 교과서 협의회의를 주최했고 스스로 이에 참여하기도 했다. 1945년 이후 교과서 개선활동에 대한 이들 초국적 민간 기구들의 기여도가 과소 평가되어서는 안 된다. 본고 부록에 이들이 주최한 회의의 목록이 기재되어 있으니 이를 참조하기 바란다.

3. 쌍무적 교과서 협의와 쌍무적 문화협정

유네스코와 다른 국제기구들의 다자간 학술대회는 1945년 이후 재개된 국제적 차원에서의 교과서 개선활동에 매우 중요한 최초의 추진력을 주었고, 위에서 소개된, 유럽평의회가 주최한 다섯 차례에 걸친 국제학술대회는 당시까지 성취된 것을 조망하고 그 이후의 발전방향을 모색하는 데 있어서 매우 중요한 의미를 지닌다는 것은 사실이다. 그럼에도 불구하고 1945년부터 현재까지 진행되고 있는 역사가들과 역사교사들 간의 쌍무 협의활동이 현재까지 국제교과서 개선활동의 핵심을 구성한다고 보아야 한다. 최초의 시작부터 국가기관이나 공적인 기구의 주도로 이루어진 것이 아닌 것이다. 교사들이 개인적 차원에서 이 협의활동의 첫 시도를 했고 오늘날까지 유효한 성과를 거두었다.

이러한 맥락에서 중요한 한 인물을 먼저 소개해야겠다. 스스로는 자신의 사상이 실천된 것을 보지 못했지만, 교과서 개선활동에서 가장 중요한 사상적 근거를 제시한 인물이 조르주 라피에르(Georges Lapierre)이다. 1944년 2월 18일 그는 독일 브란덴부르크(Brandenburg)의 한 포로수용소에서 프랑스 친구들에게 보낸 편지에서, 장차 교사들 간의 국제적 연대를 새롭게 구축하기 위한 시도를 새롭게 해줄 것을 당부했다. 그에 따르면, 1933년 이전의 실수는 이렇다. 너무 참을성이 없었던 점, 그리고 조국에 대한 관념이 사람들의 마음속에 너무나도 확고부동하게 자리잡고 있다고 생각한 점, 그래서 건물의 토대인 민족을 국제적 평화와 정의의 질서를 너무 성급히 달성하려는 노력 속에서 지나치게 무시한 것이었다. "만약 민족적 전통과 야망의 확고한 토대에 기초한다면, 국제적 연대와 협력의 실천에 대한 이해를 젊은 세대에게 교육할 수 있을 것이다." 그는 이 편지를 쓰고난 후 바로 포로수용소에서 운명을 달리하게 되었다. 그의 이 생각은 1945년 국제교과서 협의활동의 모토가 되었다. 라피에르에 따르면, 교육은 시대를 앞서 나가서 미래 세대의 수준에 적응해야 할 의무를 지고 있다. 오직 그렇게 함으로써 한 세대에서 다음 세대로 이어지는 연속성을 보존할 수 있다는 것이다.

프랑스 교사노조에서 라피에르의 후계자인 마리 루이즈 카발리에 (Marie-Luise Cavalier)와 에밀 옴부르제(Emile Hombourger)는 라피에르의 기대에 부응할 준비가 되어 있었다. 옴부르제는 이미 1948년에 교과서 연구 국제위원회(Commission Internationale d'Etude des Manuels Scolaires)의 위임을 받아 교육국제준비위원회(Commission Préparatoire Internationale de l'Enseignement, Budapest)에 '독일 교과서 개선에 대한 최초의 연구 (Première Etude sur la Révision des Manuels Scolaires Allemands)'라는 보고서를 제출했다. 이 연구서에서 그는 네 개의 독일점령지역에서 사용되는 교과서들을 비판적으로 검토했다. 이 연구활동은 독일 동료들과의 협력 속에서 계속되어야 한다는 결론을 그는 내렸다.

이러한 그의 의도에 대해 독일인들은 대단히 호의적인 반응을 보였다. 서방연합국들의 세 개 점령지역의 교사노조 대표자 총회(Vertreter -Versammlung der Lehrergewerkschaft)는 1949년 게오르크 에케르트(Georg Eckert)가 책임을 맡고 있는 '독일 교사협회들의 작업공동체 역사교육 위원회(Ausschuß für Geschichtsunterricht der Arbeitsgemeinschaft deutscher Lehrerverbände)'에게 1933년 단절된 국제적 관계를 다시 구축하고 외국 동료들과 함께 '진정한 관용의 정신 속에서 자유로운 토론을 할 수 있는'

학술대회를 개최할 것을 위임했다. 이에 따라 1949년 프랑스, 영국 그리고 덴마크의 역사교사연합회들[22]과의 최초의 협정이 체결되었다. "평등성과 상호성에 기초한, 그리고 완전히 자유로운 분위기 속에서의 프랑스와 서독 교사들 간의 협력 없이는 의미 있는 교과서 개선은 실효를 거둘 수 없다"는 프랑스 전국교육연맹(Fédération de l'Education nationale)의 결정 결과, 독일 교사총회(Deutscher Lehrerkongreß) 슈투트가르트(Stuttgart) 대회(1951년 5월)에서 상세한 실천방안에 대한 협정이 체결되었다. 교과서를 상호 교차 검토한 두 차례에 걸친 대회(1952년 Braunschweig, 1953년 Paris)의 결과는 브라운슈바이크 국제교과서연구소가 『교과서를 통해서 본 독일과 프랑스(Deutschland und Frankreich im Spiegel ihrer Schulbücher)』로 정리하여 출판했다.

여기 쌍무 교과서 협의활동을 서술하는 데 프랑스와 서독 교사들의 긴밀하고 진심어린 협력을 먼저 언급한 것은 약 12년 간의 강제적 휴지기에 의해서도 단절되지 않았던, 1920년대의 살아 있는 전통이 새롭게 부활되었다는 점이 특기할 만하기 때문이다. 양국 간 교과서 협력은 그 결과가 교사들의 여러 국제연합회[23]에 의해 큰 인정을 받았기 때문에 또한 중요하다. 서독과 프랑스의 협력에 처음부터 다른 기관들도 참여했고 그리고 앞서 언급했던 프랑스와 서독의 역사교사연합(Geschichts -lehrerverband)과 프랑스의 현대문제연구센터(Centre d'Etude des Problèmes Actuels, Paris) 같은 다른 단체와 연구소들도 이에 참여했다는 사실이 강조되어야 한다. 이 역사교사연합과 현대문제연구소는 브라운슈바이크

---

22) 프랑스 : 역사교사 및 지리교사 협회(Société des Profeseurs d'Histoire et de Géographie : Edouard Bruley가 책임자임), 영국 : 역사협회 국제위원회(International Committee of the Historical Association : E. H. Dance가 책임자), 덴마크 : 역사교사협회(Foreningen af Gymnasie - og Semniarielaerere l'Historie : Lindhardt-Hansen이 책임자).

23) 교사협회국제연맹(Fédération Internationale des Associations des Instituteurs : FIAI), 교원국제연맹연합위원회(Comité d'Entente des Fédérations Internationales du personnel enseignant), 사회주의 및 민주주의자 대학국제연맹(Union Internationale Universitaire Socialiste et Démocratique).

국제교과서연구소와 함께 양국의 역사교과서에서 나치 집권시기에 대한 서술 문제를 특히 집중적으로 다루었다. 양국의 역사교사연합은 1950년 이후 줄곧 양국 교육부의 후원으로 양국의 고등학교용 역사교과서를 상호 검토하고 양국 역사가들의 연구업적에 대한 정보를 상호 교환하는 학술대회를 프랑스와 서독에서 처음에는 매년, 몇 년 후부터는 격년으로 개최했다. 그러나 수년에 걸쳐 수집된 가치 있는 이 학술대회들의 자료집들도 교사들과 교과서 저자들이 쉽게 접할 수 없었다.

쌍무 학술대회의 세세한 사항들에 대해서는 여기서 상세히 설명할 수 없다. 이에 대해서는 부록에서 비교적 상세히 소개했다. 총 146차례 회의 중 83회가 쌍무적인 협의였다는 사실은 쌍무 교과서 협의가 지난 20년 간의 국제교과서 협의활동의 기초를 이루었다는 것을 보여준다. 쌍무 교과서 협의의 특징은 대부분의 경우 양국 관계 서술에 대한 상호적인 권고안을 작성했다는 점이다. 이 권고안은 역사교사와 교과서 저자 및 이에 관심 있는 모든 다른 사람들과 기관들(신문사, 방송국, 성인교육기관 등)을 위한 것이다. 이 권고안들은 보통 2개 국어로 작성되어 역사 교사협회들 학술잡지와 브라운슈바이크 국제교과서연구소 학술지 『역사교육 국제연보(Internationales Jahrbuch für Geschichtsunterricht)』에 게재되었다.

이 권고안은 공식 기구의 어떤 공적 지침 같은 성격을 전혀 갖고 있지 않고 권고안에게 주어지는 공적 기구의 인정이 교사들과 교과서 저자들에게 어떤 구속력 있는 효력을 갖지 못하다는 사실을 재차 강조하는 바이다. 그래서 E. H. 단스가 교과서 협의를 위해 서독으로 향하는 최초의 영국 교사들에게, 여러분은 어떠한 공식 기관에 의한 위임이 없는 영국 교사그룹이라고 말했다. 서독 역사가들과 함께 공동 권고안을 작성한 영국의 역사가들도 또한 전문에 다음과 같은 유보사항을 삽입하는 것을 잊지 않았다. 즉, "우리는(영국과 서독 참석자들 : 필자) 개인 자격으로 이에 참여했지 국가가 부여한 어떤 공적 자격으로 이에 참여하는 것은 아니라는 점을 분명히 밝히고자 한다." 이것은 모든 양국 교과서 협의활동에 있어서도 마찬가지이다. 그러므로 회의를 주관하는 다양한 단체는, 그것이 공적 기구이건 사적 단체이건, 권고안의 내용에 대한 어떠한 책임도 지지 않는다. 책임은 참석자 개인에게 있는 것이다. 그런데 이와 같은 쌍무적 회합의 모든 참여자들의 완전한 학문적 자유와 개인적 책임감은 여태까지 충분히 강조되지 않았다.

단스가 브라운슈바이크 국제교과서연구소와 그 활동을 '매우 고도로 조직된 기획들(highly organized enterprises)'이라고 했는데, 이것은 위와 같은 맥락에서 실제 조직적 측면에만 적용될 수 있을 것 같다. 서독이 다양하고 중요한 이유들로 인해서 교과서 개선활동에 관심을 표명하기 시작한 1953년에 브라운슈바이크 국제교과서연구소는 국가적 성격을 띠게 되었다.[24] 그러나 이것은 국가의 유관 기관으로부터 이 연구소에 어떤 국가적 위임이 하달됐다거나 그 국가 기관이 연구소에 대한 어떤 감독 권한을 가졌다는 것을 의미하는 것은 아니었다. 한 가지 사실은 계속 강조되어야 한다. 즉 국제교과서 협의활동이 성공적이 되기 위해서는 자발성(Freiwilligkeit)이라는 원칙이 침해되어서는 안 된다는 사실이다.

그러나 특히 초기에 체결된 협정들(Abkommen)을 과대평가해서는 안 된다. 왜냐하면, 이 협정들은 오늘날 역사적인 측면에서, 그리고 좀더 좋게 평가한다면 방법론적인 측면에서 우리의 관심 대상이기 때문이다. 대개의 경우 쌍무 교과서 협의활동은 구두에 의한 약속 내지 서신을 통한 약속을 통해서 추진되었다. 교과서 협의활동이 체계적이며 장기간에 걸쳐서 추진된 경우조차도, - 예컨대 노르웨이와 서독의 쌍무 교과서 협

---

24) 영어본에서는 다음과 같이 다르게 표현되어 있다. "서독이 다양하고 중요한 이유들로 인해서 교과서 개선활동에 관심을 표명하기 시작한 1953년에 국제교과서연구소는 저지대 작센주 정부(Land of Lower Saxony)의 지원을 받게 되었다." '저지대 작센주'는 독일어로 니더작센(Niedersachsen)주를 의미한다. 즉, 연방정부가 지원한 것이 아니라 주정부가 지원했다는 뜻이다. (역자)

의활동 - 이것은 마찬가지이다. 많은 사람들이 이러한 쌍무 교과서 협정에 부여하는 과장된 의미는 국제연맹, 지금은 유네스코가 국제교과서 협의를 쌍무적 차원에서 진행하고 그 협정이 체결되는 것을 선호하고 이것을 추진함으로써 국제교과서 협의활동에 소위 최초의 자극을 주기를 원했다는 사실에서부터 아마 부분적으로 기원했을 것이다.

이런 측면에서 볼 때, 1926년 카자레스 결의안(Casares-Resolution)과 1932년 지적 협력 국제위원회(International Committee on Intellectual Cooperation(ICIC))에 의해 조금 개선된 결의문이 우리에게 잘 알려져 있다. 이 협정은 각 국가위원회에 의해 체결될 것이 전제되었다. 그러나 이 두 경우에 있어서 이 결의문은 거의 실천에 옮겨지지 않았고, 그래서 너무나도 비효과적이었기 때문에, 1937년 국제연맹은 교과서 개선활동 부분에서 국가들이 보다 더 큰 활동을 해야 한다는 내용을 담고 있는 '역사교육에 대한 선언(Deklaration über den Geschichtsunterricht)'을 채택했다. 그러나 이 결의문에 서명하고자 하는 국가들은 거의 없다는 것이 곧 명확해졌다. 대부분의 국가들이, 특히 강대국들이 교육문제에 대해 국가가 간섭할 것을 거부했는데, 그들 정부들은 이러한 간섭이 교육의 자유라는 대단히 중요한 원칙을 침해할 수 있다고 생각했기 때문이었다. 이러한 근거를 내세워 미국, 프랑스 그리고 영국이 이 결의에 서명할 것을 거부했던 것이다.

하지만 이러한 실패는 1945년 이후 유네스코가 교과서 협정 체결을 적극적으로 권고하는 일에 방해가 되지 않았다. 이미 언급된 매우 중요한 문서인 『교과서와 기타 교재 개선을 위한 안내서(A Handbook for the Improvement of Textbooks and Teaching Materials)』(1949)에서 '실천에 관한 권고안(recommendations for actions)' 중 '국제적 쌍무 협정과 국제적 다자 협정을 통한 공식적 행동(official action through international bilateral and multilateral agreements)'이 중요시되었다. 이 안내서는 이러한 공식적 협정 체결이 교과서 편찬을 포함한 교육체제가 정부의 권한에 속해 있는 국가들 간에 이루어질 것이라고 말했다. 그러므로 이 안내서는 "이러한 협의 활동이 그들 국가의 교육시스템 기관들과 조화롭게 진행되는 곳에서" 유용하다고 적고 있다. 간전기 때 제기되었던 이러한 협정에 대한 반대가 또 제기될 것이 예상되었기 때문에, 유네스코는 이러한 협정을 위한 기초자료로서 활용될 '모델 협정(Model Accord, a sample bilateral accord, sample treaty)'을 출판하게 된 것이다. 유네스코는 교과서 협정은 더 나아가서 일반적인 문화협정의 일부분이 될 수 있다는 점을 강조했다.

국가들 간의 문화협정에서는 교과서 문제를 고려하는 것이 그 동안 관행이 되었다. 이에 대해서 자세히 다루기 전에 교사노조와 역사교사협회 같은 사적 조직체들에 의한 교과서 협정체결에 대해 더 살펴보자. 1945년 이후 이러한 협정이 많이 탄생하게 되었다. 또한 동유럽 국가들도 대개의 경우 이러한 방법을 채택했으며 그들의 역사가협회로 하여금 이러한 협정을 체결케 했다. 서유럽에서 교과서 협정의 주체들은 역사가협회(영국), 역사교사협회(덴마크, 프랑스 그리고 서독), 일반적인 문화단체(북유럽협회들, Forening Norden), 유네스코 각국 위원회(영국, 프랑스, 서독, 스위스, 오스트리아 그리고 스페인)였다. 이것들은 다만 대표적인 예에 불과하다. 유럽에서 교과서 개선활동에 참여한 단체들의 완전한 목록은 부록에 기재되어 있다. 여기서는 다만 대표적인 예로서 다음과 같은 것만을 열거하기로 하겠다. 영국 역사협회(British Historical Association)와 독일 교사연맹들의 활동공동체(Arbeitsgemeinschaft deutscher Lehrerverbände)의 협정, 프랑스 교사노조와 독일 교사노조의 협정, 워싱턴 사회과목 국가위원회(National Council for Social Studies, Washington)와 브라운슈바이크 국제교과서연구소의 협정. 이 협정 자체가 아니라 이 협정을 실현하고자 하는 참여자들의 의지와 공동작업에 대한 지칠 줄 모르는 관심이 교과서 개선활동의 본질적인 요소라는 것이 다시 한번 강조되어야 한다.

역사교육과 교과서(특히 역사, 지리 그리고 사회 교과서)의 문제를 함께 다루는 문화협정이 몇 년 전부터 점점 많은 역할을 하고 있다는 점을 생각할 때, 이 문제를 기억하는 것이 매우 중요하다. 이 많은 문화협정 중 모범이 되는 서독-프랑스 문화협정(1954년 10월)의 제13조는 다음과 같다.

협정 당사자는 자신이 사용할 수 있는 모든 수단과 법의 범위 내에서 모든 부분의 교육에서 상대방과 관계된 문제를 엄격한 객관성에 기초해서 서술하도록 노력하며 감정적 성격으로 인하여 양국 인민들의 상호이해에 해가 될 수 있는 그 어떠한 서술도 교과서에서, 특히 역사교과서에서 제거하도록 노력한다. 양 당사자는 이러한 목적을 지향하는 모든 노력을 지원한다.

어떤 다른 문화협정도 이와 같이 상세한 규정을 포함하고 있지 않다. 일반적으로 영국, 북아일랜드 그리고 서독의 문화협정에서 규정된 바와 같은, 다음과 같은 일반적 규정만이 있을 뿐이다.

협정 당사국은 다음과 같은 것을 매개로 하여 본국에서 다른 협정국의 역사, 문화 그리고 제도에 대한 올바른 이해를 도모하는 모든 노력을 지원한다.
1. 교과서, 정기간행물 그리고 다른 출판물들을 포함한 서적
2. 강의
3. 음악회
4. 기타 예술공연(fine arts)과 전시회
5. 연극과 음악 공연
6. 라디오, 필름, 기타 다른 매체

지난 세대의 프랑스와 독일 교육자들과 특히 역사교사들이 교과서와 이와 관련된 영향들을 체험했던 아주 나쁜 경험들로 인하여 상세한 서독-프랑스 문화협정이 체결되었을 것이다. 이를 이해하기 위해 한 대비되는 예를 들겠다. 이전의 영국 역사교과서에도 독일에 대한 선입견들이 많이 발견되었지만, 독일 역사교과서와 프랑스 역사교과서에서 확인되는 그런 증오감을 유발시키는 표현은 거의 없었다.

원칙적으로 볼 때 쌍무 문화협정 체결은 국제교과서 개선활동에 유익하다는 점을 잊어서는 안 된다. 협상 당사국의 정부들이 자기 나라에서 이러한 교과서 협의활동을 지원할 것에 대한 약속만을 그 문화협정이 포함하고 있다고 하더라도 이런 사실 자체가 교과서 개선에 유리하게 작용한다는 것은 당연하다. 외교정책 영역에서 이러한 쌍무 문화협정이 (예컨대, 양국 문화협력위원회에서 서로간의 불만 사항을 토로하는 방식으로) 활용될 수도 있다. 그러나 이때 이러한 활용이 쌍무 교과서 협의활동에 아주 해로운 영향을 미칠 수도 있다는 것을 잊지 말아야 한다. 왜냐하면, 정치적인 고려가 깊이 개입될 소지가 많을 수 있기 때문이다.

그런데 정치적 고려가 깊이 개입된 이러한 종류의 국가 간섭은 역사연구의 자유라는 원칙과 국제교과서 협의활동의 자발성이라는 원칙에 모순되는 것이다. 1954년 프랑스-서독 문화협정이 체결되었을 때, 당시 프랑스 역사교사 및 지리교사 협회(Société des Profeseurs d'Histoire et de Géographie) 회장이던 에두아르 브뢸레는 『르 몽드(Le Mond)』에 다음과 같은 자신의 의견을 개진했다.

프랑스와 서독의 역사교사들은 특정한 문제들이 양국의 교과서에서 다루어지는 합리적 방식과 서술내용에 대해 논의하기 위해 1950년부터 매년 서로 만남을 가져왔다. 그러므로 프랑스와 서독의 역사가들은 객관적인 역사연구를 수행하고 교과서에서 어떤 감정적인 평가들을 제거하고자 노력하기 위해 1954년의 문화협정을 기다리지 않았다.

1945년 이후의 교과서 개선 활동 순서에 대한 에두아르 브륄레의 강조는 매우 중요한데, 왜냐하면 교과서 협의활동이 이전에 예상치 못한 호응을 얻고 다양한 측면에서 거둔 성공을 가능하게 해준 것이 교육자들과 학자들 그룹들의 자발적 합의였기 때문이다. 그러므로 이 협정은 국내적 관점에서 보았을 때보다 국제적 관점에서 보았을 때 덜 중요하다. 정부들은 논쟁이 되는 문제들과 불만거리들을 외교적 방식으로 풀려 하기보다는 계속해서 현재까지의 자발적인 사적 협의방식에 맡기기를 선호할 것이다.

문화협정의 국내정치적 의미에 대해서 말하자면, 교육정책과 문화정책에서도 유효한 연방주의적 헌법질서를 가지고 있는 독일연방공화국(서독)에서는 주정부들이 문화협정의 내용들이 실현되어야 하는가, 그렇다면 어느 정도 실현되어야 하는가라는 문제를 결정한다. 즉 문화협정은 자동적으로 적용되지 않는 소위 '스스로 실행하지 않는 조약(non-self-executing-treaties)'에 속한다. 그러므로 문화협정은 그에 기초하여 문화협정의 구체적인 내용들이 실현되어야 하는 활용 가능한 수단들과 국내법들에 대한 제한적인 세부규정을 포함하고 있다. 교과서 개선활동을 촉진하는, 현재까지 현실적으로 활용 가능한 유일한 방법은 서유럽에서는 현재까지 아직도 자유로운 역사가들과 역사교사들의 만남과 협의사항을 실천하고자 하는 그들의 준비된 마음과 수단들이다. 그러나 그것은 여전히 전적으로 도덕적인 문제이지 정치적인 문제가 아니다.

각국 정부들이 유네스코와 유럽평의회가 추진한 쌍무 문화협정들에 의해 국제교과서 개선 노력을 최소한 도덕적으로 지원하도록 만들었다고 생각한다면, 그런 한에 있어서 이 문화협정들이 현재까지 유익했는가라는 문제에 긍정적으로 답할 수 있을 것이다. 분명 이러한 측면을 과소

평가해서는 안 된다. 그러나 간전기 때 국제연맹과 그 부속 문화기구들의 실망스런 경험들이 말해주는 바와 같이 자유주의적 교육제도를 운용하고 있는 국가들이 교과서 개선활동에 대한 지원을 하는 데는 이미 명확한 한계가 있다. 교과서 개선노력이 제도화되고, 그럼으로써 참가국들에서 일종의 교과서 교환센터(Clearing House)가 만들어지도록 돕는 데 각국 정부의 지원이 있을 수 있다. 이에 대해서는 뒤에 더 언급하겠다.

　국가의 간섭을 통해서 성공을 이루어낼 수 있는 가능성을 단호하게 거부해야 한다면, 이것은 물론 교과서 개선활동에 참여하는 모든 사람들에게 그리고 실제적인 성공을 지향하는 모든 사람들에게 결코·즐거운 일이 아닐 것이다. 그러나 서유럽에서의 교과서 협의활동은 자발성의 원칙이라는 기초 위에 서 있다. 의도된 또는 합의된 내용을 일선 교사들로 하여금 존중하도록 강제할 수 있는, 국가의 위임을 받은 대표자들과 협의하는 것이 분명 간단하고 좋을 수 있고, 최소한 그렇게 보일 수 있다. 그러나 이것은 기만적이다. 왜냐하면, 서유럽 국가들에서는 교육제도들이 너무나도 자주 변화하기 때문이다. 지속적인 성공은 매우 많은 인내와 노력 속에서 성취될 수 있다.

　서유럽에서 자발적 참여의 원칙에 의거하지 않는 교과서 협의활동은 결코 바람직하지 않다는 것이 여러 차례에 걸쳐 확인되었다. 독립적인 참가자들 대신에 공식적인 정부 대표들이 쌍무 협정에 참가했을 때는 대개의 경우 완전히 자유롭고 선입견 없는 대화를 나누기가 더 어렵고 완전한 합의에 도달하기가 더 어렵다는 것이 여러 차례 확인되었다. 작업방식 자체는 바뀌지 않았지만, 회의 분위기는 어색해졌고 그 회의의 영향은 매우 미흡했다.

　필자가 자발성의 원칙 자체와 그 의미를 여기서 상세히 다루어 강조하는 까닭은, 이것들이 국제교과서 협의활동 과정에 심대한 영향을 미치기 때문이다. 쌍무 협정의 방법들은 확고하게 자리잡았고, 근본적으로 변하지 않은 채 계속될 것이다. 그러나 쌍무 협의활동이 지역적-다자적 교과서 협의활동으로 발전되는 국면에서 상황은 바뀌고 있다. 이를 위한 방법론을 재정립하고 새로운 형태를 모색해야 한다. 교과서 협의활동이 계속 발전하고 정체되지 않기 위해서 반드시 행해져야 할 것으로서, 예컨대 교과서 상호검토를 위한 초국가적 교과서 센터나 국제적 교과서위원회 설치 같은 것을 생각할 수 있다. 이때 보다 빨리 어떤 성과를 내기 위해 문화협정이나 다른 국제협정을 이용하고자 하는 유혹을 조심해야 한다. 왜냐하면, 공식적으로 선포되고 추진된 조급함은 분명 해로운 결과를 초래할 것이기 때문이다.

이에 대한 하나의 예를 1918년 이후, 그리고 1945년 직후 다른 환경 아래에서 있었던 독일에서의 부정적인 경험을 통해 확인할 수 있다. 제2차 세계대전 직후 비중 있는 북독일 교과서 출판사가 1933년 이전에 유명했던 교육개혁가의 교과서들 선집을 새로 출간하고자 할 때, 저자가 이를 반대했다. 왜냐하면, 그는 영국 점령군 당국의 교육국 교과서 담당 부서가 1945년 12월에 설립한 독일 중앙교과서위원회(German Central Textbook Committee)가 모든 교과서 출판을 결정한다는 사실을 알고 있었기 때문이었다.

공식적 기구에 의한 교과서 검정은 1918년 이후 교과서 문제에 대한 기독교적이며 인문주의적인 접근을 파괴시키는 것이다. …(중략)… 교과서 편찬과 출판 권한이 교육공무원들의 권한이 되어버린다면, 바이마르 시기, 그리고 히틀러 시기 같은 악마적(satanic) 결과를 초래할 것이다.

각 개별 국가들의 교육제도에 있어서 반드시 필요한 정신적-도덕적, 현실적 자유권은 교육에 관련된 국제적 활동에 있어서도 마찬가지로 존중되어야 한다. 이 원리는 유럽평의회가 주최한 회의들 논의에서, 특히 교과서 개선활동의 기본원리로서 늘 강조되고 있다. 1939년까지의 국제연맹의 경험을 통해 우리는, 서로 완전히 다른 교육체제를 가지고 있는 국가들 간의 국제교과서 협의활동에는 어떤 통일된 형식이 존재할 수 없다는 것을 분명히 알게 되었다. 이러한 점을 간과한 까닭에 국제연맹의 모델협정(Modellabkommen)과 역사교육에 대한 모호한 많은 선언들이 처음부터 실패할 수밖에 없었던 것이다.

유럽평의회 회원국과 최소한 유럽평의회가 주도한 문화협정에 참여한 국가들의 서로 다른 교육제도로 인하여 반드시 교과서 협의활동의 다양한 접근법이 시도되어야 한다. 그러므로 단순한 쌍무협의로부터 다자 지역 협의로의 발전은 그 교육제도가 서로 유사한 국가들 간에 먼저 서서히 진척될 수 있다. 그러므로 유럽평의회와 관련된 총 20개 국가를 위한 단일한 교과서 협정은 의미 없을 것이다. 바람직한 결과를 도출해낼 수 있는, 유럽평의회의 다자 지역 교과서 협의는 지역적으로 그리고 시기적으로 나누어 시행되어야 할 것이며, 스칸디나비아 북유럽협회들(Vereinigungen Norden)의 경험을 최대한 활용해야 한다. 북유럽협회들의 교과서 협의활동에 대해서는 하콘 비간더의 글이 매우 유용하다.[25] 이 경험 중 중요한 것은 후에 자세히 언급할 것이다.

민주주의적 의식과 태도를 갖도록 명령하고 규제하는 것이 아무런 의미가 없는 것처럼, 서유럽의 국제교과서 협의활동을 명령하고 규제하는 것은 잘못된 것이다. 그러므로 필자가 교과서 협정과 문화협정에 대해 조금 회의적인 어조로 묘사했다고 해서 필자의 의도를 오해해서는 안된다. 필자는 협정 자체에 대해서 반대해서는 안 되지만, 다만 협정에 대한 너무 높은 기대는 금물이라는 것을 강조하고 싶을 따름이다. 교과서 협의활동의 결과가 교과서에 반영되지 않고 교사들의 확신에 의해서 교실에서 가르쳐지지 않는다면 그 교과서 협의활동은 가치 없는 것처럼,

---

25) 비간더의 글은 번역하지 않았다. 관심있는 독자는 원문을 참조하기 바란다. (역자)

종이 위에만 적혀 있고 그 내용이 구체화되지 않은 협정은 마찬가지로 가치 없는 것이다.

Ⅱ

역사교육과 역사교과서에서의
편견들

－단스

1) 역사교육의 목적

역사교육의 중요한 목적은 세 가지로 요약할 수 있다. 첫째, 교사는 전통적인 지식을, 학생들이 그들의 과거에 대해 '알아야 할' 지식을 학생들에게 전수해야 한다. 둘째, 학생은 역사교육을 통해 자신이 속해 있는 사회와의 관계를 평가해야 한다. 이때 사회는 학생이 현재 그 안에 살고 있는 사회뿐 아니라 과거의 사회도 포함된다. 이에 대해 영국 역사가 버크(Burke)는 다음과 같이 강조했다.

> 사회는 …(중략)… 일시적이며 사라질 운명의 거대한 동물들에만 속해 있는 사물들 간에 맺어진 관계가 아니다. 그것은 모든 종류의, 즉 모든 덕과 모든 완전함의 관계이다. 이러한 관계의 목적들이 몇 세대에 걸쳐 성취될 수 없기 때문에, 사회는 현재 그 안에 살고 있는 사람들 사이의 관계일뿐 아니라 이들과 그 안에서 살았던 사람들 그리고 앞으로 태어날 사람들의 관계가 되는 것이다.

역사교육의 세 번째 목적은 다른 과목을 통해서 학생들이 배울 수 없는 사고방식, 즉 분석적이며 연역적인 사유가 아니라 귀납적이며, 특히 객관적인 사유를 배우는 데 있다. 학생은 역사교육을 통해서, 예컨대 오늘날의 보통의 신문 독자들이 새로운 지식을 단지 수동적으로 받아들이는 것과 달리 새로운 지식에 객관적이며 비판적으로 접근하는 것은 배워야 한다.

이 세 번째 역사교육의 목적은 교과서의 주 관심이라기보다는 일차적으로 역사교사들의 주 관심영역이다. 역사교과서의 주 임무는 정보를 제공하는 것이다. 그러나 역사교과서도 학생들로 하여금 많은 것을 사유케 하는 방식으로 정보를 제공할 수 있다. 오늘날의 많은 역사교과서들은 학생들이 '역사적' 사유를 배울 수 있는 연습문제를 통해, 특히 학생들의 비판적 능력을 배양할 수 있는 원사료를 제공함으로써 위와 같은 방식으로 정보를 제공하고 있다.

그러나 유럽평의회의 이 국제학술대회가 역사교과서들을 조사했을 때, 주 관심대상은 역사교과서가 제공한 정보 자체였다. 현재 역사교과서가 제공하고 있는 정보가 어느 정도 학생들로 하여금 그들이 속해 있는 공동체에서 담당하게 될 미래의 그들의 역할을 이해하는 데 도움을 주고 있는가? 역사교과서가 그린 미래의 공동체는 어떤 것인가? 그것이 마을인가, 이보다 좀더 큰 지역인가, 주인가, 국가인가 이것도 아니면 무엇인가?(이것이 앞의 문제제기보다 더 중요하다) 많은 역사교사들과 이 회의 참석자들은, 역사교육의 내용은 친숙한 최소단위의 지역으로부터 출발하여 덜 친숙한 거대 지역으로 확장되어야 한다는 의견을 가지고 있다. 현대 역사교육은 지나치게 자주 민족국가(Nation-State)의 정치공동체를 강조하는 경향이 있다. 그러나 민족국가의 성립과 발전은 장구한 역사 속에서 볼 때 아주 잠시 동안의 현상에 불과한 것이다. 바로 이러한 경향 속에서 우리는 그 안에서 우리가 양육된 직접적인 물질적 환경과 지적이며 도덕적인 환경의 희생물인 것이다. 토인비는 이렇게 말했다.

역사적 사유는 사유자가 우연히 살고 있는 일시적인 사회적 환경의 주도적인 제도들로부터 강한 영향을 받는다. …(중략)… 우리가 앞으로 해야 할 일은 영국, 프랑스, 독일, 미국이라는 이름의 사회적 감옥을 분쇄하고 어거스틴이 지적으로 정복한 지역이며 오늘날까지도 우리의 문화적 유산의 공간인, 민족적 경계보다 더 넓은 공간을 재정복하는 것이다. 이러한 편협한 민족적 관점에서 일단 벗어나서 우리 선조의 정신적 거주공간인 기독교 공간에 우리의 관점을 세운다면, 반드시 우리의 사회적 인식지평은 훨씬 넓어질 것이다. 우리는 아직 이 확장된 공간을 탐사하지 않았다.

유럽평의회의 국제학술대회들 기간 내내, 오늘날의 역사교과서는 전통적이며 지나치게 민족적인 '편협함'에 안주하고 있으며 보다 더 넓은 세계로부터, 다른 나라와 다른 대륙으로부터, 그리고 '선조의 지적 공간이었던 기독교 공간', 즉 오늘날 유럽이라고 불리는 거대 공간의 역사로부터 배워야 할 것을 탐구할 준비를 너무 적게 하고 있다는 점이 지속적으로 지적되었다. 유럽 이외에 각각 풍부한 역사를 가지고 있는 네 대륙의 역사를 오늘날 우리의 역사교과서는 항상 무시하고 있다.

물론 이런 문제는 교과과정을 만든 사람들의 문제이다. 좀더 넓은 세계가 우리가 배워야 하고 가르쳐야 할 교훈들을 풍부히 간직하고 있다는 점을 인정한다면, 이미 포화상태인 교과과정 안에서도 이를 가르칠 수 있는 공간을 확보할 수 있다. 그러나 문제는 어떻게 그리고 어떤 비율로 그것을 시행할 것인가이다. 이 문제가 이번 국제학술대회의 주 관심 중의 하나였다. 왜냐하면, 역사 교과과정의 불균형은 가장 교활한 형태의 편견, 즉 생략(omission)에 의한 편견의 표현형태이기 때문이다. 우리에게 보다 더 잘 알려진 불공정한 진술에 의한 편견 이외에 이러한 종류의 생략에 의한 편견이 이번 국제학술대회를 통해 많이 발견되었다.

2) 용어

교사들이 국제적 차원에서 수행해야 할 가장 긴급한 사항 중 하나가 그들의 통상 어휘 세계를 구성하는 용어들에 대한 비교 고찰이라는 사실이 본 국제학술대회 초기에 이미 인식되었다. 우리가 사용하고 있는 많은 용어들이 정확히 개념 규정되지 않은 채 각국마다 다른 의미를 나타내고 있다. 예컨대, 민주주의(democracy)라는 용어는 고대 아테네의 노예 소유 민주주의부터 오늘날의 의회 민주주의와 또한 비(非)의회 민주주의까지 포함한 광대한 정치형태를 의미하고 있다. 민주주의의 역사를 서술하고 가르치려는 어떠한 시도도 이러한 모호성에서 벗어나지 못하고 있다. 또한 의회 민주주의(parliamentary democracy)를 이야기할 때도, 민주주의라는 용어의 경우와 마찬가지로 우리는 모호하게 사용하고 있다. 의회는 유럽사를 통해서 다양한 국가에서 서로 다른 종류의 것이 있었으며 서로 다른 기능들을 수행했었다. 마키아벨리주의자들은 consillium 같은 용어를 번역하는 어려움과, 그것과 의회(Parliamentum)를 구분하기 어려운 점을 잘 알고 있다.[26] 마키아벨리주의자들이 번역하기 어려운 더 친숙한 용어가 있는데, 그것은 자유(Liberty)이다. 오늘날 자유가 간섭으로부터의 자유를 의미한다면, 중세의 자유(Libertas)는 종종 독단적으로 행할 수 있는 특권(exclusive privilege)을 의미했다. 한 영국 역사가가 말했듯이, 자유는 '다른 사람이 반대할 만한 어떤 것을 행할 수 있는 법적 권한'을 의미했다. 영국과 다른 나라의 교사들은 마그나 카르타(Magna Carta)를 다룰 때 이러한 점을 늘 염두에 두고 있는데, 이것은 매우 잘하고 있는 것이다.

용어와 관련된 문제가 상당히 심각함을 보고 놀랐던 국제학술대회 참가자들이 많이 있었다. 정치 영역에서 왕(king), 참주(tyrant), 귀족

---

26) consillium는 라틴어의 concilium에서 나온 말이다. 이 라틴어에서 마찬가지로 council, conceil, concile, Konzil 등의 용어들이 파생되었다. concilium은 모여서 논의하는 것, 또는 논의하기 위한 모임을 의미하는데, 그것이 사용되는 역사적 맥락에 따라 다르게 이해해야 한다. 불어의 parlement은 13세기경 만들어진 고등법원을 의미하는 것이었으나, 영국의 Parliament는 고등법원이라기보다는 신분의회적 기능을 했다. 이에 대한 프랑스의 대응물은 삼부회(Etats Généraux)이다. 프랑스의 parlement이 의회라는 의미로 쓰이기 시작한 것은 프랑스 혁명 이후이다. 이때도 parlement이라는 용어보다 assemblée라는 용어를 공식적으로 사용했다. 오늘날에도 프랑스 의회는 Assemblée Nationale이라고 부른다. 따라서 concillium, parliament 등의 용어들은 역사적 맥락에 따라 번역해야 한다. 마키아벨리는 도시공화국의 시민대표들의 모임을 가리켜 consillium이라고 불렀기 때문에, 이것을 '시참사회'나 '도시공화국 시민대표회의'로 번역하면 적절하지 않을까 생각한다. (역자)

(aristocracy), 법(law), 조약(treaty)과 같이 공동으로 사용되고 있는 용어들에도 모호함이 존재한다. 정치 영역 이외의 부분에서 그 모호함은 더욱 크다. 예컨대, 서유럽에서는 카톨릭교도와 프로테스탄트교도는 각자가 비정통적(unorthodox)이라고 간주하는 교회를 지칭하기 위해서 동일하게 이 말(orthodox)을 사용한다. 물론 이것은 역사가들이나 교사들에게 이해 안 될 일은 아니다. 그리고 당연히 이것은 이러한 것에 익숙하지 않은 학생들의 마음에 혼란을 야기한다. 카톨릭교도가 아닌 사람도 '카톨릭교도'가 아닌 신자에 대해 혼란스럽게 부른다. 사회사에서도 농노(villein), 야만인(barbarian), 농민(peasant) 같은 용어들이 언급될 때 혼란이 존재한다. 그렇다면, '문명(civilization)'이나 '유럽', '아시아'를 말할 때 우리는 어떤 의미를 생각하며 이 용어들을 사용하고 있는 것인가?

번역의 경우에 있어서 용어의 혼란은 더욱 뚜렷해진다. 영어 단어인 농민(peasant)은 프랑스 단어인 농민(paysan)의 정확한 번역어가 아니다. 이것은 통상 시민을 의미한다고 여겨지는 bourgeois, Burgher, citizen도, 통상 도시 또는 마을이라고 여겨지는 town, ville, Burg도 마찬가지이다. 교구의 작은 부분을 의미하는 영어의 township, 토지귀족을 의미하는 독일어의 Junker처럼 절대로 번역할 수 없는 단어들도 있다.

이러한 이유 때문에 로마 국제학술대회에서 이러한 문제되는 용어들을 규정하며 완전한 지식 없이 이 용어들을 사용할 때 따르는 위험을 명확히 밝히는 연구가 추진되어야 한다는 권고안이 작성되었다. 그 이후 용어 문제를 다루는 많은 논문들이 교육학 잡지와 역사학 잡지에 많이 게재되었고, 문제되는 50개 용어들에 대한 개념사 연구서가 유럽평의회에 의해 출간되었다.[27)]

---

27) 이것은 앞서 소개된 『역사의 기본개념들 : 유럽사 이미지에 대한 50개의 기고문 (Grundbegriffe der Geschichte : 50 Beiträge zum europäischen Geschichtsbild)』, Gertelsmann, 1965를 의미한다. (역자)

3) 민족적 편견

생략에 의해서건 진술에 의해서건, 우리에게 가장 친숙한 편견이 민족적 편견이다. 실제로 모든 편견은 '민족적인 성격'을 지녔고, 특히 전쟁을 했던 상대 국가에 대한 민족적 편견이 가장 심각하다는 일반적인 생각을 많은 교사들이 갖고 있다. 그러나 민족적 편견은 우리가 살고 있는 전체 세계에 뿌리를 내리고 있는 많은 편견 중 하나에 불과하다. 우리가 살고 있는 전래된 환경은 문화적 종교적 사회적이며 인종적 언어적 전통적이다. 이 모든 조건들이 삶과 특히 역사에 대한 우리의 인식을 조건 짓는다. 이 모든 종류의 편견들이 본 국제학술대회에서 고려되었다.

그러나 민족적 편견이 우리의 관심을 가장 많이 끌고 있는데, 이는 이 편견으로 인해 가장 커다란 파국이 초래되었기 때문이다. 그래서 본 국제학술대회는 먼저 민족적 편견을 고찰했다. 나라에 따라 민족적 편견의 강도는 매우 다양했다. 이 편견으로부터 가장 많이 벗어난 교과서가 독일 교과서였는데, 이는 독일인들이 본래 편견에서 자유롭기 때문이 아니라 패전 이후 옛 교과서들이 모두 새것으로 교체되었고 이 새 교과서들은 패전을 배경으로 하여 편집되었기 때문이다. 전체적으로 보았을 때, 소국들의 교과서가 강대국들의 교과서보다 편견에서 더 자유로웠다. 이러한 경향은 의심할 바 없이 이들 소국들이 역사적으로 강대국들의 영향력을 매우 강하게 받았기 때문에 이들을 고려하지 않을 수 없었다는 사실에 기인한다. 이 측면에서 소국들의 교과서는 운이 좋았지만, 그들은 실제적으로 고통을 당했다. 강대국들의 교과서는 소국들의 입장을 거의 전적으로 무시하는 경향을 보여주고 있다. 강대국들의 역사교과서가 소국들을 언급할 때, 이것은 그 자체로서 의미 있어서가 아니라 그들 강대국과의 관계에서 의미 있었기 때문이었다. 예컨대, 스웨덴의 구스타프 아돌프(Gustav Adolf) 왕조차도 그가 스웨덴의 발전과 팽창에 기여했기 때문이 아니라 강대국들 간의 종교전쟁인 30년전쟁(1618~1648)에 간섭했기 때문에 강대국들의 역사교과서에 언급되었다. 영국 역사교과서에서 덴마크는 그 나라가 영국에 대한 중립국가 연맹의 회원국이었다거나 비스마르크에 대항한 영국 정책의 도구로서 활용되었다는 서술 이외에서는 거의 등장하지 않는다. 비(非)스칸디나비아 학생들은 스칸디나비아 역사에 대한 스칸디나비아적인 관점에 대해 전혀 배우지 못한다.

4) 동양

유럽의 소국에 대한 위와 같은 평가는 유럽 이외의 국가들(크건 작건 상관없이)에 대한 평가에도 적용된다. 유럽의 학교와 대학들은 타국의 역사적 요소들의 중요성을 자신과의 거리적 근접성에 의거하여 평가한다고들 종종 이야기된다. 예컨대, 유럽의 역사교과서에서 아랍의 역사는 중국의 역사보다 더 자주 언급된다. 그러나 사실 이것은 아랍이 중국보다 유럽에 근접했기 때문이 아니라 아랍이 중국보다 유럽문화 발전에 더 많은 영향을 미쳤기 때문이다. 인도의 경우는 다르다. 유럽의 교과서에 특히 18세기에 인도는 자주 언급되었다. 그러나 이것은 당시 인도가 유럽의 주 관심지역이었고, 유럽 강대국들에 의해 분할되었기 때문이었다. 그러나 유럽의 역사교과서는 인도사를 인도인의 관점에서 거의 보지 않았다. 이러한 평가는 동양의 모든 국가들에 대해서도 마찬가지이다. 동양인들이 유럽의 역사교과서에서 다루어질 때, 이것은 순수한 그들의 업적 때문이 아니라 유럽에 미친 영향과 유럽인들과의 관계 때문이다. 그 결과 유럽의 학생들은 아랍 민족주의와 그들의 분열, 인도와 파키스탄의 차이 또는 중국인들이 공산주의를 높이 평가한 이유 같은 현대사의 주요한 문제들을 배우지 못한다.

그러나 이러한 전통적인 배제는 유럽의 역사교과서가 동양을 다루는 데 국한되지 않으며, 다른 유럽 국가들에 대한 서술에서도 확인된다. 예컨대, 러시아는 그 나라와 서유럽 간에 분명한 관계가 설정되었을 때에 한해서 서유럽 역사교과서에 서술된다. 표트르 대제는 서구주의자이기 때문에 서유럽 역사교과서에서 상세히 다루어진다. 그러나 서구주의자가 아닌 왕들이나 러시아사의 국내문제 또는 19세기 러시아의 팽창 이유들에 대해서는 전혀 언급되지 않았다. 그래서 서유럽의 학생들은 이러한 사실에 대해 전혀 아는 바가 없게 되었고, 오늘날 러시아의 광대함을 볼 때 대단히 의아해 할 수밖에 없다.

이 국제학술대회에 러시아의 관점을 제시할 러시아 대표는 참석하지 않았다. 마찬가지로 스페인 대표도 참석하지 않다가 마지막 대회 때 참석했다. 그들은 정신적 지리적 경계인 피레네 산맥 저편의 역사는 유럽의 역사교과서에서 일반적으로 주목받지 못하고 있다고 지적했다. 다만 스페인이 다른 유럽국가들의 외교문제와 연루될 때만 간략하게 다루어진다고 말했다. 예컨대, 스페인 합스부르크 왕가의 역사, 스페인 왕위계승문제, 아르마다 함대 같은 역사적 사건들의 경우에만 주목받았다는 것이다. 그리하여 피레네 이북 유럽국가들의 학생들은 스페인사에 대한 스페인의 관점에 대해서는 전혀 알 수 없다고 지적했다.

5) 터키에 대한 특수한 문제

터키 대표단은 모든 학술대회에 참석했는데, 그들은 서유럽 역사교과서가 터키인들의 역사를 편견을 가지고 다룬다고 지속적으로 비판했다.

즉, 이것은 터키인들이 유럽사와 관계가 있을 때만 유럽의 역사교과서에서 언급된다는 일반적인 비판이다. 예컨대, 19세기 터키는 그리스 독립에 이렇게 저렇게 관심을 가지고 있었던 유럽 강대국들의 우방이나 적대국으로서, 이집트왕 알리(Mehmet Ali)는 프랑스나 영국의 도구로서 다루어졌다. 그러나 서유럽 역사교과서는 19세기의 터키 개혁운동이나 이집트에서 성취한 알리의 내치 업적에 대해서는 전혀 언급하지 않는다.

터키 대표들의 비판점은 이것뿐이 아니었다. 중세와 근대에 걸친 기간에 터키는 유럽 역사교과서에, 터키가 유럽과 전쟁을 할 때(십자군 전쟁, 콘스탄티노플 함락)에 한해서 다루어졌다고 그들은 비판했다.

결과적으로 터키인들은 항상 전사로 묘사되었다. 그들은 서유럽의 역사에서 통상 야만인이라는 암시를 가지고 있는 '두려운 전사'로 알려졌다. 터키 대표들은, 터키가 중세 후반과 근대 시기에 서유럽인들에게 전사로서 알려진 것은 그들이 서유럽인들보다 문명화가 덜 되었기 때문이 아니라 통상 적보다 더 좋은 무기를 소지한 훌륭한 군인이었기 때문이라고 주장했다.

어쨌든, 그들은 터키가 서유럽 역사교과서에서 묘사된 바와 같은 호전적 민족이 아니며 또한 프리드리히 대왕 이후의 프러시아 같은 군사국가가 아니라고 주장했다. 그들은 터키의 내치적 측면과 문화적 측면, 특히 유럽 문화발전에 대한 그들의 기여를 유럽 역사교과서가 주목해야 한다는 입장을 표명했다. 중세 후기 유럽 문화발전에 대한 아랍인들의 기여(아리스토텔레스의 재발견, 의학, 수학, 통상 등등)는 바로 터키의 지배하에 있었던 아랍인들의 업적이라는 것이다. 이것은 터키의 관용정책 덕이라는 것이다.

터키 대표들은 중세와 근대 시기 내내 터키의 관용의 정도는 유럽의 관용보다 높으면 높았지 낮지 않다고 주장했다. 종교적 문제에 있어서도 터키인은 유럽인들보다 더 관용적이었다는 것이다. 터키에서는 순수한 종교적 이유에 의한 박해는 없었고, 있었다면 그것은 종교문제가 터키의 정치적 안정에 위협이 되었기 때문이라는 것이다. 터키의 사회체제는 소수인종이 안정적이고 평화롭게 살 수 있도록 했으며 서유럽에서와 같은 반유대주의적 탄압은 없었다는 것이다. 사실 터키군은 기독교도인 자녀들도 그들 부모의 승낙하에 충원하기도 했다. 그리고 실제로 터키인들이 자신의 나라를 자유의 고향이라고 여겼고, 최소한 그들 동부 지역의 국가들에 비해서 더욱 자유로운 나라라고 여겼던 역사적 증거는 많이 존재한다. 수세기 동안 터키는 종교, 인종, 언어 그리고 문화 면에서 서로 다른 요소들의 조화를 유지하는 데 성공했다. 이스탄불은 터키가 비잔틴 제국을 정복한 이전이나 이후나 동일하게 학문과 통상의 중심지 역할을 했다.

비잔틴 제국 정복 이후에 터키인들은 그들이 이제 유럽의 외부인이나 침입자가 아닌 유럽인의 하나로 여겨져야 한다고 생각한다. 터키인들은 그 이후 터키 문화를 유럽에 전수했을 뿐만 아니라 비잔틴 문화를 보존하여 유럽인들에게 전수했다고 주장한다. 콘스탄티노플처럼 이스탄불이나 앙카라도 유럽의 도시이다.

서유럽 역사교과서가 터키의 문화적 업적을 과소평가하도록 한 이러한 편견은 서유럽과 더 멀리 떨어져 있는 동양 국가들의 경우 더욱 그 정도가 심하다는 것이 확인된다. 이 경우 그들은 다만 무시되는 정도 이상으로 조롱받고 있으며, 유럽의 역사교과서는 동양 문명 속에서 그들의 눈에 이상하게 보이는 것들만을 언급하는 경향을 보이고 있다. 예컨대, 유럽의 역사교과서는 인도에 대해서 과부 불태우기(widow-burning) 같은 특이한 것들만을 소개하고 인도 공동체들의 종교적, 사회적, 정치적 발전은 전혀 언급하지 않는다. 중국에 대해서는 의화단 사건 같은 외국인에 대한 박해 경향이나 고두(叩頭) 같은 특이한 예식, 또는 모든 외세에 대한 근거 없는 우월감만이 소개되고, 중국 사회의 역사적 기초들이나

15세기에서 18세기까지 유럽을 급진적으로 변화시킨 많은 발명들이 유럽의 중세에 이미 중국에서 활용되었다는 사실 등은 전혀 언급하지 않고 있다. 아시아와 아프리카의 점증하는 민족주의와 그 역사적 기원들, 그리고 유럽의 식민주의가 파괴했던 그들의 발전된 문명들, 이러한 것들은 유럽의 역사교과서에서 아직도 정당한 대접을 받지 못하고 있다.

6) 유럽 내부의 편견

이 모든 편견은 비유럽 사람들에 대한 일종의 유럽적 민족주의 (European nationalism) 또는 유럽 '대륙주의(continentalism)'에서 비롯된 것이다. 물론 유럽의 역사교과서에 가장 해를 주었던 민족적 편견은 유럽 각국의 민족적 편견이다. 독일, 프랑스, 영국, 러시아의 역사교과서들은 독일, 프랑스, 영국, 러시아가 유럽 국가들 중에 가장 우수한 국가이며 자신의 문화가 다른 민족의 문화보다 월등하다는 민족적 자족감의 표현들로 가득 차 있다는 것을 애써 입증할 필요는 없을 것이다. 이러한 경향은 그들 전쟁의 역사와 적의 역사를 다룰 때 특히 두드러진다. 예컨대, 백년전쟁에 대한 영국과 프랑스 역사교과서의 설명은 각자가 승리자라고 서술하고 있다. 그래서 프랑스 학생들은 정당하게, 영국 학생들은 부당하게 자신의 민족이 승리자이고 가장 우수한 민족이라고 생각하게 된다. 스페인 왕위계승 전쟁에 대한 양국 역사교과서의 설명도 마찬가지로 자신들의 승리를 더욱 강조하는 경향을 보인다. 영국 교과서는 말버러 (Marlborough) 장군[28]의 승리를, 프랑스 교과서는 드맹(Demain) 전투를 더

---

28) 말버러(1650~1722)는 1702년 영국 · 네덜란드 연합군 총사령관으로 임명되어, 스페인 왕위계승전쟁에서 1704년 8월 프랑스 루이 14세의 군대와 싸워 승리했다. 이 승리로 영국은 승전국이 될 수 있었다. 영국 수상 처칠은 그의 후손이다. (역자)

많이 강조한다.

이러한 경향은 비단 전쟁과 조약들에 대한 설명에만 국한되지 않는다. 이와 동일한 불균형적인 자족적 표현은 전쟁과 거의 관계없는 역사 서술에서도 확인된다. 예컨대, 15세기와 16세기 지리상의 발견의 역사는 거의 언제나 유럽적 차원이 아니라 민족적 차원에서 다루어진다. 콜럼버스가 태어난 곳이 이탈리아이기 때문에 이탈리아는 아메리카 대륙 발견의 업적을 자국의 것이라고 주장하고, 그를 고용한 스페인도 자국의 것이라고 주장한다. 영국 역사교과서는 영국인보다 약 50년 앞서 최초의 세계일주를 한 스페인 사람들보다 두 번째로 세계일주를 한 영국인들을 더 많이 강조한다. 산업혁명기 기계 발명의 역사 서술에서도 위와 비슷한 경향이 나타난다. 최초의 발명품들은 대부분 영국에서 만들어진 것이기 때문에, 이 사실을 영국 역사교과서는 크게 부각시킨다. 다른 나라들은 19세기 자신의 발명품들을 강조하는 경향을 보이고 있다. 예컨대, 프랑스의 자카르(Jacquard) 직기, 독일의 크룹(Krupp) 발명품 등이 그 예이다. 그밖에 독일 역사가들은 코페르니쿠스가 독일인이라고 주장하지만, 대부분의 다른 나라 교과서는 그가 폴란드인이라고 서술하고 있다. 다른 경우와 마찬가지로 이 경우에도 각국의 입장에 정당성이 없는 것은 아니지만, 각국은 상대편의 주장을 거의 고려하지 않고 있다.

역사교사와 역사교과서는 종종 유럽사의 어려운 문제들, 특히 전쟁과 평화의 문제의 다양한 측면을 가르치고 묘사하는 데 더 많은 노력을 기울여야 한다는 점이 이 국제학술대회 내내 강조되었다. 전쟁이 발발했을 때, 관계된 모든 나라의 전쟁선전은 자국민이 적국의 가장 나쁜 점만을 생각해야 하며 적국의 관점을 고려할 기회를 갖지 말아야 한다는 점을 전제하고 있다. 전쟁이 종결된 이후에도 이러한 전쟁선전의 영향은 최소 몇 년 간, 최대 몇 세대를 걸쳐 지속되어 국제화해를 어렵게 한다. 그러므로 역사교사는 시간적으로 아무리 멀리 떨어진 전쟁일지라도 전쟁을 다룰 때 양 당사국의 입장을 고려하도록 노력해야 한다. 왜냐하면, 편향적 입장을 취하는 경향을 지니고 있는 젊은이들이 전쟁에 대해 자국사 중심의 시각만을 지속적으로 학습하게 될 때, 이것은 그들의 보편적 공정성에 커다란 장애로서 장기간 작용할 것이기 때문이다. 이와 동시에 교사와 역사교과서는 자국에 대한 불공정한 평가를 하지 않도록 노력하여야 한다. 이것은 불필요한 요구인 듯하다. 그러나 실제로 본 학술대회 참가자들은 적대적 상대국의 관점을 지나치게 고려한 나머지 자국에 대한 정당하지 못한 평가를 내리는 역사교과서의 예들을 발견했다.

또한 교육내용을 확장함으로써 편견을 시정하고자 하는 데도 위와 비슷한 위험이 존재한다. 우리의 현재 교육과정과 역사교과서는 분명 지나치게 민족적 접근을 하고 있고, 따라서 다른 나라의 역사를 지나치게 적게 서술하고 있다. 그러나 이때 잊어서는 안 되는 것은 자국사가 매우 중요하기 때문에 이를 무시한다면 더 큰 문제가 있다는 점이다. 가장 좋은 해결책은 자국사와 초국가적 역사 사이에 적절한 균형을 유지하는 것이다. 즉, 각국의 입장을 완전히 공정하게 평가할 수 없다는 점을 인정하면서 이 균형을 유지하기 위해서 최선을 다하는 것이다. 이 최적의 균형을 유지하는 한 가지 방법은 가장 많이 인정되는 교육학적 입장에 근거하여 학생들에게 이미 알려진 것으로부터 아직 잘 알려지지 않은 사실로 나아가는 길일 것이다. 성인과 마찬가지로 학생들도 하나 이상의 공동체 구성원이다. 역사교육이 학생들에게 친근한 지역사로부터 출발하여 국가의 역사 그리고 유럽 및 세계의 역사로 나아가면서 이루어진다면, 그것은 역사교육이 우리가 속해 있는 다양한 공동체의 요구들 사이에 만족할 만한 균형을 유지하도록 해줄 수 있을 것이다.

민족을 다른 모든 공동체보다 지나치게 많이 강조하는 데 익숙해 있다는 것이 우리의 뿌리깊은 문제이다. 15세기와 16세기 이후 유럽은 각 민족국가들로 분열되기 시작했다. 이러한 민족국가가 어떻게 생성되었는가를 우리가 아무리 학생들에게 잘 설명한다 할지라도 민족국가는 지난 몇 세기 동안 유럽 대륙에 국한된 일시적이며 역사적 현상에 불과하다는 점을 학생들에게 거의 확신시키지 못하고 있다. 중세 내내 보통의 유럽인들은 일종의 민족적 애국심보다는 자기가 속해 있는 지역공동체에 대한 살아있는 애정을 더 많이 느꼈다. 지식인들도 국가에 대한 충성보다는 기사계급, 성직자 같은 자신이 속한 신분에 더 많은 충성을 표했었다. 중세 시기에는 또한 유럽이 오늘날 인식되는 것보다 더 중요하고 단일한 공동체로 인식되었다. 그 당시 유럽은 보통 '기독교 세계 (Christendom)'나 '교회(the Church)'로서 표현되었다. 모든 중세인들은 자신을 민족 구성원으로서보다도 더 자주 더 명확하게 유럽 교회의 일원이라고 생각했다.

이 모든 측면이 역사교과서에 지나치게 적게 고려되었다. 우리는 오늘날의 시각을, 그 시각이 적절치 않은 과거의 역사적 시기에도 적용하는 습관을 가지고 있다. 역사교과서는 이러한 습관의 한 반영물이다. 그 결과 역사교과서가 유럽의 중세를 초기 민족주의적 시각에서 다루고 있는데, 이것은 카톨릭적 입장이나 유럽적 관점에서 그렇게 해야 마땅하다. 이러한 경향은 현재 주로 신교가 다수인 국가이거나 아직도 카톨릭이 다수인 국가나 관계없이 나타난다. 오늘날의 민족적 관점이 중세 서술을 지배하는 한 어느 유럽 국가의 중세 시기는 정확히 서술될 수 없다. 지나치게 많은 역사교과서들이 중세에 있어서 자국의 영향력과 역할을 과장하고 있는 반면 유럽 공동체의 그것에 대해서는 무시하고 있다. 근대 시기를 다룰 때도 역사교과서는 유럽사를 각국사로 분할하고 있다. 그 결과 역사교과서는 각 민족의 운명을 추적할 뿐 다른 대륙과 명확히 구분되는 관습과 이상을 지닌 유럽이 어떻게 하나의 공동체가 되었으며 또 그렇게 유지되었는지에 대해서는 거의 보여주지 못하고 있다. 대부분의 아시아인들은 영국인, 독일인, 프랑스인, 이탈리아인 사이보다 유럽인과 미국인 사이를 더 잘 분간할 수 있다. 유럽인으로서 우리는 유럽적 세계관과 문화를 소유하고 있다. 그러므로 이러한 유럽적 시각과 문화는 비유럽인의 시각에서 그렇게 뚜렷한 차이가 없는 유럽 각 민족의 문화와 같은 정도로 역사교과서에 표현되어야 한다.

7) 민족성과 민족국가

다른 말로 하면, 근대 시기에 국한해서 민족적 단위의 역사를 서술해야 한다. 근대 시기 내내 독일과 프랑스의 민족적 대립이 존재했다는 것은 진실이지만, 타키투스와 아르미니우스가 활동했던 고대 시기에도 이러한 대립이 존재했다고 하면 그것은 완전히 잘못된 것이다. 이와 마찬가지로, 중세 시기에 프랑스와 영국의 지속적 대립이 존재했지만, 이러한 대립적 입장에서 근대 시기의 양국 간의 관계를 고찰하면 안 된다. 1066년의 헤이스팅스(Hastings) 전투는 프랑스인과 영국인의 싸움이 아니라 노르만족 윌리엄과 당시 영국 섬의 토착세력과의 싸움이었고, 그 이후 윌리엄 일파는 영국인이 되었다. 유럽이 민족주의로 나아가는 도상에 있었던 시기인 백년전쟁 때 영국 편에서 싸웠던 많은 프랑스인들이 있었다는 사실도 시사적이다.

민족국가는 역사교과서가 19세기를 다룰 때 다시 한번 방해물로서 나타난다. 그 당시 민족국가의 염원이 너무 강해서 모든 민족은 국가가 되어야 한다는 생각이 정당한 것으로 받아들여졌다. 이것은 1919년 베르사유 조약에 의해 성취되었다. 우리는 이 해결방법이 그 이후 야기한 문제들에 대해 잘 알고 있다. 중등학교와 대학의 역사교재들이 서로 구분되어야 할 두 개념, 즉 '민족성(nationality)'과 '민족주의(nationalism)' 간의 구분을 거의 하지 않고 있다는 점이 이 국제학술대회에서 여러 차례 지적되었다. 민족성은 수동적 조건이고 민족주의는 적극적 태도이다. 한 인간은 태어날 때 '특정 민족성'에 귀속되지만, 이것이 바로 민족주의를 그가 받아들였다는 뜻은 아니다. 후에 특정한 조건에서 그는 민족주의를 자신의 신념으로 받아들일 수 있다. 민족주의는 군사적 속성을 지니고 있다. 그러나 그 표현방식은 19세기 동안 다양했다. 본 학술대회의 많은 참석자들은, 역사교사와 역사교과서가 프랑스혁명에 근거한 19세기 전반기의 자유주의적 민족주의와, 증오와 군사적 충돌을 자극하는 19세기 후반(1848년 이후)의 민족주의를 잘 구분하지 못하고 있다고 지적했다. 19세기 전반기의 민족주의는 불의의 제거, 특히 예컨대 합스부르크가 같은 강대국 압제에서의 해방을 지향했다고 한다. 19세기 후반기의 민족주의는 강대국들이 민족적 혈연관계가 존재한다고 간주되는 주민들을 강제로 포섭하기 위한 구실로서 사용되었다. 예컨대, 독일과 이탈리아의 정치공동체는 민족성의 원리에 기초한 것이었는데, 19세기 후반기와 20세기 전반기에 독일과 이탈리아는 이들에게 병합되기를 별로 원치 않았던 사람들의 희생 위에서 제국을 팽창하는 데 필요한 도구로 사용되었다. 실제로 독일과 이탈리아의 민족주의에 대한 서술은 나라마다 조금 다르다. 어떤 나라의 역사교과서에서 독일과 이탈리아의 통일노력이 (최소한 초기 국면에서는) 정당한 열망이라고 서술되고 있는 데 반해, 다른 나라들의 역사교과서에서는 그것이 (최소한 후기 국면에서는) 독일의 세계정책(Weltpolitik)과 이탈리아의 지중해정책(Mare Nostrum)의 구실로서 다루어지고 있다. 이와 유사하게 발칸지역의 민족성은 크림전쟁(1877~78)과 발칸전쟁(1912~14) 시기에 영국, 프랑스, 러시아, 오스트리아의 이기적 목적의 수단으로 사용되었고, 멕시코의 민족성은 멕시코 전쟁 때(1877~78) 프랑스의 이기적 목적의 수단으로 사용되었다.

어쨌든, 민족성과 민족주의는 이것들을 가장 적게 지니고 있는 민족들에 의해서 가장 높은 평가를 받고 있다는 점이 학술대회를 통해 확인되었다. 최근까지 주로 압제당했거나 무시받았던 민족들은 열정적으로 그들의 민족적 이상을 추구한다. 오래되고 안정적인 민족국가들은 민족주의가 함정이면서 동시에 이점이라는 사실을 잘 알고 있다.

8) 민주주의

민족성과 민족주의의 역사 그리고 이 주제에 대한 우리의 서술경향은 민주주의의 역사에 대한 우리의 서술경향과 깊은 관계를 맺고 있다. 여기서도 소국과 대국의 역사교과서의 접근의 차이점이 확인된다. 대체적으로 보았을 때, 대국은 민주주의의 발전을 자국사적 관점에서 바라보는데 반해, 소국은 그것을 유럽적 차원의 역사로 바라본다. 근대 시기에 유럽에는 일종의 민주주의, 즉 영국에서 기원했다고 여겨지는 의회제적 민주주의가 정착되었다. 그러므로 영국 역사교과서가 유럽 민주주의의 역사를 주로 영국적 현상으로 서술하고 다른 유럽 국가의 민주주의적 발전에 대해 별로 다루지 않는 것은 당연하다. 그러나 이렇게 함으로써 영국 역사교과서는 다른 민주주의적 발전, 특히 프랑스혁명 이후의 프랑스 민주주의의 발전을 통상 무시한다. 프랑스혁명은 여러 면에서 비영국적인 새로운 민주주의의 발전을 가능하게 했던 것인데도 말이다. 영국 역사교과서가 민주주의 역사를 다루는 방식은 영국인들에게는 당연하겠지만, 다른 나라에서도, 특히 독일이나 스칸디나비아에서도 이러한 영국의 처리방식이 맹목적으로 답습되는 경향이 있다. 무시되는 것은 프랑스의 근대 민주주의만이 아니다. 스위스 초기 시기의 민주주의나 중세 후기 북유럽과 남유럽의 도시공화국의 민주주의도 무시되고 있다. 스웨덴, 네덜란드, 폴란드 그리고 당연히 미국의 민주주의처럼 위에 열거한 지역의 민주주의도 영국적인 것과 결정적으로 다른 측면들을 지니고 있다. 그런데 역사교과서가 이러한 민주주의들을 정당하게 평가하지 않고 있는 것이다. 실제로 이 용어의 정의가 너무 모호하다. '민주주의'는 반드시 대부분의 역사교과서가 암시하는 바와 같은 의회제 민주주의(parliamentary democracy)를 의미하지 않는다. 의회가 언제나 민주적인 것은 아니기 때문이다.

영국과 그밖의 나라의 역사학이 영국 역사가들이 '역사에 대한 휘그적 해석(Whig interpretation of history)'이라고 부르게 된 것에 지나치게 집착했던 것은 사실이다. 영국과 그밖의 나라의 대학은 이미 이러한 역사해석 전통에서 자유로워졌는 데 반해, 중등과정 역사교과서는 아직도 이러한 전통 위에서 서술되고 있다. 교과서는 17세기의 왕들과 의회들의 이야기와 1688~89년의 혁명에서 이들 세력들이 긴장관계의 정점에 도달한 이야기를 한다. 그러나 영국 역사교과서도 18세기 민주주의의 연속적 발전의 결과로서 19세기의 민주주의를 서술하지 않는다. 물론 그 역사교과서가 기본적으로 여전히 휘그적 역사해석 노선을 따른다 할지라도 그렇다는 말이다. 1830년 이후 영국과 기타 다른 나라에서의 선거권 확대 과정이 역사교과서에 불필요하게 상세하게 소개되고 있지만, 이것은 의회의 법률과 마찬가지로 민주주의 발전에 중요한 요소인 비(非)의회적인 민주주의 발전(노동조합, 공장개혁 등)과 여전히 무관하게 서술되는 경향이 있다. 이러한 경향은 다른 나라에서보다 스칸디나비아에서 덜 나타난다. 스칸디나비아 국가들의 역사교과서는 민주주의를 1776년이나 1789년 이후 유럽의 여러 나라들에서 공통적으로 나타나는 지속적이며 동질적인 현상으로 묘사하고 있다. 다른 나라의 역사교과서는, 1830년에서 1850년 사이에 영국, 프랑스, 이탈리아 그리고 독일의 각 공국들에서 민주주의적 발전과 관련된 사건들 간에 명확한 유사성이 존재함에도 불구하고, 각국별로 그 발전을 묘사하고 있다.

거의 모든 나라의 역사교과서는 19세기와 20세기 동안의 민주주의 역사에서 가장 큰 사건인 여성 참정권 문제를 무시하고 있다. 대부분의 서술이 남성 참정권의 확대 문제를 다루고 있다. 이렇게 했을 때는 전체 인구 절반의 참정권 문제만을 다루게 되는 것이다.

9) 공산주의와 계급 문제

민주주의를 다루고 있는 서유럽의 역사교과서에서 공통된 또다른 결함이 존재한다. 민주주의의 다양한 표현 형태와 현재 동유럽에서 행해지고 있는 민주주의 형태들에 대한 고려가 전혀 없다는 것이다. 마르크스적인 민주주의 모델은 이미 1세기 이전의 것이다. 그러나 서유럽 역사교과서는 이에 대해 한마디 언급 이외에는 전혀 다루고 있지 않다. 역사교과서에서 마르크스주의의 이론적 기초나 그것의 변형 내지 실현형태에 대해 설명하려는 노력이 너무 미흡하다. 공산주의가 다루어지는 부분에서조차 공산주의는 세계적인 현상으로서 다루어지지 않는다. 볼셰비키 혁명의 역사와 1917년 이후의 러시아 정책은 러시아의 위성국가와 함께 설명된다. 그러나 우리 학생들은 세계의 다른 지역에서 공산주의가 광범위하게 받아들여지고 있는 이유나 여러 공산주의 사이에 존재하는 차이들의 이유를 전혀 배우지 못한다. 1917년의 러시아 혁명에 관해서 말하자면, 그것은 보통 유럽이나 세계적 사건으로서가 아니라 오히려 순전히 러시아적인 사건으로 다루어지며 크레믈린의 후기 정책들은 차르 시기 러시아 제국주의 역사와의 관계 속에서 설명되지 않는다.

또한 19세기와 20세기 유럽의 전반적인 사회발전들이 보통 지나치게 민족적 시각에서 접근되고 있다. 각국은 농업과 산업의 진보에 대한 자신들의 기여를 강조하면서 (이전의) 다른 지역의 기여에 대해서는 너무 적게 주목하는 경향을 보이고 있다. 지난 200년 동안의 새로운 사회계급들의 형성과 발전은 일반적인 유럽적 현상이다. 그러나 그렇게 이 문제에 접근하는 역사교과서는 대단히 드문 편이다. 노동조합의 역사조차 보통 각국의 내정 시각에서만 다루어지고 그것이 세계적 현상이라는 언급은 거의 찾기 어렵다. 역사교과서는 공산주의와 이와 다른 사회운동들을 서로 연관하여 설명하지 않는다. 그러나 실제 이 모든 사회주의의 형태들은 동일한 사회문제에 대한 서로 다른 접근방식이며 서로간에 깊은 영향을 주고받고 있다.

10) 식민지

식민지의 역사도 유럽의 역사교과서에서 보통 편향적으로 서술되었다. 15세기 이후 유럽 이외의 지역에서 포르투갈, 스페인, 프랑스, 영국, 독일, 러시아, 네덜란드, 벨기에에 의해 건설되기 시작했다. 이러한 이유 때문에 식민지의 역사는 유럽 각국의 역사교과서에서 유럽 전체 역사의 일부로서가 아니라 각 민족사의 일부분으로서 다루어지고 있다. 각국은 자신의 식민지를 다른 나라의 식민지보다 더욱 상세하게 설명한다. 이것은 한편으로는 당연하다. 그러나 이러한 태도는 오해를 야기할 수 있다. 각 민족은 자신의 업적에 대해 자부심을 갖는 것은 당연하지만, 이를 위해 다른 나라의 업적을 과소평가한다면, 그 동기가 아무리 나쁘다고 할 수 없다고 하더라도, 결과적으로 역사의 왜곡을 초래할 수 있다. 더욱이 자민족의 식민지 팽창은 '문명화되지 못한' 민족들에게 '문명'을 선사하는 사명의 수행으로서 고찰되고 타민족의 식민지 팽창은 자신을 방어할 능력이 없는 불운한 민족의 희생을 초래하는 영토강탈로서 고찰되는 경향이 있다. 사실, 식민지화운동의 동기와 목적은 거의 모두 유사하게 정형화된 방식으로 서술되고 있다. 즉, 이 목적과 동기는 이기적이지도 않고 이타적이지도 않다. 다양한 국가들은 서로 다른 구상을 갖고 이를 추진했고 각 국가 내부에서도 다양한 그룹들의 서로 다른 동기와 목적들이 존재한다.

역사교사와 역사교과서는 역사를 흥미 있게 교육해야 하고 서술해야 한다. 그러나 식민지 건설을 다룰 때 흥미롭게 하기 위한 유혹이 너무 강하다. 그래서 식민지 운동의 주요 동기는 마치 모험정신인 것처럼 서술되고 있으며 마치 식민지 획득이 주로 야만인 무리를 굴복시키는 일이며 그들을 백인의 이해에 종속시키는 일인 것처럼 묘사되어 있다. 식민지 건설의 정치적, 경제적, 종교적 동기는 너무나도 적게 언급되고 있다. 콜럼버스, 마젤란, 카르티에(Cartier)[29], 호킨스(Hawkins)[30]는 붉은 인디언들과 선한 싸움을 하기 위해 노력하기보다 될 수 있는 한 신속하게 돈을 버는 방법을 찾았던 사람들이다. 아메리카 대륙에 위와 같은 동기에 의한 유럽인들과 16세기와 17세기의 종교적 문제를 해결하기 위한 유럽인들이 이주해왔다. 19세기와 20세기 유럽인의 이주는 주로 경제적 동기에 의한 것이었으니, 이 당시 대부분의 식민지는 실업자 문제와 수출시장문제의 해결책으로서 또는 유럽 산업에 사용될 새로운 원료공급지로서 건설되었다. 이러한 이기적인 경제적 목적과 반대되는 목적, 즉 자기희생적인 선교의 목적으로 이주한 사람들도 적지 않았는데, 이에 대

---

29) 프랑스인 카르티에(Jacques Cartier, 1491~1557)는 16세기 중반 현재 캐나다 지역을 발견함으로써 훗날 프랑스령 캐나다의 역사적 기초를 건설한 인물이다. (역자)
30) 호킨스(John Hawkins, 1532~1595)는 영국인으로는 처음으로 아프리카에서 노예를 모아 에스파냐령(領) 아메리카에 파는 노예무역에 종사했다. 그 후 해군에 들어가 제독이 되어 에스파냐의 무적함대를 격멸하는 데도 참가했고, 1588년에 나이트 작위를 받았다. (역자)

해서 역사교과서는 너무나도 적게 언급하고 있다. 선교사가 선교하기 위해 이주한 지역이 우연히 선교사의 모국에 부의 원천이 되기도 했다.

식민지들은 식민본국 역사의 단순한 한 부분으로서만 다루어지는 방식에 시달려왔다. 분명히 식민지 건설자들의 동기에는 모국의 영광을 위한 애국적 열정이나 최소한 모국을 부유하게 하고자 하는 열정도 포함된다. 그러나 식민지로 이주한 이민자들 대부분은 애국적 열정 때문이 아니라 모국에서의 삶이 어떠한 이유에서든 만족하지 못하여 새로운 삶을 찾아 이주한 것이다. 이민자들이 모국에서 지낼 때 친숙한 행정기제를 식민지에 건설했을 때, 그 배후에 있는 이상들은 매우 다양하다. 그러나 식민지 역사를 다루는 유럽의 역사교과서들에서는 식민지가 모국의 단순한 파생물 이외의 아무것도 아닌 것으로 다루어지고 있다. 달리 말하면, 영국의 조지(George) 3세 정부가 18세기의 미국을 다스렸다고 가르친다면, 이것은 위와 같은 실수인 것이다. 식민지는 자신의 문제를 간직하고 있는 독자적인 공동체가 되어가고 있었다는 점을 유럽의 역사교과서는 간과했다. 그래서 식민지의 시각에서 그들의 역사를 보지 못하고 있다. 다만, 그들의 역사가 역사교과서에 서술되는 것은 본국과의 관계가 문제가 될 때뿐이다. 그들의 독자적인 필요, 동기, 발전은 보통 무시되고 있다. 그러므로 유럽의 역사교과서는 식민지 자체의 경제, 정치, 종교, 인종을 포함해야 한다. 이렇게 하지 않는다면, 우리가 흔히 다루는 식민지의 외교관계조차 제대로 이해할 수 없을 것이다.

역사교과서는 본국에 의해 부과된 다양한 행정기제에 대해서도 공정하게 평가하지 못하고 있다. 식민본국은 통상 자신의 모델에 따라 식민지 정부를 구성하기 때문에 식민지의 정치체제는 다양한 정치체제를 가지고 있는 본국의 수만큼 다양하다. 예컨대, 영국 식민지들은 총독이나 왕 대신에 의회와 유사한 최고정치 기구를 가지고 있었다. 이에 반해 프랑스는 보다 절대주의적 방식으로 식민지를 통치했다. 포르투갈, 스페인, 네덜란드, 벨기에, 독일의 경우도 각각의 입장에 맞는 식민지 정치체제를 구축했다. 그런데 캐나다와 남아프리카 공화국에서 분쟁이 일어났을 때, 그것은 식민지 자체 문제로 일어난 것이었는데도 영국의 역사교과서는 이것을 영국에 대항한 '반란'이라고 서술하고 있다.

식민지와 식민모국의 분쟁에 대한 식민본국의 역사교과서 서술은 당연히 식민지의 관점을 무시하고 있다. 식민본국에 대한 식민지의 투쟁 중 가장 유명한 미국독립전쟁은 영국 역사교과서에서조차 공정하게 다루어지고 있는 데 반해, 인도는 20세기, 즉 간디의 시대에 이르기까지 그렇지 못했다. 인도 식민지를 착취하는 것에 대한 영국 본국에서의 반대도 거의 서술되지 않았다. 영국 역사교과서가 인도인에 대한 영국의 박해 이야기를 보다 상세히 다루기 시작했고, 벨기에 역사교과서가 콩고를 다룰 때 콩고의 입장도 고려하기 시작했다는 사실이다. 그러나 기억해야 할 것은 이러한 방식으로 식민지를 다루는 데 이르기까지 많은 세월이 소요되었다는 사실이다. 미국조차 그들이 통일하고 독립된 역사를 구축하자마자 유럽의 역사교과서에서 사라졌다. 이러한 경향은 유럽 전쟁에 미국이 관여하여 세계강대국으로 부상하기 시작할 때까지 지속되었다. 남미 국가들이 그들 독자의 삶의 방식과 문화를 발전시켰다는 점이 인정되긴 하지만 그들 국가들도 유럽 역사교과서에서 거의 다루어지지 않고 있다.

식민지 역사를 다루는 데 통상 간과되고 있는 또다른 점은 식민지화 과정은 서로 다른 문명이 만난다는 사실이다. 이것은 우연한 것이지만, 매우 중요한 측면이다. 식민자들이 통상 자신의 것으로 교체하고자 하거나 파괴하고자 하는 토착 문명도 종종 무시되고 있다. 아즈텍이나 잉카 문명이 그들을 정복한 스페인 문명처럼 어떤 점에서는 고도로 발전되었다는 점을 배우는 학생들이 유럽에 몇이나 될까? 아프리카 식민지화에 참여했던 유럽 국가들의 얼마나 많은 역사교과서가 베닌(Benin), 아샨티

(Ashanti), 에티오피아, 줄루스(Zulus) 또는 짐바브웨의 문화에 대해 조금이라도 언급하고 있는가? 콜럼버스가 서부인디아를 '발견하고', 카르티에가 캐나다 내지를 '발견하고' 리빙스톤이 가장 검은 대륙을 '발견했다'는 것은 진실인가? 식민지 지역 원주민의 입장에서 볼 때, 이들 발견자들도 마찬가지로 그들에 의해 발견된 것이 아닌가? 인도에 대해 유럽 대부분의 역사교과서는 뒤플렉스(Dupleix)와 클라이브(Clive)[31]의 활동에 지나치게 많은 지면을 할애하는 반면 단 한 명의 유명한 인도인도 언급하지 않고, 과거에 유럽 문화보다 우수했던 인도 문화에 대해서도 거의 주목하지 않고 있다.

11) 고대 문화

역사교과서가 근대 문화를 다루는 데 나타난 문제점은 고대 문화의 경우에도 동일하게 나타난다. 유럽의 역사교과서가 할애하고 있는 고대문화의 시간과 양은 그 문화공간의 유럽과의 이격거리에 반비례하여, 유럽과의 접촉 빈도수와 비례하여 변화한다. 유럽의 역사교과서가 유럽사라고 서술하고 있는 것은 보통 하나의 통일체로서의 유럽이 아니라 유럽을 구성하고 있는 국가들로 분리된 단위들의 집합으로서의 유럽이다. 이것은 중세 시기의 교회를 다룰 때도 나타나는 경향이다. 개별적인 유럽 국가들의 역사와 문화가 언급되고 전체로서의 유럽에 대해서는 별로 서술되지 않는다. 동유럽이나 이보다 더 멀리 떨어진 아시아에 대해서는

---

31) 뒤플렉스(Joseph-Francois Dupleix)와 클라이브(Robert Clive)는 각각 프랑스와 영국의 인도 식민지화의 주역이었다. 이들은 18세기 중엽 인도대륙의 식민지화를 둘러싼 프랑스-영국 전쟁의 주역이기도 하다. (역자)

더욱 그러하다. 예컨대, 정교회는 1054년 이후, 또는 그 이전부터 부당하게 무시되어왔다. 비잔틴 제국은 유스티니아누스 대제 이후에는 잊혀진 제국이 되었다. 아랍 문화는 십자군 전쟁을 설명하는 데 단순한 배경으로서만 다루어지고 그 자체의 가치에 대해서는 전혀 언급되지 않았다. 유럽에 전수된 아랍 문화는 종종 주목을 받기는 한다. 그러나 메소포타미아와 중동을 고도로 발전된 문명지대로 만든 아랍 문명은 유럽의 역사교과서에서 마땅히 받아야 할 평가를 받고 있지 못한다. 동아시아의 문명도 이와 마찬가지이다. 로마문명 시기에 중국의 한(漢) 제국은 거대했고 오랜 동안 지속되어 인류문명에 커다란 영향을 남겼다. 그러나 유럽 대부분의 저명한 역사가들도 보통 이에 대해 약간만을 알 뿐이며, 학교의 역사수업에서도 이에 대해 거의 가르치지 않고 있다. 아랍과 중국에 대한 피상적인 지식만으로도 현대 세계의 많은 문제에 대한 정확한 인식의 시사점을 많이 얻을 수 있을 것이다.

중국의 경우 이러한 부당한 대접에 대한 지적은 더욱 적절하다. 최근에 주로 프랑스의 그루세(René Grousset)와 영국의 니덤(Joseph Needham)[32] 덕분에 중국 역사와 그것이 우리에게 갖는 의미에 대한 우리의 지식이 크게 신장되었다. 중국 문명은 역사 속의 어떤 다른 위대한 문명보다 더 오래전에 존속하고 더 오랜 동안 지속되었다. 현재까지 유럽, 아랍, 또는 인도인들이 창안했다고 알려진 많은 발명과 문화적 발전은 결국 중국에서 기원했음이 입증되었다. 예컨대, 화약, 인쇄술 그리고 지폐, 화학, 마취제, 그리고 종의 기원에 대한 관념, 추상적인 수와 공간에 대한 관념 등등이 그 예이다. 그런데 유럽의 역사교과서는 실제로 아시아에 그 기원을 두고 있는 이러한 수많은 것 중에 얼마나 많은 것을 유럽에 그 기원을 두고 있다고 서술하고 있는가?

---

32) 이 둘은 각각 중국의 과학, 문화, 예술의 우수성을 서양인들에게 소개한 석학들이다. 그루세는 또한 인도와 초원지대의 유목민족에 대해서도 많은 연구를 남겼다. (역자)

12) 유대인

유럽 전체에서 가장 두드러진 인종적, 문화적 편견은 반셈주의 (anti-Semitism)[33]일 것이다. 이것이 유대인들에 대한 의도적인 박해이거나 오해인 한에서는 유럽의 역사교과서는 보통 흠잡을 데 없다. 교과서는 유대인 문화와 역사에 대한 잘못된 선전을 용납하지 않는다. 교과서는 보통 중세 교회가 유대인들을 예수를 살인한 자들이다라는 종류의 비난을 하지 않는다. 교과서가 적극적으로 이야기하는 것은, 기독교인들의 금전대부 행위가 금지된 때에 유대인들이 이러한 활동을 했다는 것 등이다. 그러나 교과서는 유대인들이 이것을 하려고 하고 할 수 있었던 이유에 대해서는 이야기하지 않고 있다. 다른 그룹들에 대한 편견의 경우와 마찬가지로 유대인에 대한 편견도 적극적인 진술을 통해서보다는 생략에 의한 경우가 더 많다. 유대인들이 불만을 갖고 있는 편견의 형태는 교과서가 말해야 할 것을 말하지 않는다는 것이다. 유대인들은 수천 년 동안의 중요한 역사를 간직하고 있다. 예수 이전에 매우 중요한 문헌을 가지고 있었다. 이 모든 것에 대해 역사교과서는 매우 적게 이야기한다. 종교에 대한 교과서가 이에 대해 많은 것을 이야기하기 때문에 구약에 대한 유대인의 불평은 정당한 근거가 없다고 볼 수 있다. 그러나 예수 이후 유대인의 역사는 또한 2000년이고 그 중에는 때때로 중요한 의미를 지닌 역사도 있었다. 유럽의 역사교과서는 이에 대해 거의 침묵을 지키고 있다. 다른 많은 소수인종과 같이 유대인들도 자신의 역사가 자신의 관점에서 고찰되지 않고 다른 것의 부속물로 고찰되는 것에 대한 불만을 가지고 있다. 역사교과서는 유대인들이 다른 사람에게 했던 일이나 다른 사람이 유대인에게 했던 일에 대해 때때로 이야기하지만, 유대인이 스스로를 위해 무엇을 했는지에 대해서는 거의 언급하지 않고 있다. 유

---

33) 유럽에서는 반유대주의를 보통 반셈주의라고도 표현한다. (역자)

대인의 역사는 매우 예외적인 현상이다. 그들은 자신의 조국을 소유하지 못했지만, 독특한 문화를 유지하고 있으며 매우 놀라운 업적을 남기기도 했다. 그러나 역사교과서는 이에 대해 거의 침묵하고 있다. 유대인들이 주장하고 있는 것은 지난 2000년 동안에 유대인들의 업적이 서구 역사에서 정당한 평가를 받아야 한다는 것과 역사교과서가 현재와 같이 한 공동체요 한 민족으로서 유대인의 정치적, 사회적 업적을 완전히 무시하면 안 되며 다음과 같은 사실이 제대로 평가받아야 한다는 것이다. 즉, 19세기와 20세기의 위대한 인물들인 아인슈타인, 하이네, 라쌀레, 마르크스, 음악가인 펠릭스 멘델스존과 요셉 멘델스존, 작곡가 막스 라인하르트는 독일인이면서 동시에 유대인이었으며, 베르그송, 연극인 베르나르(Bernhardt)와 라셸(Rachel)은 프랑스인이면서 동시에 유대인이었고, 조각가 엡스타인(Epstein), 리카르도, 그리고 디즈레일리는 영국인이면서 동시에 유대인이었으며, 로스차일드는 많은 민족에 속했지만 동시에 유대인이었고, 그 이전 세기의 위대한 인물인 유대계 이슬람 학자 마이모니데스(Maimonides)와 오늘날 네덜란드에 해당하는 저지대의 스피노자도 잊어서는 안 될 유대인이라는 사실이 정당한 평가를 받아야 한다는 것이다.

13) 동양의 종교

동양에 대한 무시는 아마 종교 부분에서 가장 치명적인 것으로 나타날 것이다. 동양의 역사를 통해서 그들의 종교적 관행은 (그리고 아마 도덕론도 함께) 서양의 종교적 관행이 서양인(또는 최소한 비카톨릭교도인 서양인)의 삶에 미친 영향보다도 더 큰 영향을 동양인들의 삶에 미쳤다. 그 결과 유럽의 역사교과서에서 동양의 역사를 다룰 때 필요 이상으로 동양의 종교가 다루어지는 것이 관행이 되었다. 세계사를 다루는 유럽의 역사책이 예수 그리스도를 언급하는 경우는 매우 드문 데 반해 부처나 공자, 노자, 그리고 베다, 우파니샤드, 마하바라타, 바가바드기타 등과 같은 힌두교의 고전을 언급하지 않고 동양사를 논하는 유럽의 역사책은 거의 없는 것이 눈에 띄는 특징이다. 분명 유럽 문명은 기독교의 원리에 상당 정도 기초하고 있다. 그러나 유럽의 역사책 중 이를 언급하는 경우는 매우 드물다. 유럽의 역사책 중 세계의 모든 문명이 기초하고 있는 윤리의 기본 원칙들을 언급하는 경우는 더욱 드물다. 이 모든 원칙 중에서 가장 중요한 것은 종종 소위 '황금률'이라고 불리어지는 것(자기가 대접받고 싶은 대로 이웃에게 하라)이다. 이 원칙은 세계의 모든 중요한 종교에 공통된 원칙이며, 모든 중요한 경전에 기록된 것이다. 더욱이 기원전 6세기와 5세기경 존재했던 중요한 모든 종교는 이 원칙을 동시에 인식했던 것 같다. 바로 여기에 인류의 가장 눈부신 중요한 발전이 있는 것이다. 그러나 이에 대해 언급하고 있는 유럽의 역사교과서가 얼마나 될까? 지난 과거에 일어났던 일 중에서 가장 중요한 것을 현대인들에게 전해 주지 않는다면, 역사는 과연 무엇을 위한 것인가?

유럽인이 동양의 종교적 의식(儀式)과 관행을 이해하고자 노력하는 것보다 서양과 공유하고 있는 동양의 윤리들을 더 많이 이해하고자 노력하는 것이 더 중요하다. 그러나 틀림없이 동양이나 서양 모두 상대방의 종교적 관행의 의미를 제대로 이해하는 데 실패했다. 그렇기 때문에 최소한 유럽의 저명한 역사책들은 동양의 종교를 더 잘 이해할 수 있어야 한다. 종교적 의식 배후에 그 의미가 존재한다. 최소한 종교의 수만큼 신 관념도 존재한다. 그 각각의 신 관념은 그들이 봉사하고 있는 공동체의 문화에 본질적인 요소이다. 역사책은 다른 종교는 잘못된 신을 추구하고 있다는, 동양이나 서양에 지배적인 이 관념을 제거하기 위해 많은 노력을 해야 한다. 이슬람의 역사는 삼위일체의 기독교적 관념 배후에 유일신 관념이 존재한다는 것을 설명하도록 노력해야 하며, 기독교 역사는 힌두교의 범신론 배후에조차 유일신 관념이 존재한다는 것을 설명하고자 노력해야 한다.

이슬람교도는 기독교 국가의 역사는 유럽이 아주 기초적인 사실을 무시하고 있기 때문에 그들을 부당하게 대우한다고 불평한다. 이슬람교는 관용의 정신이 없는 종교이다, 또는 이슬람 국가 내에 살고 있는 비이슬람인들은 최소한 기독교 지역에서 비기독교인이 박해받는 것보다 더 심하게 단지 종교적인 이유로 박해를 받는다라는 생각(이것은 유럽에서 보편적인 관념이다)을 그들은 부정한다. 예컨대, 종교재판(Inquisition)의 시대에 이슬람 공동체는 기독교 공동체보다 덜 비관용적이었다고 그들은 주장한다. 그들은 또한 이슬람 경전이 최소한 구약을 기독교 경전과 함께 공유하고 있다는 사실과 그들의 유일신론은 다른 종교보다 더 엄격하다는 점을 대단히 중요시 여긴다.

14) 기독교의 분파

(1) 동유럽

다른 문화의 뿌리인 종교적 관념들을 유럽의 역사교과서가 제대로 평가하지 못한 이 실수는 기독교 내의 다른 분파를 다룰 때에도 마찬가지로 확인된다. 예컨대 교회가 동서로 분열된 1054년 이후 시기의 (또는 그 이전부터) 정교회는 보통 유럽의 역사교과서에서 완전히 무시되었다. 반면 정교회측은, 그 이름을 보더라도 자신이 '카톨릭' 교회보다는 원시 기독교를 더 잘 대표하고 있으며 초기 기독교 교회의 적자라고 주장한다.

더욱이 유럽의 역사교과서들에서는 동서 교회의 분열 시기를 서로 달리 표기하기도 한다. 1054년이라는 해가 동서 교회 분열의 원년인가 아니면 그 이전에 사실상 분열되었던 것을 단지 인정한 해인가? 후자가 진실이라면, 교육 목적상 과연 어떤 시점을 선택하는 것이 최선인가?

서유럽이 무시하는 것은 단지 정교회뿐 아니라 동유럽 제국이기도 하다. 이것은 유대인의 경우와 마찬가지이다. 동유럽이 서유럽사의 주류이기를 포기하고 독자적인 길을 걷기 시작하자마자 그 역사는 서유럽에서 무시되었다. 기원 후 유대인의 역사를 서유럽의 역사교과서가 거의 다루지 않는 것과 같이 유스티니아누스 대제 이후의 비잔틴 제국, 그리고 동서 교회분열 이후의 정교회는 서유럽의 역사교과서에서 거의 다루어지지 않고 있다. 서유럽의 학생들 중 정교회가 지난 천 년 간 무엇을 했는지 배우는 학생은 거의 없으며, 콘스탄티노플이 로마와 같이 두 차례나 로마제국의 수도였다는 사실을 알고 있는 학생들은 거의 없다. 이러한 인식의 결핍은 서유럽인의 터키 인식과 '정교도'에 대한 인식을 왜곡시킨다. 그러나 '정교도들'은 자신이 로마와 비잔틴 제국의 중요한 업적들과 유럽 속에 있었던 터키인들의 업적들을 전수하여 서유럽에 전해주었다고 주장한다. 본 국제학술대회의 참석자들은 '터키 지배하에서도 존속된 비잔틴 문명(a continuation of the Byzantine Empire under Turkish rule)'이 존재했다고 말한 바 있다.

(2) 카톨릭과 개신교(Protestant)

대부분의 서유럽인들은 이러한 유형의 역사적 편견이 유럽 동부지역에 사는 사람들에 대한 적대적인 편견이라는 사실을 의식하지 못한다. 또한 그들은 이러한 역사적 편견은 그들 상호인식에도 적대적이라는(예컨대, 카톨릭과 개신교 사이) 사실을 의식하지 못한다. 카톨릭과 개신교 측의 역사교과서들은 각각 상대방의 입장을 이해하고자 하는 노력을 거의 하지 않고 있다는 사실이 본 국제학술대회 기간 동안 지속적으로 확인되었다. 상대편은 보통 '잘못된' 것으로 평가되고 그 관점은 부적절한 것으로 여겨진다. 개신교 측 역사교과서는 교회전통과 여러 가지 의식에 카톨릭이 부여한 가치를 무시한다. 카톨릭 측 역사교과서도 이와 유사하게 개신교가 모(母)교회를 떠남으로써 방자하고 부정한 자가 되었다는 점을 강조한다. 카톨릭 측 역사교과서는 카톨릭 의식과 기도문 중 어떤 것을 반대하는 개신교의 입장 또는 성직자의 중재 없이 개인적 신앙이 유지될 수 있다는 신념 등에 대해서 언급하지 않는다. 그리고 개신교 입장의 근거들과 이유들에 대한 설명도 마찬가지로 없다. 양측의 서로 다른 신념체계로 인하여 양측 공동의 기반을 확립한다는 것이 불가능하지는 않지만 매우 어려운데, 이러한 점을 감안하면 위와 같은 편견은 자연스러운 것이다. 그렇지만, 상대방이 잘못이라고 생각할 때도 최소한 그들이 생각하는 바에 대해 무엇인가를 서로가 이야기할 수 있다.

서로에 대한 카톨릭과 개신교의 대립적 태도는, 역사는 인류의 죄와 우둔함과 불운의 기록이다라는 기본(Gibbon)의 말이 옳다고 말해주는 듯하다. 개신교 측 역사교과서는 카톨릭에 대해 카톨릭 측 역사교과서는 개신교에 대해 상대편이 잘못되었다고만 이야기하고 서로의 공통기반 조성에 상대편이 기여했다고도 볼 수 있는 역할에 대해 한마디도 언급하지 않는 경향을 강하게 나타내고 있다. 그러나 그들 간에는 공통의 관점이 존재한다. 기독교, 그리고 종교와 윤리 일반에 대해 카톨릭과 개신교가 공유하고 있는 신념은 그들 서로를 적대적으로 만든 차이점보다 훨씬 더 많다. 그러나 이러한 광범위한 공유 영역을 언급하는 교과서는 매우 드물다.

카톨릭주의는 하나의 통일을 지향한다. 카톨릭 측 교과서나 개신교 측 교과서가 카톨릭의 차이들에 대해 많은 관심을 기울인다고 기대한다는 것은 비합리적임에 틀림없다. 그러나 카톨릭 측 교과서가 개신교 내에서 많은 서로 다른 분파들이 존재하고 이 차이들은 각 분파가 처해 있는 정치적 상황뿐 아니라 그들의 서로 다른 영적 필요에 근거한다고 학생들에게 가르치고 있다는 생각은 근거가 없지 않다. 예컨대, 독일과 그밖의 지역에서의 루터주의는 종교가 그 지역 지배자에 따라 획일적으로 결정된다는 원칙(cuius regio, eius religio)에 따라 건설되었다. 그러나 특정 지역의 종교는 그 지역의 영적 필요에 대한 반응이기도 하며, 이 영적인 필요는 그 성격과 강도에서 지역마다 상이하다. 개신교는 네덜란드에서 번창했는데, 그것은 네덜란드가 카톨릭 국가인 스페인을 물리쳤을 뿐만 아니라 그들은 스페인의 종교를 증오했기 때문이다. 이 증오의 이유는 설명될 필요가 있다. 더욱이 독일이나 스칸디나비아 같은 루터주의적인 네덜란드 개신교는 독일이나 스칸디나비아의 그것과 동일하지 않다. 캘빈주의의 다양한 분파들 간에 지역에 따라 차이가 더 크다. 개신교가 신대륙에 전파되었을 때, 그것은 독자적인 형태를 취했다. 영국 교회는 조금 당혹스러운 경우이다. 영국 교회는 개신교에 속하지만, 예식 속에서 '카톨릭'이라는 용어의 사용을 포기하지 않았다. 헨리 8세가 로마와 단절하고 영국의 종교개혁을 단행했을 때, 그는 모순적이게도 카톨릭 교의를 강제적으로 관철시키는 법을 만들었고, 그 이후 시기의 모든 변화에도 불구하고 카톨릭 교의는 영국 교회에서 여전히 살아남아 있다. 영국 교회의 한 극단에는 자신들의 신앙체계가 캘빈의 그것과 별로 다르지 않다고 믿는 자들이 있는 반면, 또다른 한 극단에는 스스로를 카톨릭교도라고 여기기 때문에 자신이 개신교도라고 불리는 것을 거부하는 자들(이들은 '로마' 카톨릭과의 유일한 차이는 로마 교황을 정점으로 하는 위계질서에 자신들이 포함되어 있지 않은 것이라고 생각한다)이 있다는 것은 사실이다. 19세기에 영국 교회는 카톨릭 운동을 경험하게 되는데, 옥스퍼드 대학에서 시작된 이 운동은 영국 교회에 카톨릭 교의와 예식을 재차 도입했다. 1950년에는 영국 교회가 카톨릭보다 개신교에 더 가까웠던 데 반해

1950년 훨씬 이전 시기부터 그 관계는 역전되었고 오늘날 대부분의 영국 교회 의식은 유럽 개신교보다 유럽 카톨릭에 대해 더 친근하다는 것은 아마 사실일 것이다. 19세기와 20세기의 이러한 변화와 함께 '로마' 카톨릭 세력은 영국에서 확장되었다. 1850년 이후 다시 한번 영국에 카톨릭 사제가 활동하게 되었고 많은 카톨릭 교회들이, 특히 인구밀집 도시에 건설되었다.

15) 종교사에 대한 세속적 태도

역사교과서가 19세기 종교문제를 다루는 서로 다른 방식들이 본 국제학술대회 참석자에게는 불만족스럽게 보였다. 교회 문제는 종교적 관점이 아니라 세속적 관점에서 보통 접근된다. 이것은 유럽 각국에 정치적 목적을 추구하는 카톨릭 정당들을 가지고 있는 카톨릭 교회의 실수에 주로 그 원인이 있을 것이다. 물론 19세기 카톨릭 교회가 직면한 가장 심각한 문제 중 하나가 이탈리아에서 교황 세속권에 관련된 정치적 문제였다. 역사교과서는 교회들이 유럽과 그 이외의 지역에서 벌였던 역동적인 선교활동에 할애하는 공간보다 더 많은 지면을 교황 세속권의 정치적 문제에 할애하고 있다. 선교사들의 영적 활동은 역사교과서에서 거의 언급되지 못한다. 세계 곳곳에서 유럽의 무역과 문화 전파에 기여한 그들의 활동조차 제대로 평가받지 못하고 있다. 150년 전의 종교부흥, 세기 전환기의 종교적 신념의 타락, 그리고 기독교 통합을 위한 오늘날의 다양한 운동 같은 측면들이 완전히 무시되고 있다.

교회사에 대한 역사교과서의 세속적 태도는 비단 근대 시기에 국한되지 않는다. 이러한 태도는 중세 시기를 다루는 데도 부정적인 영향을 미치고 있다. 개신교 국가에서는 당연할지 모르지만 카톨릭 국가에서도 이러한 경향은 뚜렷하게 확인된다. 즉, 역사교과서는 교회의 영적 활동보다는 정치적 활동에 더 많은 지면을 할애한다. 힐데브란트(교황 그레고리우스 7세)가 성자 프란체스코보다 더 많은 영토를 정복했다라거나 교황 그레고리우스 1세가 성자 베네딕트보다 더 많은 지역을 확보했다는 서술이 대부분이다. 수도원의 영적 의미나 유럽 문화 건설에 미친 영향보다도 그 건축 양식을 서술하는 데 더 많은 지면이 할애되고 있다. 중세 유럽 문화의 구성과 전파에 있어서 교회가 미친 커다란 영향을 나타내는 데 역사교과서는 실패했다고 주장된다. 성직자들의 학습과 세속적 학습의 전파에 있어서 수도원이 한 역할, 종교적 신념과 그 실천이 원활하게 전파되고 통상과 다른 종류의 교류가 원활해지는 데 있어서 순례가 한 역할, 십자군 전쟁을 계기로 시작된 유럽의 삶과 사상의 혁명적 변화, 그 자체가 본래 수도원의 한 기구였던 대학들을 통해 유럽의 학문과 그 전통이 통합되고 보존되었다는 사실, 교회의 공식언어인 라틴어가 유럽의 통일성 성립에 미친 영향, 이 모든 요소들이 중세와 근세 초기를 다루는 역사교과서에서 전혀 제대로 평가받지 못하고 있다.

16) 다양한 역사분야의 배분문제

(1) 정치와 사회

역사교육에서 가르쳐야 할 분야는 어떤 것이 되어야 하고 각 분야는 어떤 비율로 배분되어야 하는가? 우리가 고려할 수 있는 인류 활동 분야를 결정해야만 할 것이다. 다른 교육과 마찬가지로 역사교육도 시대에 많은 영향을 받고 있으며 새로운 것을 첨가하면 할수록 이전의 것들을 포기해야 할 것이다. 그러나 새로운 것은 모든 측면에서 허락될 것을 요구하는데, 문제는 편견이 슬그머니 들어오는 새로운 분야나 기존의 분야 모두에서 허용할 것과 거부해야 할 것을 결정하는 것이다.

역사교육과 역사교과서에서 가장 많이 차지하는 분야가 여전히 정치사와 그 연장선상에 있는 전쟁사라는 것은 아직도 진실이다. 그러나 이 협소한 영역 안에서도 여러 가지를 선택해야 한다. 애국주의를 고양시키는 정치사를, 아니면 민주주의 또는 특정 정당에 대한 충성을 고양시키는 정치사를, 그것도 아니면 무엇을 가르쳐야 하는가? 역사교육이 민주적 정부의 정치과정에 대한 이해와 그 민주적 정신과 절차에 대한 확신을 고양해야 한다는 생각, 특히 학생들이 어른이 되었을 때 그들이 훌륭한 민주시민이 되도록 도와주는 사유능력과 지식을 가르쳐야 한다는 생각은 민주주의 국가에서 상식이 되었다. 의회와 법, 그들의 기원, 근대 민주적 실천을 향해 나아갔던 그들의 발전과정 등에 대해서 많이 가르쳐야 할 것이다. 여성을 포함한 선거권 확대도 매우 중요하고 상세하게 다루어져야 할 것이다. 반면, 관계된 국가가 의회제 민주주의를 취하지 않을 경우 그 나라에 특수한 민주적 제도가 더욱 많이 다루어져야 할 것이다. 이를 위해 의회에 대한 서술은 축소되고, 아마 마르크스가 더 많이 다루어지면 루소가 덜 다루어져야 할 것이다. 마르크스가 더 많이 다루어진다면, 경제사와 사회적 문제에 대해 (심지어 사회주의적 시각에서) 더 많이 다루어질 것이다.

우리의 현재 주요 관심 영역은 정부제도나 기구가 아니라 수천, 수만 명 시민들의 일상적인 삶(그들의 직업과 사회적 지위, 이 양자의 역사적 관계)일 것이다. 본 국제학술대회 참석자들은 이러한 방향으로 역사교과과정을 확장할 필요가 있다는 데 의견의 일치를 보았다. 즉, 정치적 존재로서의 사람들 삶을 줄이고 사회적 존재로서의 사람들 삶을 더 많이 다루어야 한다는 것이다.

더욱이 오늘날 '사회적'이라는 용어는 역사가들에게 그것이 통상 의미하는 것 이상을 의미한다. 사회적 삶은 단지 (주요한 산업과 농업을 포함한) 직업과 산업만을 의미할 뿐 아니라 일과 산업을 좀더 신속하게, 쉽게 그리고 효율적으로 움직이도록 하는 기술적 진보도 의미한다. 우리는 로마 황제에 대해서 좀더 적게 그리고 쟁기와 이와 관련된 삶에 대해 좀더 많이, 루터에 대해서는 좀더 적게 그리고 농민 봉기에 대해서는 좀더 많이, 리셜리외에 대해서는 좀더 적게 그리고 동(서)인도회사에 대해서는 좀더 많이, 프랑스 혁명에 대해서는 좀더 적게 그리고 산업혁명에 대해서는 좀더 많이, 비스마르크에 대해서는 좀더 적게 그리고 베세머(베세머 제강법을 고안한 영국인)에 대해서는 좀더 많이 가르쳐야 하지 않을까? 간단히 말하면, 이것은 역사교육의 주 대상이 정부의 발전이 되어야 하는가 또는 일상의 삶의 발전이어야 하는가에 대한 문제이다.

(2) 예술과 문화

틀림없이 최근의 역사교육 내용의 변화추세는 의회 문제에서 좀더 탈피하여 사회적 조건으로 나아가고 있다. 그러나 정치적 체제에 저항하는 혁명은 여전히 중요하다고 생각하는 사람들이 많이 있다. 그들에 의하면, 그 혁명은 사람의 직업세계와 여가생활뿐 아니라 인간의 가장 고도로 발전된 활동인 지식세계와 예술에도 깊은 영향을 미친다. 그런데 지성사는 가장 뛰어난 학생들에게 조금 버거운 어려운 주제이다. 그러나 아무리 어린 학생들이라도 예술의 가치를 높이 평가할 줄 안다. 사실 그림, 조각, 음악 같은 대부분의 예술의 진화는 학생들의 시청각 능력에 호소한다. 오늘날 교육자들이 바로 충분히 활용하기를 원하는 것이 바로 이 시청각 자료이다. 1800년에 살았던 사람 중 어떤 사람이 가장 위대한 유럽인인가? 나폴레옹, 괴테, 아니면 베토벤? 이들의 일상적인 삶에 대한 영향력을 기준으로 판단했을 때, 라디오와 텔레비전 세대에게 이들 중 어느 누구를 가장 중요한 사람으로서 가르쳐야 할 것인가? 민족사를 지양하고 유럽사를 가르치고자 하는 역사교사들은 음악의 역사가 이러한 점에서 가장 많은 도움이 된다고 생각한다. 이와 같은 교과과정의 재편성에 있어서 선택의 원칙은 역사가들이 연구한 것 중에서 무엇을 선택할 것인가와 관계될 뿐 아니라 학생들이 성장했을 때 알아야 마땅하다고 판단되는 것을 선택하는 문제와도 관계된다. 선택의 기준은 학생들의 필요이다.

(3) 과학사

과학사를 다루는 데 있어서 스칸디나비아의 역사교과서는 다른 국가의 역사교과서보다 훌륭하다고 할 수 있다. 역사교과에서 과학의 위치는 근대사 역사교사가 다루어야 하는 중요한 문제이다. 우리 역사교육의 기준은 역사 속에 나타난 모든 인간의 주요한 활동들을 포함한다는 것이기 때문에 과학은 분명 아주 중요한 위치를 점해야 한다. 과학자들은 인류진보에 다른 사상가들이나 정치가들보다 더 많은 기여를 했다고 이야기된다. 이것이 사실이라면, 고대나 현대의 과학자들이 더 많은 조명을 받아야 한다. 아르키메데스나 유클리드가 한니발이나 스키피오보다 인류발전에 더 많은 기여를 했다는 점은 아마 인정될 것이다. 그렇다면 우리의 역사교과서는 어느 비율로 이 양자의 설명을 분배해야 할 것인가? 로마의 역사가 리비우스는 한니발 같은 장군과 정치가들에 대해서는 많이 적었지만 유클리드 같은 과학자들에 대해서는 전혀 서술하지 않았고, 역사교과서는 대상의 중요도가 아니라 대상의 접근가능성에 따라 주제를 선정하는 역사가들을 아직도 추종하고 있는 것이 현실이다.

이러한 불균형은 근대로 올수록 더욱 심해진다. 예컨대, 중세에서 근대로의 전환을 이야기할 때 우리는 거의 언제나 주로 과학과 무관한 현상들만을 생각한다. 학문의 부활과 인문학의 강화, 카톨릭과 개신교의 대립, 새로운 화법의 도입, 건축양식의 변화, 세속문학의 증가 그리고 지리상의 발견(이것은 과학적 발전과 긴밀한 관계에 있으면서도 이러한 맥락은 고려되지 않은 채 서술되고 있다) 등이 그것이다. 우리의 정신은 단테, 에라스무스, 루터, 팔라디오(Palladio)[34], 미켈란젤로, 구텐베르크, 마젤란으로 꽉 차 있다. 그러나 이들 중 인류발전에 코페르니쿠스나 갈릴레오가 기여했던 만큼 기여한 자가 누구일까? 대부분의 역사교과서는 갈릴레오와 코페르니쿠스의 이름을 거명하고 있다. 그러나 에라스무스 같은 한 인물에게는 대개 한 문단이 할애되는 데 반해, 과학자들은 한 문단에 모두 다 집어넣어 이름만이 나열되곤 한다.

전쟁과 그 밖의 경쟁적 대립이 모든 영광스런 역사를 장식하게 되는 16세기와 17세기에 대한 역사교과서 서술의 경우에는 이 불균형이 더욱 심하다. 역사교과서는 교회들의 변화와 민족 경계의 변화들에 지대한 관심을 표명하고 있는 데 반해 당시의 가장 큰 혁명 중 하나인 근대과학의 기초 확립에는 거의 관심을 기울이지 않고 있다. 어느 유럽 역사교과서도 과학사가 받아야 마땅할 관심의 10분의 1도 평가받지 못하고 있다. 그렇기 때문에 과학을 배우는 학생은 근대과학이 어디서 나왔으며 왜, 어떻게 시작되었는지 배울 수 없다. 영국 역사교과서에서조차 베이컨은 보통 문장가로서 소개되고 과학적 방법의 기초를 놓은 과학자로서는 잘 소개되지 않고 있는 형편이다. 갈릴레오, 베이컨, 데카르트 이전에 과학은 주로 영감에 의한 상상의 작업(inspired guesswork)에 불과했다. 그들 덕분에 과학적 사유는 이제 귀납적 방법과 연역적 방법을 통해 알려진 사실로부터 출발하여 알려지지 않은 것을 논리적으로 예견하고 확정하는 것으로 발전하여 확증된 일련의 지식체계를 건설할 수 있었다. 이것은 인류사에서 전례가 없는 큰 발전이었다. 이러한 발전 때문에 서양인은

---

34) 팔라디오(Andrea Palladio, 1508~1580)는 16세기 이탈리아에서 활약했던 건축가이다. (역자)

동양의 직관적 사유의 많은 것을 잃어버렸다고 할지라도 성취된 것이 잃은 것보다 더 크다라는 사실을 의심하는 서양인은 거의 없을 것이다.

갈릴레오가 죽고 데카르트가 저술활동을 하고 있었고 뉴턴이 태어난 해인 1640년대 이후 과학은 인간의 다른 활동, 즉 정치적, 경제적, 예술적 그리고 종교적 활동보다 인류발전에 더 많은 기여를 했다. 이러한 이유에서 본 국제학술대회의 많은 참가자들은, 17세기 이후 시기 또는 18세기 이후 시기를 다루는 역사교과서는 다른 종류의 인류진보보다 더 많은 지면을 과학의 진보에 할애해야 할 것이라고 강력하게 주장했다. 17세기에 인간 행복에 주요하게 기여한 것은 과학 분야였지 정치, 군사, 경제 분야가 아니었다는 것이다. 이 세기는 '위대한 세기(Grand Siècle)'인데, 그 이유는 루이 14세 때문이 아니라 갈릴레오, 베이컨, 데카르트 그리고 뉴턴 때문이다. 프랑스의 리슐리외 재상, 스웨덴 구스타브 아돌프 왕, 러시아 표트르 대제, 영국의 찰스 12세가 아니라 위의 네 명의 과학자들이 17세기의 배경으로서 서술되어야 한다고 그들은 주장했다. 18세기의 주요 테마도 전쟁이나 동양에서의 백인들의 활동, 계몽 전제주의, 계몽주의, 미국혁명과 프랑스혁명, 산업혁명보다도 기술적 발견으로 시작된 과학혁명이 되어야 한다는 것이다. 19세기의 역사도 페러데이, 돌턴(Dalton)[35], 다윈, 멘델, 멘델레예프(Mendelejev), 파스퇴르, 리스터(Lister)[36], 뢴트겐, 퀴리 같은 이름들이, 20세기의 역사도 아인슈타인, 플랑크, 러더포드(Rutherford), 보어(Bohr) 등의 이름이 주로 설명되어야 한다고 그들은 주장한다.

본 국제학술대회에서 상당한 지지를 받았던 이러한 주장들이 옳다면, 역사교사는 주제에 대한 혁명적 접근을 해야 할 필요성에 직면하게 된다. 그러나 이러한 전환은 당분간 또는 다음 세대에는 불가능할 것이다.

---

35) 돌턴(John Dalton, 1766~1844)은 뉴턴의 원자론을 화학분야에 적용하여 화학적 원자론을 창안한 과학자이다. (역자)

36) 외과의사인 리스터(Joseph Lister, 1827~1912)는 무균수술의 창시자이다. (역자)

왜냐하면, 그들이 가르치기 이전에 먼저 새로운 접근을 배워야 하기 때문이요, 이를 위해 먼저 대학이 변해야 하기 때문이다. 이러한 조건이 성취된 이후에 교사들은 이러한 역사교육을 오늘날보다 쉽게 할 수 있을 것이다. 유럽의 학문과 교육은 인문학과 과학에 기초한 '두 문화'에 의해 좌우된다고들 한다. 거의 모든 역사교사들이 인문학에는 친숙하지만 기초적인 과학지식에조차 친숙하지 않다.

유럽평의회가 지원한 본 국제학술대회의 목적은 민족적 역사를 지양하기 위한 노력을 촉진하는 것이다. 과학의 역사는 국경을 뛰어넘는 것이다. 과학사를 역사교육 내용에 대폭 수용하는 것은 그 자체적 이유뿐아니라 바로 민족적 경계를 초월한 역사교육을 위해서도 매우 유익하다.

17) 전쟁

초국가적인 역사 접근에 도달하기 위해서는 아직 더 가야 할 길이 많이 있다. 이제 학교에서 전쟁을 찬양하는 19세기식 민족주의적 역사는 가르치지 않는다는 것은 사실이지만, 아직도 그 후유증은 여전히 감지된다. 예컨대, 전쟁사를 다룰 때 우리는 군사적 사건을 그 발생 시점에 따라 단순히 나열하는 방식을 이미 오래전에 포기했지만, 여전히 전쟁의 원인이나 전쟁 이후 문제 해결에 대해서는 적은 관심을 보이고 있다. 또한 전쟁 원인을 개인들의 문제로 설명하는 방식에서 우리는 아직 자유롭지 못하다. 우리는 흔히 전쟁이 크제르크제스(Xerxes), 율리우스 시저, 윌리엄 정복왕, 찰스 5세, 프리드리히 대왕, 비스마르크, 히틀러 같은 개인이나 합스부르크 왕조, 부르봉 왕조, 호엔촐레른 왕조 등에 의해 '시작'되었다고 서술한다. 즉, 우리의 역사교과서는 아직도 전쟁을 개인이나 특정 가족 집단의 야망으로만 생각한다. 전쟁에는 분명 위와 같은 사람들의 야망이 크게 작용한다. 그러나 정치적, 경제적, 이데올로기적 또는 이상주의적 속성을 지닌 심층적인 문제들과 이러한 야망은 깊이 결탁되어 작용하는 법이다. 이러한 심층적인 문제들이 역사교과서에서 보다 많이 강조되어야 한다고 본 국제학술대회 대부분의 참석자들은 주장했다. 그리고 전쟁의 '책임(responsibility)'보다 전쟁의 '원인들(causes)', 그리고 민족과 인민들을 전쟁으로 몰고 갔던 깊은 절망과 혼란이 더욱 강조되어야 한다는 점도 함께 지적되었다. 모든 전쟁은 절망감을 만회하려는 시도로서 시작되었고, 그 절망감이 단지 상상일지라도 그것이 언제나 존재한다는 것은 아마 진실일 것이다. 그러므로 전쟁의 '책임'은 몇몇 인물들에게 부과되기보다 한 측, 또는 양측의 부당한 대우에 대한 분노에 돌려져야 한다.

부당함에 대한 분노는 보통 양측 모두에 존재하기 때문에 역사교사와 역사교과서는 상대방의 입장을 고려해야 한다. 과거에 존재했던 편견이 현재도 아직 남아 있을 때조차 학생들이 상대편의 입장을 고려하도록 가르치고, 비록 상대편에 더 많은 잘못이 있다고 생각할 때조차도 상대방의 입장을 섬세히 고려할 것을 가르치는 것은 역사교사의 의무이다. 총력전(total war) 시대의 민족적 적대감은 그 이전 시기보다 더 오래 지속된다는 점이 지적되었다. 총력전은 사회의 모든 부분을 전쟁으로 몰입시키기 때문에 복수에 대한 열정이 그 이전의 제한전(limited war) 시기보다 더욱 더 광범위하게 국민 사이에 퍼지게 된다. 그리고 근대의 전쟁선전의 효율성 증가로 말미암아 종전 이후에 그 영향을 극복하기가 그 이전보다 더 어려워졌다.

최근 역사교육에서 전쟁을 이야기하면서 전쟁 기간에 존재했던 평화의 노력이 지나치게 적게 조명되고 있다는 지적도 나왔다. 예컨대, 1914~1919년 기간에 카톨릭과 국제사회주의 운동의 평화운동이 너무 조금 언급되고 있다는 것이다.

18) 평화

전쟁사가 우리 역사교과서에서 잘못 다루어지고 있다면, 평화의 역사는 전체적으로 볼 때 무시되고 있다. 역사교과서는 어떤 민족이 다른 민족과 전쟁 관계에 있다는 식으로만 서술하고 어떤 민족이 다른 민족과 평화 관계를 맺고 있다는 것은 거의 강조하지 않는다. 전쟁이 평화보다는 일반적으로 더 많은 관심의 대상이라는 점 그리고 평화조약은 전쟁만큼 사람들의 상상력을 사로잡지 못한다는 점을 감안하면, 이러한 경향은 물론 이해할 만하다. 그러나 평화조약은 전쟁보다 훨씬 중요한데, 그것이 정상적인 국제관계를 복원할 뿐 아니라 전후의 국제경제 및 문화질서의 패턴을 형성하기 때문이다. 이 점에서 제2차 세계대전은 그 이전의 전쟁과 다른 면을 보여준다. 제2차 세계대전 직후 모든 당사자를 포괄하는, 전후 국제질서를 규정하는 총괄적인 평화협정이 체결되지 않았다. 그러나 그 이전의 전쟁들의 경우 종전 이후 이러한 종류의 총괄적인 평화조약이 체결되기 때문에, 이에 대한 이해 없이는 전쟁 이후 시기를 이해할 수 없다. 조약과 평화의 용어가 좀더 많이 언급되고 좀더 상세히 서술되어야 하고, 전쟁과 전쟁 사이 기간의 문제를 다룰 때 이전 전쟁 평화조약에 대해 좀더 상세한 설명이 주어져야 한다고 본 국제회의 참가자들은 지적했다.

평화의 역사는 단지 소극적인 어떤 것이 아니다. 그것은 국제적 무질서를 종결시키기 위해서 만들어진 협정들의 기록일 뿐 아니라 평화를 적극적으로 건설하고 또 재건설하는 것이다. 바로 이러한 측면이 우리의

(대)학교 역사교육에서 제대로 다루어지지 않고 있는 부분이다. 성공적이었다고 평가되는 적십자나 우편연합(Postal Union)조차도 거의 또는 전혀 언급되지 않고 있다. 1945년 이후 시기를 다룰 때 유럽인들의 평화노력은 특별히 강조되어야 할 것이다. 예컨대, 유럽평의회, 베네룩스, 마셜 플랜, 유럽경제협력기구 등이 그것이다.

또한 평화의 역사에서 또다르게 무시받는 측면이 존재하는데, 이것은 눈에 띄는 것은 아니지만 분명한 결함이다. 예컨대, 16세기와 17세기 종교전쟁의 혼란한 무질서 이후 유럽과 기타 다른 지역에서 관용이 결함이 아니라 미덕이라는 신념이 점점 성장했다. 그러나 이러한 사실을 가르치는 곳에서는 통상 국제적 차원에서의 관용보다 민족 내 여러 그룹들 간의 관용이 강조된다. 그리고 각국의 역사교과서는 관용 정신에 기초한 자국의 발전과 제도들은 상세히 소개하면서 다른 나라의 이와 유사한 것에는 무관심하다.

평화의 역사를 다루는 데 있어서 가장 문제되는 부분은 국제공동체의 법적 기초를 마련하고자 하는 여러 시기의 다양한 노력들에, 특히 유럽 공동체를 위한 노력에 우리의 역사교과서가 주목하지 않고 있다는 점이다. 아주 드물게 그로티우스(Grotius)의『전쟁과 평화에 관한 법(De Iure Belli ac Pacis)』이 언급되기도 한다. 가장 주목받는 몇 가지만 언급하자면, 그로티우스 이전에 쉴리(Sully)가 노년에 앙리 4세에게 헌정한『위대한 계획(Grand Dessein)』이 있었고, 그 이후 17세기 라이프니츠의『국제만민 법전(Codex Iuris Gentium Diplomaticus)』, 펜(Penn)의『유럽 의회 설립을 통한 유럽의 현재와 미래의 평화론(Essays towards the present and future peace of Europe by the Establishment of a European Diet, Parliament or Estates)』, 18세기 성 피에르의『영구평화 계획(Projet de Paix Perpetuelle)』, 바텔(Vattel)의『국제법(Droit des Gens)』, 벤덤의『보편적이며 영구적인 평화를 위한 계획(Plan for Universal and Perpetual Peace)』, 칸트의『영구평화론(Zum Ewigen Frieden)』이 있다. 19세기에는 계획들이 실천되는 단계로 넘어갔는데, 구체적인 국제평화단체들(그 중 하나는 『유럽합중국(Les Etats-Unis de l'Europe)』이라는 잡지를 출간하기도 했다)이 설립되고 국제평화회의가 개최되기도 했다. 이러한 활동은 헤이그에 국제재판소 설립으로 귀결되었다. 20세기에는 국제연맹과 국제연합이라는 괄목할 만한 국제평화기구가 설립되었다. 이러한 것들은 앞으로 형성될 것으로 기대되는 '유럽합중국'의 중요한 골격을 형성하는 것들이다. 그러나 유럽의 역사교과서는 이러한 것들에 대해 거의 언급하지 않고 있다.

역사교육과정의 국제적 협력을 보장하는 데까지 나아가는 것이 가능할까? 이 문제는 본 국제학술대회에서 몇 차례 논의되었다. 그러나 이 계획은 이익보다 손실이 더 많을 것이라는 생각이 지배적이었다. 이 제안은 통일된 국제 역사교과서에 대한 제안이 안고 있는 동일한 문제를 지니고 있다. 다양한 견해들 간에 합의를 도출한다는 것은 매우 어려울 뿐 아니라 이것이 가능하다고 하더라도 논쟁이 되는 문제를 정면으로 다루지 않고 다만 도외시하는 방향으로 해결책을 찾을 소지가 다분히 있기 때문이다. 이것은 또한 과도하게 정형화된 역사교육과정으로 귀결될 것이고, 이러한 것에 기초한 역사교육은 지적 무감각과 폐쇄적인 정신만을 양산할 것이기 때문이다. 이러한 이유 때문에 다음과 같은 변형된 계획이 제안되었다. 즉, 다양한 참가국들의 교과과정을 다른 나라의 그것과 비교하고 균형을 유지하는 데 도움이 되는 국제적 역사교과과정을 특정 국제적 권위체가 만들자는 것이다. 그러나 이것조차 어렵기도 하고 바람직하지도 않다. 또한 공통의 교육과정제도를 운영하지 않고 있는 영국과 같은 나라는 이러한 시도가 완전히 불가능하다.

사실, 어떠한 제도적 틀도 우리가 여기서 추구하고 있는 공평성을 보장할 수 없다. 공평한 역사교육에 도달할 수 있는 신뢰할 만한 유일한 길은 역사교사들의 실천을 통한 방법이다. 편견은 완전히 제거될 수 없다. 만약 역사교사가 편견을 회피하고자 노력한다면, 이를 통해 학생들은 일정한 교훈을 얻을 것이다. 그러므로 역사교사들 사이에서 공평성의 정신이 확산되는 것을 통해 문제는 해결될 것이다. 이러한 과제는 교사들을 양성하는 대학교육의 몫이다. 교육대학들은 미래의 교사들이 다른 나라와 다른 대륙의 역사에 대해서도 상세히 학습할 수 있도록 해야 한다. 그러나 이러한 측면은 유럽평의회의 이번 국제학술대회의 범위를 초월하는 것이다. 여기서는 다만 이러한 문제의식만을 지적할 뿐이다.

III

교과서 개선의
문제들과 방법론

- 쉬데코프

1. 교과서 개선의 문제들

세상 모두가 알고 있는 것은 간단하며 명확하다.
그러나 그것은 완전히 잘못된 지식이다.
(Gilbert Keith Chesterton)

30년전쟁(1618～1648)의 혼란 속에서, 즉 1623년 이후 어느 시점에서 보헤미아 형제단의 목사요 체코와 유럽의 저명한 교육학자인 얀 아모스 코멘스키(Jan Amos Komensky, Comenius)는 브란다이스(Brandeis)에서 도피 생활을 하던 중 '세상의 미로와 마음의 천국(Das Labyrinth der Welt und das Paradies des Herzens)'이라는 글을 작성했다. 이 글에서 그는 비유를 통해 인간의 세상살이가 두 종류의 인도자 - 즉, 하나는 '전지자(Alleswisser)' 또는 '편재자(Überalldabei)'이고, 다른 하나는 '오류자(Verblendung)' - 에 의해 이끌린다고 묘사했다.

'오류자'는 사물을 그 본질과 현상과는 다르게 보게 만드는 안경을 인간에게 씌운다고 한다. 나는 이러한 안경을 만들어 인간에게 씌우는 자는 반드시 '오류자'라고 불리어야 한다고 생각한다. 나중에 보니, 이 안경은 '선입견이라는 유리(Glase des Vorurteils)'로 만들어졌고, 그 유리를 감싼 안경테는 '관습'이라는 뿔로 만들어졌다. 그러나 다행스럽게도 나의 주는 이 안경을 내 코 위에 비스듬하게 걸쳐놓으셔서 이 안경이 완전히 나의 눈을 가리지 못하게 하셨다. 그래서 머리를 조금 세워서 위를 향해 보면, 나는 사물들을 있는 그대로 볼 수 있다.

이 비유는 국제교과서 개선활동의 대상과 테마를 분명히 지적하고 있다. 국제교과서 개선활동은 이 활동을 통하여 극복되어야 할, 각 민족과 인간 집단들의 선입견과 관습을 문제삼고 있다. 대다수 사람들에게 이 노력은 히드라와의 싸움같이 보일 것이다. 왜냐하면 어떤 선입견을 제거하면 즉시 새로운 선입견이 나타나기 때문에, 이 싸움에서 승리한다는 것은 거의 불가능하다고 생각하기 때문이다. 그러므로 국제교과서 개선활동에 있어서 중요한 것은 선입견과 잘못된 관습을 제거함과 동시에 새로운, 좀더 나은 인식을 전파하는 것이다.

국제교과서연구소(Internationales Schulbuchinstitut : 본래는 국제교과서 개선을 위한 연구소Institut für Internationale Schulbuchverbesserung)가 브라운슈바이크 칸트 대학교에 설립된 것을 기념하여 1951년 부활절에 개최된 최초의 교과서 다자회의 참석자들에게 행한 연설에서 헬무트 히르슈(Helmut Hirsch)도 위와 같은 이중의 과제를 강조했다.

교과서와 이것을 사용하는 교사들은 현재와 미래에 대한 언급을 거의 회피하기 어려운데, 과거에 중요하게 여겨졌던 것은 교과서와 교사들이 언급해야 하는 현재와 미래에 대해서도 중요하게 여겨진다. 예컨대, 동양의 발전을 서양에서 어떻게 다루어야 하는가? 여러분 대부분이 자유의 승리를 강조할 것이라고 생각한다. 그러나 과거에 독일과 프랑스의 민족주의자들이 서로에 대해서 그랬던 것처럼 타자에 대해서 불의와 불평등을 행하지 않고서 어떻게 자유의 단계에 도달할 수 있었겠는가? 한 선입견이 제거되었지만 곧 또다른 선입견이 이 자리에 들어선다면, 선입견을 제거하기 위한 노력은 가치가 없게 될 것이다.

히르슈는 자신이 사용하는 좋은 교과서에서 레닌이 '광적인 이상주의자(fanatischer Utopist)'로 묘사되었다고 언급하면서, 이것이 역사적으로 사실이라면, 비러시아 민족들이 이 '광적인 이상주의자'의 부상을 막기 위해 무엇을 할 수 있었으며, 무엇을 해야만 했었는가라는 질문을 던져야 한다고 꼬집었다.

이 보편적인 역사적 공정성(Gerechtigkeit)이 분명 우리가 도달해야 하는 최고의 목적임에 틀림없지만, 이에 도달하는 길은 멀고 험난하다는 것 또한 진실이다. 서로 다른 이데올로기에 의해서 규정된, 서로 모순되는 역사적 진실들이 상존하는 동안에는 아마 이러한 이데올로기에 의해 양산된 관습적 견해들이 판을 칠 것이다. 바이마르 공화국 시기에 한 독일 고위급 장교가 말하기를, "그렇습니다, 여러분. 그러나 그것은 안 됩니다. 우리는 최소한 한 명의 적을 가지고 있어야만 합니다."라고 했다. 이것은 전형적인 관습적 견해이다. 1924년 이후 독일과 프랑스의 교과서 개선활동이 시작되었는데, 이에 대한 비판들이 위와 같은 관습적 견해에 근거하고 있었다(이에 대해서는 뒤에 자세히 다루겠다). 교과서 개선은 무엇보다 거짓과 선입견들을 제거하는 것이라는 거의 근거 없는 견해들이 오늘날도 존재한다. 여론 주도자들은 흔히 그들의 교과서 협의활동에 대한 보도를 위해 선풍적인 관심을 끄는 이야기를 찾고 있다. 즉, 그들은 개선되기 이전에 거짓과 증오로 가득 찼지만 개선 이후에 합리적으로 바뀐 교과서들을 찾고 있다는 말이다. 그러나 이러한 예는 1928년 이전의 독일과 프랑스 교과서에서만 찾을 수 있을 것이다.

오늘날 교과서 개선활동의 문제들과 주제는 대부분 덜 선풍적인 관심을 끄는 것이다. '교과서의 편견들(bias)'을 의도적 악의에 의한 것과 무지로 인한 것으로 구분할 수 있다면, 오늘날 교과서 협의활동 대상은 거의 후자의 경우이다. 이것은 1949년 유네스코가 발간한 『안내서』에서 명시한, 교과서 분석을 위한 기준들에서도 확인된다.

1. 서술과 정보가 얼마나 정확한가?

2. 사건의 해석과 일반화된 명제는 제시된 사실과 적절한(adequate) 연관성을 갖고 있는가?

3. 중요한 개념들은 정확하고 분명히 규정되었는가?

4. 화보, 차트, 그래프 그리고 지도는 정확하고 최근의 정보에 기초하고 있는가?

5. 소수그룹, 다른 인종, 다른 민족과 그 구성원들이 공정하게 다루어지고 있는가? 그들의 활동과 기여에 대해 적절히 서술되었는가? 그리고 그들의 활동과 기여에 대한 적절한 평가가 이루어졌는가?

6. 자국에 적용된 학문성, 정의, 도덕적 기준들이 다른 인종, 민족, 국가들에도 동일하게 적용되고 있는가?

7. 논쟁적인 문제들이 객관적으로 다루어지고 있는가?

8. 편견, 오해, 갈등을 야기할 소지가 있는 단어와 표현들이 사라지고 있는가?

자료의 선택은 '균형성(well-balanced in selection)'을 유지하고 있는가라는 질문이 위의 분석기준들에 연이어서 제기되고 있다. 이 점이 실제로 오늘날 교과서 개선활동에 있어서 결정적인 의미를 지닌 기준이다. 많은 역사교과서들이 '불균형적인 자료 선택'에 의해 특정한 내용을 전파하고 있는데, 이 '불균형적인 자료 선택'은 반드시 악의에 의해서만 가능한 것이 아니다. 오히려, 그것은 그 자체로서는 알 수 없는 전래된 선입견들에 기인하거나 지식 부족에 기인하는 경우가 많다. 심각한 문제는 선택을 해야만 하는 것 자체가 아니다. 왜냐하면, 역사가는 예외 없이 질릴 정도로 많은 자료들 중에서 선택해야만 하기 때문이다. 오히려 문제는 이 선택이 학문적 기준에 부합하는 방법에 의해 이루어졌는가이다. 역사적 사건에 속하는 임의의 사실들을 제시하는 것이 아니라 역사적 사건에 대한 평가의 다양한 모든 시각들을 제시하는 것이 중요하다. 그러므로, 니체의 탁월한 표현을 빌리자면,[37) 우리는 '사물을 다르게 볼' 수 있는 능력과 또 그렇게 하고자 하는 의지를 소유해야 한다. 대부분의 교과서 저자들은 자신의 가설을 입증하는 데 필요한 자료들만을 선택하고 그렇지 않은 자료들은 모두 무시한다. 오늘날 널리 사용되고 있는 사료모음집들(Quellensammlungen)의 커다란 가치는, 그것이 교과서 저자들의 부담을 덜며, 교사들과 학생들이 교과서 저자의 관점을 검토할 수 있도록 해준다는 점에 있다. 교과서를 검토하는 데 있어서 가장 심각한 문제는 사실에 대한, 그래서 쉽게 찾아낼 수 있는 부정확성이 아니라 '감정을 드러내는' 판단을 내리고 있는 듯한 특별한 서술 부분이다. 그런데 사실, 그것이 어떤 것이든, 아무튼 감정에 기초하고 있는 판단(Urteil)은 대부분 선입관(Vorurteil)이다.

잘못된 선택 또는 일방적인 선택의 문제 이외에 생략(Auslassung)의 문제가 있다. 이것은 역사교과서에 가장 자주 등장하는, 가장 심각한 문제 중의 하나이다. 어떤 평가를 할 때, 역사적 측면과 교육학적 측면이 서로 충돌하는데, 특히 교과서 저자들은 방대한 양의 자료들을 선택하고 압축적으로 정리함으로써 그 서술이 설득력 있는 역사상을 충분히 표현하도록 해야 한다. 필자는 몇 년 전 교과서에 대해 단스와 서신교환을 했는데, 이 서신의 내용은 생략의 문제를 뚜렷하게 드러내고 있다. 단스의 『근대 세계(Modern World)』라는 제목의 역사교과서에 대한 한 검토의견서(Gutachten)는, 저자(Dance)가 1900년경의 중요한 영-독 동맹협상에 대해 자신의 교과서에서 전혀 언급하지 않았다고 비판했다. 이 때문에 단스는 역사교과서 저자들이 직면하는 어려움에 대해서 상세히 이야기했던 것이다. 그에 따르면, 모든 교과서 저자는 다른 나라의 역사가들과 교사들이 교과서에 들어가 있어야 한다고 생각하는 그런 중요하고 상세한

---

37) 독일어본에는 '단스의 탁월한 표현을 빌리자면'이라고 적혀 있다. 이것이 영어본에서는 위와 같이 바뀌었는데, 이것은 잘못된 것을 수정한 결과일 것이다. (역자)

사항들을 생략해야만 한다는 것이다. 교과서에는 모든 정당한 주장들을 다 포함시킬 수 있을 만한 공간이 없다는 것이다. 그런데 바로 여기에 아주 커다란 위험과 유혹이, 즉 '자신이 좋아하는 것만을 서술하고 그렇지 않은 것은 생략하고 싶은' 유혹이 도사리고 있다는 것이다. 문제가 되었던 독-영 협상의 생략에 대해서, 단스는 이 협상의 생략은 영국 역사교과서의 일반적인 경향이라고 지적했다. 교과서 저자들은 이후의 역사과정에 영향을 미쳤던 결과들을 다루려고 하기 때문에, 결실 없이 끝난 영-독 협상에 대해서는 별로 관심이 없다는 것이 단스의 해명이었다. 그리고 이렇게 덧붙였다.

> 이러한 생략은, 학생들이 어른이 되었을 때, 영-독 관계에 대한 그들의 입장에 영향을 줄 수도 있는 지식을 어렸을 때 그들에게 가르치지 않는 것을 의미하기 때문에, 그들 저자들은 자신의 결정에 대해 일정한 책임을 져야 한다.

이것은 교과서 저자가 어떤 역사적 사실을 서술할 것인가 생략할 것인가를 결정하는 것이 얼마나 어려운 일인가를 보여주는 좋은 예이다. 바로 이런 측면에서 많은 쌍무 협정에 의한 권고안의 실제적인 의미가 있는 것이다. 다른 나라의 역사가들이 우리의 역사교과서에서 자신의 나라의 역사 중 무엇이 어떻게 다루어지기를 원하고 있는지를 쌍무 교과서 협의활동을 통해 명확히 알 수 있다. 그러므로 잘만 사용한다면 권고안은 역사교과서 저자들에게 대단히 가치 있는 보조자료가 되는 것이다.

편견의 세 번째 종류는 전통에 그 뿌리를 두고 있는 잘못된 개념을 의미하는, 프랑스인이 'les mots malheureux'라고 부르는 것이다. 이것은 프랑스와 이탈리아의 역사가들이 1952/53년 교과서 협의를 할 때 대단히 중요시 여겼던 분석기준이었다. 그러나 거의 모든 쌍무 협의의 권고안은 교과서가 회피해야 할 것으로서 이와 같은 전통적인 통념적 개념들을 지적하고 있다. 이러한 전통적 통념적 개념들은, 괴테가 법률과 특권을 두고 했던 말과 같이, '영원한 유전병처럼' 자자손손 대물림되고 있다. 미국인 프랜시스 J. 그룬트(Francis J. Grund)는 1937년 다음과 같은 바른 말을 했다.

한 민족의 성격이나 특성을 판단하기 위해 연구해야 할 대상 중 학교 교실만큼 더 적합한 장소는 없을 것이다.

이 문장을 인용한 루스 밀러 엘슨(Ruth Miller Elson)은 1964년『전통의 수호자. 19세기 미국 교과서(Guardians of Tradition. American Schoolbooks of the Nineteenth Century)』라는 중요한 연구서를 저술했다. 이와 같은 연구는 아직까지 다른 나라에서는 없는 실정이다. 그녀는 건국 이후 시기부터 19세기 말까지 사용되었던 약 1천여 권에 달하는 교과서들을 조사했다. 그녀의 연구는 정신사(Geistesgeschichte)[38] 연구에 있어서 중요한 업적이다.

그러나 교과서의 역사-정치적 의미를 과소평가해서는 안 된다. 19세기 미국에서는 아직도 대다수 국민의 세계관과 인간관 형성에 가장 큰 영향력을 행사했던 것은 성경과 교과서였다. 따라서 루스 엘슨이 당연히 다음과 같이 말할 수 있다.

---

38) 독일어권에서는 '정신사(Geistesgeschichte)'가 '이념사(Ideengeschichte)'라는 개념과 거의 등치되어 사용되고 있지만, 영미권의 지성사(Intellectual History)는 대륙의 정신사가 정신과 물질의 대립 구도에서 정신의 우위에 기초해서 연구하는 경향을 비판하면서 물질적, 사회적 측면도 함께 진지하게 고려되어야 한다는 비판으로부터 출발한 것이다. 따라서 'Geistesgeschichte'와 'Intellectual History'는 외관상 비슷하지만 내용은 전혀 다른 것이다. 쉬데코프는 엘슨의 연구가 이 양자 중 어디에 해당하는지 분명히 밝히고 있지 않다. 영어번역본에도 이 부분이 생략되어 있어서 확인할 수 없다. (역자)

교과서 저자들이 아무리 자격이 없을지라도, 그들은 어쨌든지 미국 전통을 창조하며 동시에 공고히 했다.

이 말이 유럽에 꼭 들어맞지는 않지만, 그 대강은 이곳에서도 유효하다. 이러한 말이 적합한 경우로서, 1918년 이전 초등학교(Volksschule)용 프로이센 역사교과서를 생각할 수 있겠다.

대단히 중요한 영역을 개척한 루스 엘슨의 연구가 유럽에서도 시도되어야 한다고 생각하기 때문에, 필자는 이런 연구를 자극하기 위하여 루스 엘슨 연구서의 목차를 자세히 이 자리에 소개하겠다. 필자는 이와 유사한 연구가 유럽평의회 역사 · 지리 교과서센터(Schulbuchzentrum des Europarates für Geschichte und Geographie)의 중요한 과제라고 생각한다. 이에 대해서는 뒤에 다시 다루겠다. 다음은 루스 엘슨 연구서의 목차이다.

I. 서론
제1장 교과서와 학교

II. 신과 자연
제2장 자연 / 제3장 신과 인간

III. 인간의 본성
제4장 인종들 / 제5장 민족들과 민족성
제6장 개인들 : 영웅들, 위인들 그리고 시민들

IV. 교과서와 '문화'
제7장 교과서와 '문화'

　루스 엘슨의 연구는 한 특정한 민족공동체의 공통관념과 선입견 형성에 대한 연구이다. 그런데 이러한 분야는 현재까지 그리 주목을 받지 못했었다. 한 공동체 안에서 모든 종류의 선입견들(민족적 편견, 특정 그룹들의 편견, 개인적 편견, 전통적 편견, 인간의 일반적인 편견 등)이 서로 뒤얽혀서 존재하고 있다. 다양한 편견들을 분류하고자 한다면, 대단한 도덕적, 지적 노력이 필요하다. 존슨 전 대통령은 미국 독립전쟁 종전 20주년 기념식에서, "모든 편협한 민족주의는 모든 희망을 좌절시키고 유럽 통일과 대서양 협력의 꿈을 파괴시킬 것입니다. 이러한 편협한 민족주의는 지구상에 유일한 자유 민족의 이해관계와 부합할 수 없습니다"라고 강조했는데, 이것은 대단히 올바른 지적이었다. 1950년 개최된 유네스코 '제1회 세계 교과서 세미나(First World Textbook Seminar)'에서 리처드 M. 퍼듀(Richard M. Perdew)도 "좀더 나은 교과서를 통해서 사람들에게 평화와 사랑의 마음을 배울 수 있도록 하기 위해서" 위와 같은 교육학적 과제가 매우 중요하다고 강조했다. 세계 형제회(Fraternité Mondiale)가 국제 이해(compréhension internationale) 증진을 위한 많은 대회를 개최한 것은 이러한 측면에서 대단히 높이 평가되어야 한다고 그는 덧붙였다.

　전통에 깊이 뿌리를 두고 있는 선입견에 대한 예를 찾는 것은 어렵지 않다. 가장 널리 퍼져 있지만, 서로 다른 방식으로 해석되고 있는 개념 중의 하나가 바로 '야만인(Barbar)' 개념이다. 프랑스 역사가들은 이탈리아 역사교과서가 페트라르카(Petrarca)[39], 포기오(Poggio)[40] 그리고 피우스

2세(Pius II)⁴¹⁾의 프랑스에 대한 평가들을 "그들의 평가 형성에 영향을 줄 수 있었던 선입견들을 밝히지 않은 채" 그대로 단순하게 반복했다고 비판했다. 프랑스 역사가들에 의하면, 이러한 무비판적인 개념 사용으로 인해서 알프스 이북 민족들의 '야만주의'에 대해 지나치게 단순화된 평가를 하게 되고, 16세기의 이탈리아 침략자들(특히 북이탈리아 도시국가들을 침략했던 프랑스인들)과 5세기의 '야만인들'을 부당하게 동일시하는 누를 범하게 되었다는 것이다.

서독-이탈리아 교과서 협의의 결과 작성된 권고안은 5세기경의 '야만인'에 관하여 다음과 같은 방식으로 해결할 것을 권고하고 있다. 즉, 이탈리아 반도를 향한 게르만의 '야만적 침입'은 그것이 서로마제국의 몰락을 가속화시켰다는 의미로만 국한해서 사용할 수 있지, 이탈리아 반도까지 포함된 신성로마제국 건설도 이와 같은 '야만인'의 시각에서 고찰하면 안 된다는 것이다. 이와 마찬가지 취지에서 서독-프랑스 교과서 협의의 권고안(중세 시기에 대한 합의사항)은 '프랑크인(Francus)'과 '로마인(Romanus)'이라는 개념을 다음과 같이 세밀하게 사용할 것을 권고하고 있다. 즉, "'로마인'의 반대개념은 '야만인(Barbarus)'인데, 이때 이 개념은 고대 문화지형의 외부에 살고 있던 모든 사람들을, 어떠한 멸시하는 뜻 없이 지칭했던 개념이었다"는 것이다. 프랑스, 벨기에 그리고 네덜란드의 역사교과서들에 대한 노르웨이의 검토의견서도 이 교과서들이 바이킹을 일방적으로 야만인으로 표시하고 있다고 지적했다. 이 검토의견서는 덧붙이기를, 바이킹은 "법이 발달하고 시, 예술 그리고 선박건조 기술이 발전한 지역들에서" 왔다고 서술되어야 한다고 했다. 그밖에 노르웨이인들은, 서독의 역사교과서가 바이킹을 단지 '도둑놈(Räuber)' 또는 범

---

39) Petrarca는 14세기 이탈리아에서 활약했던 인문주의자이다. (역자)
40) Poggio는 15세기 전반기에 이탈리아 도시국가 플로렌스에서 활약했던 인문주의자이다. (역자)
41) Pius II는 이탈리아 출신으로서 1458년 교황이 되었던 인물이다. (역자)

법자로 표시하고 있다고 비판했다. 바이킹은 오히려 가치 있는 문화적 요소도 함께 가져왔고, 그들에게 전쟁은 상업과 긴밀하게 연관되어 있었다는 점도 부각되어야 한다고 노르웨이인들은 지적했다.

수세대를 거쳐 무비판적으로 전수되어 전통이 되어버린 잘못된 개념들에 대해서 지금까지 살펴보았다. 앞서 언급된 '생략'의 문제를 다시 언급해보자. 이탈리아 역사가들은, 프랑스 역사교과서가 신대륙 발견에 대한 이탈리아인들의 기여를 전혀 평가하지 않고 있다고 비판했다. 그런데 프랑스와 이탈리아의 역사교과서 협의에서 주목해야 할 것은 위와 같은 전통적인 잘못된 개념들을 생략할 것이 요구된 것이 아니라, 어떤 것이 역사적 의미를 지니고 있다고 판단될 경우 그것을 설명해야 하며, 그것도 당시 상황에 대한 비판적 분석 없이 단순히 인용해서는 안 된다는 점이 강조되었다는 것이다. 예컨대, 나폴레옹 1세가 이탈리아인들을 '연약하고 미신적이며, 피상적이고 겁이 많은 사람들'이라고 본 것, 이탈리아 통일을 이끌었던 사르디니아 왕국의 왕 빅토르 임마누엘(Victor Immanuel)을 '오페레타에 나온 강도(Operetta Brigand)'라고 폄하한 것, 이탈리아 통일의 영웅 가리발디(Garibaldi)를 '모험가'로 비아냥거린 것을 당시 정황에 대한 분석 없이 그대로 인용하는 것은 바람직하지 않다는 것이다. 어떤 프랑스 교과서에는 이탈리아의 통일운동을 다루는 부분에 다음과 같은 문장이 있다. 즉, 이탈리아인들의 통일운동은 '과장되게 (pompös)' Risorgimento[42]라고 명명했다는 것이다. 이탈리아 역사가들은 프랑스 역사교과서에 자주 인용되는 문장인, '샤스포 기관총은 기적을 가져왔다(Die Chassepots haben Wunder vollbracht)'의 역사적 의미를 교과서에 설명해줄 것을 희망했다.

이러한 민족적, 그리고 국제적 고정관념들이 역사교과서에서 역사적

---

42) 이것은 '부흥' 또는 '부활'이라는 뜻의 이탈리아어이다. 이 개념에는 과거 영광스런 로마제국의 '부흥' 또는 '부활'이라는 의미가 담겨 있다. (역자)

진실을 왜곡하는 데 한 역할을 한다는 것을 우리는 확인했다. 테렌스 J. 레오나르드(Terence J. Leonard)는 바이마르 시기의 독일 역사교과서를 이러한 점에 착안해서 상세히 조사하여, 『역사교육 국제연보(Internationales Jahrbuch für Geschichtsunterricht)』(제9권)에 실린 "사람들 간의 평화로운 조화를 지향하는 데 있어서 중요한 일보로서의 교육 군축(Educational Disarmament as an Important Step towards Human Harmony)"을 통해 그 결과를 발표했다. 예컨대, 중세 신성로마제국의 신성화가 19세기 '독일 제국'에 어떠한 비극적인 영향을 미쳤는가, 그리고 이웃 국가들에 대한 어떠한 반감이 1918년 이후 독일 교과서에서 독일의 지속적인 포위상태(Einkreisung) 테제를 얼마나 생생하게 진실인 것처럼 보이게 했는가. 오늘날도 그 시의성이 없어지지 않은, 레오나르드가 강조한 점 한 가지를 특히 주목해야 한다.

기억할 수 없는 먼 과거에 독일 땅으로 슬라브족이 침입했던 사실, 독일이 '동부로의 진출'을 통해 이 야만인들을 추방하고 정복했던 사실, 그리고 튜튼족 기사들이 동유럽의 문화발전에 기여했던 사실, 이러한 역사적 사실들이 동유럽의 독일인 정착 덕에 후진적인 슬라브인들에게 선사된 위대한 문화적 혜택과 연결되어 있다. 그리고 슬라브인들의 지저분함, 후진성, 무능력(폴란드 경제)이 독일의 능력, 진보 그리고 '문화'와 대조되어 강조되지 않은 곳이 한 군데도 없다.

역사가 막스 마우렌브레허(Max Maurenbrecher)가 『호엔촐레른 전설(Hohenzollernlegende)』(1905)에서 한 말을 사람들은 기억한다. 즉, "교과서는 종이 위에 옮겨진 승리의 거리(Siegesalle)이다." 그리고 괴테의 『서동시집(西東詩集 : Westöstlicher Divan)』의 다음과 같은 한 글귀를 사람들은 기억한다.

민족들이 서로 분열되는 곳에서, 민족들이 서로 의심하는 곳에서, 어느 민족도 모든 민족이 동일한 것을 추구한다고 생각하지 않는다.

영국 왕립 국제문제연구소(British Royal Institut of International Affairs)의 모든 국가의 교과서에 대한 보고서(1936)도 위와 마찬가지로 다소 절망적인 진단을 내리고 있다.

사람들이 찾기를 바라는 것을 발견한 곳에서는 예외 없이 역사가들이 민족주의를 대변하는 데 실패한 곳은 없으며, 다른 민족의 민족정책을 비난하지만 자기 나라의 민족정책은 용인하는 데 실패한 곳은 한 군데도 없다.

월터 리프만(Walter Lippmann)은 『공공여론(Public Opinion)』(1922)에서 외국에 대한 무의식적 이미지로서의 판단, 선입견, 이미지 그리고 관념을 설명하기 위해서 '민족적 고정관념(national stereotypes)'이라는 개념을 만들어냈다. 이 개념으로써 그는 감정에 기초한 특정한 대상에 대한 거부 또는 인정과 결합된, 대상을 잘못 분류하는 개념들, 즉 전통에 그 뿌리를 둔 확고한, 그러나 잘못된 관념을 설명하고자 했다. 비꼬아 말하고 싶다면, 다음과 같은 말을 '민족적 고정관념'의 한 원인으로서 설명할 수도 있을 것이다. 즉, "사유하는 것(Denken)은 너무도 어렵기 때문에 대부분의 사람들은 판단하기(Urteilung)를 선호한다."

여론조사와 선입견 연구는 서로 깊이 관계를 맺고 있는 영역들이다. 사람들에게 물어보는 것 대신에 그들 의견형성의 근원지, 즉 교과서를 연구할 수도 있다. 교과서 개선 영역에서 긴밀한 서독과 이탈리아의 협력관계는 이탈리아 민족에 대한 독일인들 선입견들에 대한 『쥐트도이췌 룬트풍크(Süddeutsche Rundfunk)』의 조사를 계기로 1953년에 시작되었다. 이러한 이유에서 레오나르드는, 영국의 독일점령당국 교과서 담당 부서에서 활동할 때, "외무부가 외국의 교과서를 읽는다면, 외국 여론에 대한 보고서에 사용하는 돈 전부를 아낄 수 있을 것이다"라는 말을 자주 했다.

'국제화해를 방해하는 긴장'은 민족적 고정관념에 의해 발생하거나 큰 영향을 받는다. 그러므로 선입견 연구(Vorurteilsforschung)는 교과서 편찬에 있어서 의미 있는 역할을 한다. 쿨리(C. H. Cooly)는 1902년『인간 본성과 사회질서(Human nature and social Order)』에서 이미 사람들이 서로에 대해 형성한 관념들이 사회의 구성요소이기 때문에, 이 관념들은 사회학적으로 깊이 연구되어야 한다고 말했다. 유네스코도 '한 국민이 자기 자신과 다른 국민들에 대해 갖는 관념들'에 대한 연구를 촉구한 바 있다.

이 선입견 연구는, "우리 모두는, 그 정도에서는 차이가 나겠지만, 우리 자신의 환경이라는 감옥의 죄수이며, 대부분의 사람들에게 그 환경은 민족이라는 환경이다"라는 문제의식에 기초하고 있다. 그러나 흔히 그렇듯이, 환경이 바뀌면 사람의 행위태도가 바뀔 것이라고 생각한다면 그것은 잘못된 가정이다. 그래서 미국 콜롬비아 대학교의 오토 클라인버그(Otto Klineberg)는 1951년 덴마크 코펜하겐에서 개최된 세계형제회(World Brotherhood) 교육위원회 학술대회에서 다음과 같이 말했다.

우리 모두는 가장 적합하다고 생각하는 사실들, 정보들 또는 해석들을 선택하는 경향을 가지고 있다. 우리는 동일한 프리즘으로 혐오스럽거나 고통스러운 것 모두를 제거하거나 거부한다.

그는 이어서, "사회 통념(social perception)이 사회심리학의 매우 중요한 연구분야"라고 말했다. 이와 동일한 이유에서 기독인·유대인 민족회의 (National Conference of Christians and Jews)도 "선입견이 깊이 관여되어 있는 행위에 대해 각종 정보들이 긍정적인 영향을 미치는 그런 조건들에 대한 기초연구"를 촉구했다.

민족이 적대하지 않고 서로간에 평화로운 협력관계를 유지하기를 원한다면, 그들은 서로를 이해하는 것을 배워야 한다. 상대방의 역사관을 알고 이해하는 것도 여기에 해당한다. 그러므로 필자가 여기서 의도하는 것은, 서로 다른 견해들의 단순한 합이나 값싼 타협이 아니라, 각 민족의 본질적인 특성을 희생하지 않으면서 동시에 각 민족의 관점들을 보다 폭넓은, 보다 차원이 높은 역사관 안에 자리매김하는 것이다. 그러나 무조건 없어져야 할 것은 구래의 선입관, 즉 입센(Ibsen)의 말을 빌리자면, 민족들의 '삶에 대한 환상(Lebenslüge)'이다. 이렇게 무조건 제거되어야 할 것으로서 이 자리에서는 몇 가지 예만 들겠다. 수년 전 브라운슈바이크 국제교과서연구소는 『다른 사람들이 우리를 어떻게 보는가(Wie andere uns sehen)』라는 제목의 학술대회 자료모음집을 발간했다. 이 자료모음집은 1848년부터 1945년까지 독일사의 결정적인 국면들을 다루는 외국의 역사교과서들 서술을 번역했다. 1864년 프로이센-오스트리아와 덴마크의 전쟁을 다루는 이 자료모음집 부분은 통상의 민족적 고정관념들에서 벗어난, 이 전쟁에 대한 전체상의 구축을 처음으로 가능하게 하는 덴마크, 스웨덴, 영국 그리고 미국 교과서들의 서술들을 모았다.

이와 같은 맥락에서 필자는, 교과서에 좀더 세련된 형태로 잔존하는 고정관념들이 자라나는 토양과 동일한 토양에서 연원하는 그런 아주 원시적인 민족적 고정관념을 이야기할 수 있다. 예컨대, 프랑스인은 본래 개구리와 달팽이를 먹고살았고, 중국인은 새집과 썩은 달걀을, 잉글랜드인은 쇠고기를, 독일인은 소금에 절인 양배추, 소시지 그리고 맥주를 먹고살았다, 스코틀랜드인은 천박하고, 잉글랜드인은 상상력이 없으며, 프랑스인은 타락했고, 미국인은 돈만 밝히고, 이탈리아인은 게으르며, 러시아인은 잔인하고, 스페인 사람은 거만하고, 독일인은 전투적이다 등등의 고정관념들 말이다. 얼마든지 더 들 수 있는 이러한 예들에 대해 이 정도면 충분할 것이다. 『국제사회과학회보(International Social Science Bulletin)』(1951)에 게재된, "미국인에 대한 영국인의 고정관념(British Stereotypes of Americans)"에 대한 밀턴 D. 그레이엄(Milton D. Graham)의 연구도 이러한 많은 예를 제시하고 있다. 교과서는 끝없이 풍부한 자료를 통해 민족적 심리구조를 주조한다. 1950년 레오나르드는, 미국 교과서가 학생들에게 전수하고 있는 영국인들 삶의 상은 왜곡되었고, 영국 학생들은 미국인들 삶에 대해 아는 바가 전혀 없다고 말했다. 미국 대통령 루즈벨트는 1945년 소련의 유럽으로의 진출을 영국의 '식민주의'보다 덜 위험한 것으로 보았는데, 영국의 이 '식민주의'의 위험성은 미국의 역사교육에서 항상 가르치고 있었던 것이다.

민족은 학교공동체(Schulgemeinschaft)라는 쿠덴호벤 칼레르기(Couden-hoven Kalergi) 백작의 주장이 정확하다는 것을 위에서 제시했던 예들은 입증한다. 역사적 사실들의 실재에 대한 인식과 이에 대한 올바른 판단을 방해하는, 완전히 잘못된 민족적 오만을 양산하는 역사교과서보다 더 이러한 테제를 분명히 드러내주는 것은 없다. 예를 들면, 제1차 세계대전을 전후한 시기에 사용된 프랑스 교과서와 독일 교과서는 각각 독일인을 돼지머리를 가진 사람들로 묘사하고 프랑스인을 원숭이로 묘사했다. 이러한 말도 안 되는 왜곡은 오늘날 생각할 수조차 없다. 오래된, 근거 없는 선입견들이 역사교과서에 어떤 설명도 없이 그대로 게재되었다. 예컨대, 네덜란드에서는 바다의 영웅으로 칭송되고 있는 피에트 하인(Piet Hein)은 다른 나라에서는 해적으로 묘사되었다. 만약 네덜란드인들이 플랑드르인들을 만파드(Manpad)강에서 괴멸시켰다고 주장한다면, 이것을 벨기에인들은 베네룩스 연합의 좋지 못한 신호라고 본다. 이것은 역사관의 왜곡으로 귀결될 수밖에 없는 역사적 민족주의의 좋은 예가 된다. 왜냐하면, 1305년에 홀란드 시민은 네덜란드의 시민이 아니었고,

플랑드르 시민도 벨기에 시민이 아니었기 때문이다. 오랫동안 강대국의 야망을 실현하려고 하지 않았던 이 두 민족 간의 이러한 논쟁에 대하여 브루주(Bruges)에 있는 유럽대학교(College of Europe) 총장 헨드릭 브루크만(Hendryk Brugmans)은 다음과 같은 논평을 했다.

이러한 이야기 그리고 이와 유사한 역사는 수세대에게 강력한 인상을 남겨서 어떤 저명한 역사가의 권위도 이러한 잡초를 제거하기에 충분하지 않다.

베트랑 드 주브넬(Bertrand de Jouvenel)이 유럽 통합의 형성은 역사의 발전과정을 급진적으로 변화시킬 것인데, 이때 사람들의 편협한 정신은 극복되어야만 할 것이라고 말했을 때, 그는 유럽의 정신적 상황을 적확하게 묘사하고 있다고 볼 수 있다.

우리가 축하하는 모든 축제는 미래의 우리 시민에 대한 승리를 기념하는 것이며, 우리의 모든 슬픔의 날들은 그들에 의해 야기된 것이었다. 교과서와 어린이 놀이에서 악인의 역할을 했던 것은 바로 그들이었다.

그는, 미국이 통합되었을 때 이러한 종류의 장애는 존재하지 않았다고 지적한다. 그러나 고대 그리스는 그렇지 못했는데, 왜냐하면 고대 그리스는 통일을 이루어내지 못했기 때문이라고 한다. 이것이 역사의 한 교훈이라고 그는 말한다. "역사의 두 번째 교훈은 고대 그리스가 몰락했다는 것이다."

용어 선택의 문제를 거론하지 않는다면, '편견'의 문제를 다 다루었다고 볼 수 없다. 바로 이 부분이 유럽과 미국의 각곳에서 발전한 개념분석과 언어비판이 기여해야 할 영역이다. 독일 역사교과서는 심각한 사실들을 불분명하게 묘사하고 그러한 사실들을 은폐하는 용어들을 선택함으로써 보다 부드럽게 느껴지도록 하는 경향을 보여주고 있다. 예컨대, 최근에 출간된 바이에른 역사교과서는 1941년 시작된 독일 점령당국에 대한 네덜란드인들의 저항을 '마찰(Reibungen)'로만 묘사했는데, 이것은 실제 상황을 너무 부드럽게 표현한 것이라고 할 수 있다. 군네 야콥슨(Gunne Jacobson)도 사실을 은폐하거나 왜곡하는 역사교과서의 용어들을 지적했다. 예컨대 그는, 오스트리아는 병합되었다(angeschlossen: annexed), 주데텐 지역은 독일 지역으로 편입되었다(eingegliedert), 보호지역(Protektorat)이 만들어졌다(geschaffen), 체코슬로바키아 나머지 지역은 독일 지역으로 편입되었다(eingefügt) 등의 중성적 용어를 지적했다. 그는 "'투쟁(Kämpfen)'이나 '희생(Opfer)' 등의 용어를 독일인들은 절제하고 있다"고 꼬집어서 지적했다.

이러한 경향은 이전에도 물론 있었다. 에리히 케스트너(Erich Kästner)는 러시아군이 베를린의 독일제국의회 건물을 점령하고 히틀러가 자살했던 1945년 4월 30일 일기에 다음과 같이 썼다.

장애인 병원, 적과의 접촉, 전선 바로 세우기 - 새로운 독일, 신실한 독일의 단어들의 부드러움에 대해 언어학자들이 깊이 연구하기 시작했다. '미화된 표현(Euphemismus)'이라는 제목의 단락은 짧아서는 안 된다. 그림(Grimm)의 동화에 나오는 늑대는 일곱 마리의 작은 염소를 먹기 전에 탄산석회(Kreide)를 먹었다. 특히 언어지리학자들(Sprachgeologen)은 가장 최근의 백악기(Kreidezeit)를 탐구해야 할 것이다.

케스트너는 옳았다. 학문은 이러한 문제들에 관심을 표명했고, 이 문제들은 교과서 협의활동에 대해서도 매우 중요한, 그러나 현재 막 탐구되기 시작한 과제영역인 것이다. 한 가지 예를 들자. 독일 역사교과서가 '소외된 소수자들(Minderheiten)'을 어떻게 다루었는가를 역사적이고 언어학적으로 분석한 연구가 있다. 『유럽과 민족들(Europa und die

Nationen)』(1953)에서 발터 트리치(Walther Tritsch)는 역사적 '기본개념 (Grundbegriff)'의 문제를 다루었다. 그는 역사적 사실 설명에 대한 교과서 쌍무 협의 권고안이 민족, 계급, 그룹 그리고 종교 등의 차이로 인한, 동일한 사실에 대한 서로 다른 해석과 설명을 상호 합의의 방법으로 바꿀 수 있다는 일반적인 생각에 반대했다. 그러나 우리는 그가 개념의 역사적 세계에 대한 상대화를 여기서 너무 극단적으로 추구했다고 생각할 수 있다. 왜냐하면, 그의 논의를 따르다보면 두 사람 사이에 종국적인 합의나 이해는 불가능하다는 철학적 주장에 우리가 가까이 가기 때문이다. 그러나 분명한 것은, 사용된 역사 개념들은 보다 보편적으로 사용될 수 있게 하기 위하여 엄격한 기준에 의해 선정되어야 하고, 또한 엄격한 개념규정이 이루어져야 한다. 그렇기 때문에, 1953~1958년 사이에 개최되었던, 교과서 개선 관련 유럽평의회 학술대회 토론들에서, 기본적인 역사 개념들을 좀더 명확히 설명해야 할 필요성이, 그것도 각 민족, 각 계급, 각 계층, 각 그룹들마다 문제된 개념들을 이해하는 방식을 설명하고, 가능하다면 서로 다르게 이해되고 있는 문제된 개념들을 서로 이해할 수 있도록 공통분모를 도출해야 할 필요성이 제기되었다. 문제시되어야 할 개념들의 리스트가 여러 번 작성되었고, 이를 책임 맡은 위원회가 여러 해 동안 개념 문제에 몰두했다.『역사의 기본개념들, 유럽 역사상에 대한 50개의 기고문(Grundbegriffe der Geschichte, 50 Beiträge zum europäischen Geschichtsbild)』이 첫 번째 성과물이다. 이것은 유럽평의회와 브라운슈바이크 국제교과서연구소의 협력에 의해 출판되었다. 이 최초의 시도에는 물론 많은 결함이 존재한다. 문제시되어야 하는 개념들의 선정은 기술적, 인적 제약으로 인한 한계를 보여주고 있고, 개념들에 대한 설명방식이 기고자들 간에도 서로 다르다. 그러나 교과서 협의활동의 기본적인 문제를 지적하고, 이를 해결하려는 최초의 시도를 했다는 점에서 유럽평의회와 이 연구에 참여한 역사가들의 공과가 인정되어야 한다.

유네스코도 '사회과학 영역에서의 주요한 문제들과 그 전개에 대한 소개(a general introduction to the main problems and developments occurring in the domain of the social science)'를 목적으로 가장 많이 사용되는 대략 200개에 달하는 개념들에 대한 설명을 포함하고 있는 『사회과학 사전(Dictionary of the Social Sciences)』 발간 계획을 지원했다. 1964년 뉴욕에서 출간된 이 사전은 당연히, 제국주의(Imperialismus), 봉건주의(Feudalismus), 군국주의(Militarismus) 같은 역사적 개념들도 포함하고 있다. 그러나 개념 설명은 너무 단순하고, 그 기고자들은 주로 영미 계통의 학자들이었다. 그렇기 때문에, 용어 문제에 관한 한 유럽평의회 방식을 따라야 할 것이다. 그러나 특정 지역의 다자 협상에서 유럽평의회와 유네스코의 협력이 요망된다. 어쨌든, 유네스코에서 1949년 발간한 『국제화해를 위한 교과서 및 보조교재 분석과 개선을 위한 모델 플랜(A Model Plan for the Analysis and Improvement of Textbooks and Teaching Materials as Aids to International Understanding)』에 명기된 다음과 같은 원칙이 중요하다.

사용된 용어들은 구체적인 예를 통해 정확하고(accurately) 명확하게 (clearly) 규정되어야 한다.

이상 국제교과서 협의활동에 관한 특수한 문제들을 살펴보았다. 끝으로, 대개의 경우 간과되지만, 이러한 노력에 지대한 영향을 미치는 한 가지 점을 더 언급하겠다. 그것은 유럽 여러 국가들의 서로 다른 교육제도와 빈번히 변화되는 정치적 상황이다. 그러나 여기서 필자는 너무 자주 정치적인 목적과 결합된 비판을 하지 않을 생각이다.

교과서 개선활동의 실제적이며 지속적인 성공에 방해가 되는 여러 가지 요소들이 있는데, 여기서는 몇 가지만 언급하고자 한다. 과거의 독일-유대인 관계뿐 아니라 과거의 일반적인 기독교인-유대인 관계는 교과서 협의활동에 있어서 하나의 부담이다. 유대인 측에서 누가 정당한 파트너인가? 이스라엘 국가, 아니면 전세계의 시온주의 운동단체, 그것도 아니면 일반적인 유대인들 전체인가? 이들 간에는 상당한 견해 차이가 있다. 그러므로 기독교인과 유대인 사이의 문제뿐 아니라 이들 유대그룹들 간의 문제들도 있는 것이다. 이런 맥락에서 전세계의 유대인들에 대한 이스라엘의 입장을 비판한 영국 교육학자요 저술가인 막스 벨로프(Max Beloff)의 말이 생각난다. "비극적인 아이러니는, 민족국가의 전체 기획이 구시대의 유물이 된 바로 그 시기에 시온주의가 민족국가의 권위를 성취했다는 것"이라고 그는 말했다.

물론 다른 형태이기는 하지만, 이와 유사한 문제가 폴란드와 관련하여 존재한다. 이곳에는 정신적으로 매우 순수한, 교과서 협의활동에 있어서 오늘날 폴란드에서 인정받고 있는 이민자 그룹이 바르샤바 정부와 대립된 입장을 견지하고 있다. 국제교과서 협의활동도 오늘날 정치에 의해 주로 규정되는 세계에서는 정치적인 것이라는 사실을 인정해야 한다. 이것을 애석하게 생각할 수도 있고 그렇지 않을 수도 있다. 이러한 상황은 이미 국제연맹이 경험한 바 있고, 오늘날의 이 분야 전문가에게도 사정은 다르지 않다.

2. 교과서 개선활동의 방법론

실수를 인정하라, 그렇지 않으면
정확성을 잃어버릴 것이다.
(Ezra Pound)

브라운슈바이크 칸트 교육대학교에 '비교 교과서 연구(Vergleichende Schulbuchkunde)' 분야의 위임을 받은 강사직(Dozent)은 있지만, 이러한 이름을 갖고 있는 학문분야는 없다. 이 위임은 강의를 위한 위임이 아니라, 국제교과서 협의활동에 관계된 일에 대한 위임이다. 교과서 협의를 위한 학술대회 조직, 비교 교과서 연구와 관련된 다양한 연구영역의 연구가들과의 관계망을 조성하는 것, 그리고 연구결과물을 출판하는 것이 그 주된 임무이다. 그러므로, 다른 학문 분야에 존재하는 것과 같은, 교과서 협의활동(Schulbucharbeit)을 위한 방법론(Methodik)과 교수법 (Didaktik)은 존재하지 않는다. 교과서 협의활동은 1918년 이후, 무엇보다 1945년 이후 발전한 실용적인 기술(pragmatische Kunst)이다.

그러나 물론 협의와 연구의 종류에 따라 변형될 수 있는 일련의 절차들(Verfahrensweise)을 찾아볼 수 있다. 단순화시켜서 말한다면, 교과서 개선을 위한 쌍무 협의는 기본적으로 다음과 같은 단계를 포함한다.

1. 쌍무 협정

2. 교과서와 이에 대한 평가서의 교환

3. 학술대회에서 평가들에 대해 논의하고 양자가 합의한 사항에 대한 권고안 작성

4. 양국의 교과서 저자들과 역사교사들에게 협의 결과인 권고안 전파

5. 이후의 절차 : 새로 출판된 교과서들이 쌍무 협의 권고안을 반영하고 있는지에 대한 확인 그리고 새로운 학문연구 성과들을 논의하기 위한 정기적인 학술대회 개최

교과서 분석은 1918년 이후부터 집중적으로 행해졌기 때문에, 각각의 구체적인 개별적 분석에 적용되어야 하는 작업방식들이 이미 존재하는 것은 당연하다. 여기서는 중요한 것들만 언급하겠다.

1930년 9월 클라파레드(Claparède)는 파리에서 개최된 국제도덕교육 제5차 회의(Internationaler Kongreß für Moral Education)에서 '교과서 분석을 위한 기준들(criteria for the examination of school manuals)'을 제안했다.

1. 객관성(Objectivity). 학문적으로 반론의 여지 없이 확정되고 정확히 제시된 사실만이 서술되어야 한다.

2. 공평성(Impartiality). 논쟁적인 문제에 대해서는 어떠한 평가도 해서는 안 되며 '도덕의 이중 기준(double standard of morality)'이 받아들여져야 한다.

3. 악의의 배제(Exclusion of malevolence). 직접적이든 간접적이든 다른 민족이나 그룹들에 대한 어떤 선입견을 서술하면 안 된다.

4. 전쟁의 개념들(Conceptions of war). 전쟁은 어떠한 형태이든 영광스럽게 서술되어서는 안 된다.

5. 국제관계의 발전(The development of international relations). 민족간에 좀 더 좋은 관계 형성을 위해 1918년 이후 탄생한 국제기구들이 충분히 객관적으로 서술되어야 한다.

6. 국제법에 대한 지지(Support of international law). 전쟁은 국제적 긴장관계나 적대관계를 해결하는 수단이 아니라는 점, 국제법정 협정 같은 국제적 협정은 '민족의 명예'를 해치는 것이 아니라는 점, 그리고 한 민족의 주권과 명예는 군대와 강제수단의 힘에 의존하는 것이 아니라는 점이 지속적으로 강조되어야 한다.

7. 국제법의 개념들(Conceptions of international law). 소수자 보호, 신탁통치 등과 같은 국가간의 국제협정은 정확하게 편견 없이 서술되어야 한다.

8. 쇼비니즘의 배제(Exclusion of chauvinism). 한 민족의 사회적, 도덕적 덕성은 그 민족만이 독점적으로 소유한 것으로 고찰되어서는 안 된다. 한 민족의 문화적 업적은, 인류 문명의 연관관계와 다른 민족들의 문화적 진보와의 연관관계에 대한 설명 없이, 그 자체로서 영광스럽게 묘사되어서는 안 된다.

1945년 이후 유네스코는, 북유럽협회들(Vereinigungen Norden)의 경험, 프랑스 교사노조의 경험, 남아메리카 국가들의 경험 같은 다른 국제적 경험들과 클라파레드의 기준들을 참조하여 앞서 언급한 『국제화해를 위한 교과서 및 보조교재 분석과 개선을 위한 모델 플랜(A Model Plan for the Analysis and Improvement of Textbooks and Teaching Materials as Aids to International Understanding)』을 1949년에 출간하면서 국제교과서 개선활동을 본격적으로 시작했다. 매우 상세한 내용을 담고 있는 이 21쪽의 『모델 플랜』은 국제교과서 협의활동의 일반적 절차, 프로젝트의 선정, 재정 지원, 참가자 선정, 목적의 확정, 프로젝트 범위의 확정, 분석될 자료의 선정, 중요한 주제들과 바람직한 내용의 확정, 작업원리와 평가기준의 확정, 선정된 분석 대상들에 대한 분석, 분석된 교과서와 독본들에 대한 양적 데이터 기록에 대한 샘플 모델, 선행 연구의 활용, 교과서 분석 결과들의 제시와 권고안 작성 같은 내용을 세밀하게 다루었다. 우리의 관심을 가장 많이 끄는 부분은 분석 기준들이다. 이 중 중요한 것은 이미 앞서 언급했다.

실제 작업은 종종 위에서 언급한 원칙들을 준수하면서도 단순하고 구체적으로 진행되었다. 1951년 세브르에서 개최된 유네스코 학술대회에서 제르멘 웨유(Germaine Weill)는 '1800∼1815년 사이 시기를 다룬 프랑스와 영국의 교과서에 대한 연구(Etude des manuels scolaires français et brianniques sur la période 1800-1815)'라는 발표(이것은 프랑스 유네스코 위원회 자료모음집 『역사교육과 국제이해L'Enseignement de l'Histoire et la Compréhension internationale』에 게재되어 있음)에서 분석기준을 다음과 같은 네 가지로 국한해서 소개하고 있다. 15세기부터 20세기까지의 프랑스와 이탈리아의 관계 서술에 대한 양국 역사가들의 협의도 마찬가지로 다음과 같은 네 가지를 소개하고 있다.

   1. 사실의 오류
   2. 생략, 또는 연구 대상 시기에 있어서 특정 사건들에 부여된 상대적인 중요성에 비추어 그 의미의 생략
   3. 편파적인 해석, 또는 사실과 사건들에 대한 의도적인 해석
   4. 제거되어야 할 불쾌한 용어, 또는 다음과 같은 불쾌한 용어. 즉, 교과서 저자들의 불쾌한 용어들. 그리고 역사 행위자들의 불쾌한 용어는 당연히 유지되어야 하지만, 이 용어들을 설명하면서 인용되어야 한다.

롤프 요아힘 사틀러(Rolf-Joachim Sattler)는 교과서 비교연구 방법론의 한 시도로서 '외국 교과서에서의 현대사의 위상(Die Stellung der Zeitgeschichte in ausländischen Schulbüchern : 이 논문은 『역사교육 국제연보 Internationales Jahrbuch für Geschichtsunterricht』 제8권에 게재되었음)'을 연구했다. "교육적인 이유에서 그리고 정치적인 이유에서 매우 중요한, 역사가들의 국제협력"이, "그 협력 결과를 설득력 있게 제시하기 위해서는" "보다 더 정확하고, 학문적으로 더 확고한 방법"을 필요로 한다는 점

을 그는 강조했다. 이 방법들은, 앞서 필자가 이야기했듯이 선험적으로 구성될 수 있는 것이 아니라 비교연구를 수행하면서, 즉 교과서 텍스트들을 분석하면서 점차적으로 구상되고 검증될 수 있는 것이다.

문서로 작성되었거나 또는 구두로 합의되었거나 상관없이 모든 교과서 관련 협의에 대한 협정은 쌍무 교과서 협의활동의 범위와 목적에 있어서 기초가 된다. 쌍방은 종종 후에 실제로 행할 수 있는 것보다 더 많은 것을 처음부터 기획하곤 한다. 대부분의 경우 협정은 그 실현이 수십 년은 아닐지라도 최소한 수년을 요구하는 프로그램을 그 내용으로 포함하고 있다. 현재까지 세 개의 협정이 문서로 나와 있다. 이것은 국제교과서 협의활동에 대한 협정의 전형적인 예가 될 수 있다. 많은 쌍무 연구는 양국간의 문화협정 내용에 근거하고 있는데, 그러나 이 문화협정 자체는 연구 및 협의방법에 대해 그리 많은 내용을 포함하고 있지 못하다.

1945년 이후 체결된 것으로서 가장 오래된 것은 영국 역사협회 국제위원회(International Committee of Historical Association in Great Britain)와 독일 교사협회들의 작업공동체 역사위원회(Geschichtsausschuß der Arbeits-gemeinschaft Deutscher Lehrerverbände) 간에 1950년 1월 런던에서 체결된 것이다. 모든 서독 역사교과서와 영국 역사교과서를 교환하고 이에 대한 쌍방간의 검토의견서를 서로에게 제시할 것을 이 협약은 정했다. 영국과 독일 관계에 있어서 부담스런 시기에 대한 의견이 조율되어야 하고, 그 결과는 양국에서 전파되어야 한다고 이 협정은 정했다. 이 협정은 '양국 역사가들이 독-영 관계에 있어서 부담스러운 시기를 공동으로 편찬 서술한' 교과서를 출판할 것도 정했다. 이 세 번째 협의사항은 스칸디나비아 북유럽협회들의 협의 경험에서 착안한 것이었다. 그러나 이러한 훌륭한 기획은 아직까지 실현되지 못했다. 공동 권고안이 1950년에 만들어졌지만, 영국에서 우호적인 반향을 얻지 못했다. 그 이후 1904년부터 1914년까지의 시기와 1918년부터 1933년까지의 시기에 관한 공동 권고안이 존재하고 있지만, 이 권고사항들은 서독에서만 출판되었고, 영국에서는 이 협의에 참가한 영국 역사가들이 예상한 좋은 반향을 얻지 못했다.

영-독 협정에 비해서 1950년 8월 체결된 서독과 미국의 협정(독일 교사 협회들의 작업공동체 역사위원회와 미국 사회과목 전국위원회National Council for the Social Studies in the USA)은 보다 더 구체적인 내용을 담고 있다. 영-독 협정은 양국의 모든 역사교과서를 교환할 것을 정했던 데 반해, 미-독 협정은 12년차에서 17년차용 교과서, 즉 중학교과정과 고등학교 과정의 교과서 중 대표적인 교과서 3권 내지 6권만을 교환할 것을 규정했다.

어떠한 선택이 교과서 개선활동을 위해서 더 적합한가? 모든 교과서를 교환하는 것이 더 적합한가, 아니면 대표적인 교과서 일부를 교환하는 것이 더 적합한가? 이 질문의 답은 경우에 따라서 다를 수 있다. 전체적으로 조망하고자 한다면 영-독 협정의 예를 따라야 하고, 젊은이들의 일반적인 역사관을 파악하고자 한다면 미-독 협정의 예를 따르는 것이 좋다.

미-독 협정도 검토의견서들과 권고안을 양국에서 출판하기로 정했지만, 이것도 아직 실현되지 않았다. 미-독 협정에서 그밖에 주목해야 할 점은 다음과 같다.

1. 한 사람 이상이 한 권의 교과서를 검토하는 것이 바람직하다는 것이다. 이것은 거의 실행되지 못했지만 논란이 되는 교과서에 대한 검토에 있어서는 아주 좋은 착상이다.

2. 1944년 미국과 캐나다의 교육자들로 구성된 비정부 공동기구가 설립되어 미국과 캐나다의 교과서 협의가 진척되었는데, 이때 얻은 경험을 이용하자는 것이다. 미국과 캐나다 양국의 역사교과서 60여 권이 검토되었고 1947년 검토 결과(『캐나다와 미국의 학교에서 사용되는 국사교과서 연구A study of national history textbooks used in the schools of Canada and the United States』)가 출판되었다.

3. 예컨대, 지리교과서 같은 다른 교과서들도 교환대상으로 삼는다는 것이다. 그러나 이것도, 1960년 서독의 영어교재에 대한 연구를 제외하면 마찬가지로 실현되지 않았다.

세 번째 협정으로 넘어가기 전에 한 가지 더 언급해야 할 사항이 있다. 미국-서독 협정에 근거하여 많은 미국의 주도적인 교과서 출판사들(the American Book Company, Harcour, Brace & Co., the Macmillan Co., Scott, Foresman & Co., Silver Burdett Co.)이 미-독 교과서 위원회의 권고안을 검토한 후 그것을 고려하겠다고 선언했던 것이다. 서독의 권고사항이 미국의 역사교과서에 반영된 예에 대해서는 뒤에 다시 언급할 것이다.

이제 협정의 세 번째 예로 넘어가자. 그것은 1951년 5월에 체결된 독일 교사협회들의 작업공동체 역사위원회와 프랑스의 전국교육연맹(Fédération de l'Education Nationale) 국제관계위원회 간의 협정이다. 이 협정은 공동위원회 설립을 규정했는데, 이 위원회의 과제는 앞의 두 협정의 과제보다 더 광범위한 것이었다. 왜냐하면 초등학교 교재도 검토대상에 포함되었고, 더 나아가서 지리·언어·문학·자연과학 같은 교과목의 교재까지도 검토대상에 포함되었기 때문이다. 그리고 또한 교재 내용만이 비판적으로 고찰되는 것이 아니라 교육제도와 교수법도 함께 검토되었기 때문이다. 그러나 검토해야 할 각 교과의 교재 수는 세 권으로 제한되었다.

1952년 브라운슈바이크에서, 1953년 파리에서 개최된 두 차례의 학술대회 자료모음집(『교과서를 통해서 본 독일과 프랑스Deutschland und Frankreich im Spiegel ihrer Schulbücher』)이 서독에서 출간되었다. 다루는 대상이 광범위하고 결실도 풍성했던 이 작업은 그러나 애석하게도 계속 진척되지 못했다.

이제 지역-다자적 차원의(regional-multilateral) 교과서 협의에 적합한 교과서 검토방식에 대해 알아보자. 유네스코는 각국이 자신의 교과서를 비판적으로 검토하는 방법을 선호한다. 이것은 무엇보다도 동·서 관계문제 프로젝트의 교과서 개선활동에 적용된 것이었다. 이 프로젝트에 의거해서 1954년 일본 유네스코 위원회는 자신의 교과서를 검토한 평가서(『일본의 교과서School Textbooks in Japan』)를 제출했다. 브라운슈바이크 국제교과서연구소는 독일 유네스코 위원회의 의뢰로 서독 교과서 검토 결과(『독일 역사교과서에 나타난 아시아 인민들The Treatment of Asian Peoples in German History Textschoolbooks』)를 제출했다. 오스트리아 유네스코 위원회 역사분과는 마찬가지로 자신의 교과서를 검토한 평가서(『오스트리아 교과서에 나타난 동유럽 인민과 국가들Teaching about Eastern Peoples and Countries in Austrian Schools』)를 제출했다. 이 모든 보고서들은 1956년 파리에서 개최된 유네스코 동·서 관계문제 학술대회(Unesco-Ost-West-Seminar)에 제출되어 논의되었다.

유럽평의회가 선호하는 교과서 개선활동 방법은 이와 다른 것이다. 이에 의하면, 국제학술대회에 앞서 각국의 역사교과서는 다른 나라 전문가들의 검토를 위해서 그들에게 보내진다. 이 방법이 좋긴 하지만, 언어의 문제로 인하여 철저한 준비가 필요하다. 가장 좋은 방법은 당연히 스스로의 비판적 검토와 외국의 비판적 검토를 동시에 실시하는 일일 것이다. 이때 물론 외국의 비판적 검토가 우선시되어야 한다. 이것은 당연히 매우 복잡하고 상당한 시간을 요하는 절차이다. 그래서 이 방법은 장기적인 프로젝트에 적용하기에 적합하며 매우 신뢰할 만한 분석을 보장한다.

교과서 협의활동(Schulbucharbeit)의 가장 큰 특징은 분석 대상에 대한 비판적 입장이다. 비판적 입장은 자기 나라 교과서를 다루든 다른 나라의 교과서를 다루든 동일하게 견지되어야 하는 자세이다. 그러므로 교과서에 대한 비판적 검토가 교과서 협의활동의 가장 핵심적인 부분이다.

교과서 협의활동은 세 가지로 분류할 수 있다. 다루는 대상에 따라 국가 간 관계(international relations : 이것은 다시 세계적 차원, 거대 지역regional 차원 그리고 쌍무적 차원으로 분류된다), 한 국가 내 사회그룹들 간의 관계(intergroup relations), 그리고 소외층 문제(national minorities)로 분류될 수 있다. 협의활동 주체 측면에서는 다음과 같이 분류된다. 즉, 국가기구가 담당하는 경우와 사적 단체나 개인들이 담당하는 경우가 그것이다. 협의 활동의 범위에 따라 스스로 행하는 비판적 검토, 쌍무적 비판적 검토, 거대지역을 대상으로 하는 다자적 비판적 검토, 세계적 차원의 비판적 검토로 구분될 수 있다. 이러한 구분들은 형식적으로 보이겠지만, 교과서 협의활동의 특징을 명확히 밝히기 위해서 필요한 구분이다. 이 중에서 가장 많이 선호되는 형태는 쌍무적 차원에서의 비판적 검토이다. 교과서 협의활동의 실제적 결과인 권고안이 만들어지는 것은 바로 이 쌍무적 차원에서의 협의활동이다.

부록에 게재된 국제학술대회 목록에서 확인할 수 있는 바와 같이, 오늘날 이미 유럽에서 많은 쌍무 협의에 의한 권고안들의 복잡한 네트워크가 존재한다. 우리는 이것들을 앞으로 작업해야 할 유럽의 역사상(europäisches Geschichtsbild)을 위한 자료로서 활용하게 될 것으로 전망한다. 방법론적인 측면에서 여전히 불완전하지만, 에케르트(Georg Eckert), 코타즈(Y. Cottaz) 그리고 자크 드 로네(Jacques de Launay)가 유럽적 역사상을 처음으로 정리했다. 그러나 애석하게도 앙드레 푸트망(André Puttmann)이 불의의 사고로 1962년에 사망함으로써 이 연구는 더 진척될 수 없었다. 이 권고안 모음집은 『세계사 교사 회의 : 참조목록(World History Teachers in Conference: Index of References)』(Pergamon Press, Oxford, 1964)이라는 제목을 달고 푸트망에 의해 설립된 역사교육국제위원회 (International Commission for the Teaching of History)에 제출된 것이다. 이 영어본의 불어본과 독어본도 이미 출판되었다. 연대순으로 구성된 이 권고안 모음집의 과소 평가될 수 없는 공적은 아직도 존재하는 틈새를 분명히 알게 하여 이후의 작업 과제를 명확히 밝힌 것이다. 이러한 작업이 완성되어 유럽 국가들의 쌍무 교과서 협의에 의한 권고안들이 완전하게 보충될 때, 비로소 두 번째 단계, 즉 유럽적 역사상을 구축하는 시도를 시작할 수 있다.

　유럽 국가들은 유럽 다른 국가들의 교과서에서 동일한 것을 비판할 것이라고 예상된다. 예컨대, 서독 교과서와 네덜란드 교과서에 대한 노르웨이의 비판이 서독 교과서, 이탈리아 교과서, 스페인 교과서에 대한 프랑스의 검토 결과에서도 나타난다. 노르웨이는 노르웨이 역사의 다음과 같은 시기에 대한 외국 교과서의 서술에 대해 비판을 해왔다.

　1. 독일-노르만 문화(die germanisch-nordische Kultur)
　2. 노르웨이가 세계 최초로 민주주의 헌법을 갖추게 된 1814/1815년
　3. 노르웨이가 완전한 독립을 쟁취한 1905년
　4. 노르웨이 정부와 인민이 나치 독일의 점령에 항거했던 1940~1945년 시기

　한 국가가 외국과의 교과서 개선활동의 폭을 넓히면 넓힐수록, 자국 역사의 결정적인 국면들과 문제들이 더욱더 명확히 밝혀진다. 이렇게 하여 유럽 각 국가들의 역사에 대해서 다른 나라들의 역사교과서에서 서술되어야 하는 어떤 기본내용이 드러날 것이다. 이에 대한 작지만 설득력 있는 예를 들어보자. 1954년 서독-벨기에 역사가 학술대회는 1830년부터 1945년까지의 양국 관계 서술에 대한 권고안을 작성했다. 벨기에, 룩셈부르크 그리고 네덜란드의 역사가와 역사교사들은 1953년부터 1955년까지 여러 차례에 걸쳐 학술대회를 개최하여 소위 베네룩스 목록(Syllabus Benelux)을 작성했다. 이 권고안은 '벨기에, 룩셈부르크 대공국

그리고 네덜란드의 중요한 사실들과 위대한 특징들(faits dominants et grandes figures de l'histoire de Belgique, du Grand-Duché de Luxembourg et des Pays-Bas)'이라는 제목을 달고 있다. 이 두 개의 권고안에는 제2차 세계대전 당시 벨기에의 위상과 역할에 대한 내용이 있는데, 이 둘은 내용적으로 그리고 표현 형태에 있어서 서로 일치한다. 벨기에-서독 권고안 XB의 내용은 다음과 같다.

1940년 5월 10일부터 28일까지 히틀러 군대가 리스(Lys)에서 벨기에군을 괴멸시키고 벨기에로 진입하여 벨기에군의 항복을 강제했다. 그러나 반나치 전쟁은 영국(특히 공군)에서, 벨기에-콩고에서 그리고 벨기에 본토에서 계속되었다. 수천 명의 항독운동가들과 유대인들이 독일군의 교수형 명령에 의해 죽거나 포로수용소에서 죽었다. 벨기에-콩고는 반나치 전쟁에 중요한 원료를 연합군에게 제공했다. 1944년 한 벨기에 여단이 노르망디 상륙작전과 벨기에 해방전쟁에 참여했다. 항구도시 안트베르펜(Antwerpen)의 항만시설은 벨기에의 항독운동가들 덕분에 손상되지 않은 채 벨기에군이 다시 차지하게 되었다. 이로 인해 연합군은 소중한 시간을 절약할 수 있었으며 아르데넨(Ardenen)에서의 독일군 공세에도 불구하고 전쟁을 보다 빨리 끝낼 수 있었다.

베네룩스 목록(Syllabus Benelux)에는 다음과 같이 적혀 있다.

18일 간의 힘겨운 전투에 패배한 이후 벨기에군의 항복. 그러나 영국(특히 공군)에서, 벨기에-콩고에서 그리고 본국에서의 반나치 전쟁의 지속. 벨기에 항독운동가들의 역할. 반나치 전쟁에 필요한 원료의 공급지로서의 콩고의 중요성. 벨기에 항독운동가들의 도움으로 손상되지 않은 채 Anvers[43]의 항만시설 획득, 이 덕분에 소중한 시간을 절약할 수 있었고 전투를

---

43) Antwerpen의 불어식 표기. (역자)

더 신속하게 종결지었다는 사실.

여러 다른 나라와의 쌍무적 교과서 협의에 의한 권고안들은 또한 아주 예민한 부분을 들추어내기도 한다. 대개 이러한 문제들에 대한 논의는 나중으로 연기되곤 한다. 19세기와 20세기에 특징적인 오스트리아 문화가 존재했는가, 아니면 그것을 독일 전체 문화 발전의 한 부분으로 보아야 하는가라는 문제가 이러한 예민한 문제에 해당한다. '독일-오스트리아 권고안'(1957)은 이 문제를 직접 다루지 않고, 다만 '이 시기 오스트리아의 중요한 정신사적 의미'(제6테제)만을 강조했다. 1956년 '독일-오스트리아 권고안'은 이보다 더 명확한 다음과 같은 내용을 담고 있었다.

독일 교과서는 유럽과 독일어권의 문화 창조에 대한 오스트리아의 기여를 적절한 방식으로 서술해야 한다.

1800년경 빈의 음악세계는 바이마르의 고전음악세계와 대립하고 있었지만, 빈의 음악세계 역시 전체 발전의 한 부분들이다. '프랑스-오스트리아 권고안'(1960)은 이와 다른 내용을 포함하고 있다. 1789년경의 시기를 다룬 제6테제는, "문화면에서 이 시기부터 '독일의(deutsch)'와 '오스트리아의(österreichisch)'라는 용어를 분명히 구분해서 사용해야 한다"고 권고하고 있다.

이 두 개의 권고안 내용은 서로 부합할 수 없다는 사실, 그리고 협의 당사자들의 특수한 상황이 이러한 차이에 어떤 역할을 했음이 틀림없다는 점을 모든 비판적 관찰자들은 알 수 있을 것이다. 그러나 위의 예는 논쟁적인 내용보다는 다음과 같은 점, 즉 교과서 개선활동의 대부분의 경우 권고 내용과 어조는 권고 대상 교과서의 내용과 어조와 비교했을 때 작은 변화만을 가져오는 것이기 때문에, 흔히 사람들이 기대하는 바와 같은 선풍적인 어떤 큰 변화를 초래하는 것은 아니라는 사실을 더욱 뚜렷하게 보여주고 있다. 『북유럽 국가들의 역사교과서 상호 개선 (Mutual Revision of History Textbooks in the Nordic Countries)』에서 비간더 는 다음과 같이 올바르게 지적했다.

위의 몇 가지 예들을 살펴보면, 편견 없는 독자는 이 권고사항들이 '사 소한(small)' 것들을 다루고 있다는 것을 느낄 것이다. 그러나 정말 그러한 가? 젊은이들의 마음에 지속적인 인상을 남기는 것은 이런 '사소한' 것들 인 것이다.

민족성의 문제도 별로 중요하게 보이지 않는 '사소한' 것에 해당한다. 북유럽 공동위원회 위원들은 다음과 같은 점, 즉 역사적 인물들이 귀속 되는 민족은 항상 명기되어야 하지만, 그것이 의심스러울 때('in case of doubtful nationality')는 명기하지 않거나 의심스럽다는 말을 덧붙여야 한 다는 점에 합의했다. 이러한 경우에 해당하는 인물로서 코페르니쿠스 (Kopernikus)를 들 수 있다. 그는 독일에 속하기도 하지만, 또한 폴란드에 속하기도 한다. 이와 마찬가지 맥락에서 소수 민족들의 민족귀속은 명기 되어야 하는가, 그렇다면 어떻게 명기되어야 하는가라는 문제가 제기된 다. 1933년 이후의 독일-유대 관계에 있어서 이러한 문제는 특히 중요하 다. 1945년까지 독일 역사교과서에서는 '유대인'이라는 표시가 폄하하는 의미로 사용되었던 데 비해, 1945년 이후의 교과서 저자들은 이 표시 자 체를 꺼리고 있다. 이와 아주 대조적으로 이스라엘인들과 시온주의자들 은 이 표기를 반드시 할 것을 요구하는데, 왜냐하면 오늘날의 관점에서 그들은 정당한 민족적 자부심을 가지고 그 표기의 누락을 거부하고 있 기 때문이다.

오늘날 이미 100건이 넘은, 수많은 쌍무교과서 검토의견서들의 최종적 목적은 권고안 테제를 더욱 섬세하게 발전시키는 데 적합한 토양을 마련하는 것, 즉 개개의 교과서를 개선하는 것이라기보다는 교과서 자체를 개선하는 것이다. 그럼에도 불구하고 개개의 교과서들 중 권고안의 내용을 반영하고 있거나 반영하고자 노력하는 흥미 있는 예들이 있다.

앞서 상세히 소개되었던 E. H. 단스는 자신이 저술한 교과서『근대 세계(The Modern World)』의 다섯 번째 개정판(1952년)을 출간하면서, 그 서문에 다음과 같은 말을 했다.

영국 역사가협회와 독일 역사협회들의 작업공동체 간에 진행중인 교과서 교환을 통해서 이 책은 내 책에 대한 독일인들의 평가를 받는 이점을 누렸다. 그 결과 독일인들의 관점에서 정당하지 못하다고 생각된 몇 구절을 고치게 되었다. 129쪽도 다시 쓰여졌는데, 왜냐하면 이전의 구절이 남아프리카 인종문제들에 대한 공평하지 못한 서술이라는 비판을 받아들였기 때문이다(이것을 지적해준 두갤E. Dougall 여사에게 감사한다).

불어 사용권인 서부 스위스의 역사교과서『1789년부터 오늘날까지의 일반 역사(Histoire Générale de 1789 à nos jours)』의 편집자인 조르주 팡쇼(Georges Panchaud)는 이와 비슷한 내용을 담고 있는 서문을 1962년도 교과서에 썼다.

우리는 프리부르(Fribourg)의 샤를 주네(Charles Jounet) 신부와 브라운슈바이크 국제교과서연구소의 에케르트의 비판에 근거하여 우리의 교과서를 다시 한번 검토해보았다. 가능한 한 정확하고 객관적인 서술을 하도록 도와준 이분들께 매우 깊은 감사의 말을 전한다.

카를 밀케(Karl Mielcke)도 널리 사용되고 있는 자신의 교과서『바이마르 공화국의 역사(Geschichte der Weimarer Republik)』에서 프랑스와 미국의 역사가들의 이 책에 대한 비평에 대해 감사하고 있다. 그는 이 비판의 어떤 부분을 받아들여 원본을 약간 수정했다. 아렌스(Arens)의 슐레스비히-홀슈타인(Schleswig-Hollstein) 주 역사교과서도 서문에 다음과 같은 내용을 포함하고 있다.

이 교과서는 1952년 부활절에 덴마크 역사가들과 서독 역사가들이 브라운슈바이크에서 작성한 독일-덴마크 관계사에 대한 권고안을 참조하여 만들어졌다.

아렌스는 교과서 저자로서 이 학술대회에 참석했었다. 역사가들의 국제학술대회에 참석해서 회의 결과를 평가하여, 비록 교과서에 명시하지는 않을지라도, 자신의 교과서 저술에 그것을 고려하는 역사교과서 저자들이 많이 있는데, 아렌스는 이에 대한 대표적인 예이다.

이미 앞서 언급한 바와 같이, 주도적인 미국 교과서 출판사들은 1952년 제1회 미국-서독 역사가 학술대회에 자신들의 교과서들을 제공했고 정당한 개선사항은 개정판에서 고려할 용의가 있음을 표명했다. 레인(Frederic Lane) / 골드만(Eric Goldman) / 헌트(Erling Hunt)의 역사교과서 『세계사(World's History)』(Harcour, Brace & Co.)의 경우를 살펴보자. 이 학술회의에 1950년 『세계사』와 이에 대한 게오르크 에케르트의 평가서(『역사교육 국제연보Internationales Jahrbuch für Geschichtsunterricht』 제2권, pp.183~192)가 제출되었다. 1954년 이 『세계사』의 개정판이 출간되었는데, 이것은 명시적인 표현을 하지는 않았지만, 실제로 서독 검토의견서의 여러 가지 제안들을 참조했다. 1952년 에케르트는, 여러 경우에 삽화들이 사용되지 않았다고 비판했었다. 그리고 덧붙여서 "눈을 현혹시키는 마력을 가지고 있는, 영화에서 발췌한 사진들이나 19세기 초 '호화스런 역사화(historische Prachtgemälde)'가 교과서의 시각자료로서 적합한 것인지 나에게는 매우 의심스럽다"고 비판했었다. 이에 근거해서 출판사는 루터(Luther), 요한 후스(Johann Huß), 프로이센의 프리드리히 2세 그림들을 교체했다. 그리고 서술내용도, 물론 모든 제안들을 다 그대로 수용하지는 않았지만, 수정되었다. 문맥에는 맞지 않지만 필자는 여기서 교과서 개선활동에 있어서 중요한 장애 요인을 미리 말하고자 한다. 그것은 저자와 특히 출판사가 교과서를 수정할 때 되도록 적게 수정하고자 한다는 것이다. 이러한 희망은 여러 가지 측면에서 이해할 수 있다.

북유럽 국가들도 이러한 경험을 많이 했는데, 이를 극복할 수 있는 길을 모색했다. 그 방법은 이미 출판된 개정판을 검토하는 것이 아니라 개정판이 출판되기 전에, 최소한 교정본 상태의 교과서를 검토하는 것이다.

1950년 한 교과서를 검토한 학자는 이 교과서가 담고 있는 다음과 같은 구절, 즉 1792년 독일은 프랑스를 침입했는데, 이로 인해 급진적인 민족주의가 탄생했다는 구절이 잘못되었다고 비판했다. 새로운 개정판은 이 비판을 받아들여 다음과 같은 설명을 부가했다.

파리에 기거하고 있다가 자신의 나라로 도망간 귀족들의 영향으로, 그리고 프랑스의 혁명적 행동들이 자신의 나라 인민들에게까지 전파될지 모른다는 두려움 때문에, 몇몇 군주들은 새로운 프랑스의 지도자들에게 대항하기 위해 연합했다.

1950년의 한 교과서는 "자신이 가장 사랑하는 임무를 수행하고 있는 프리드리히 대왕. 그러나 그 민족주의 지도자는 늦지대도 무시하지 않고 도움이 되는 새로운 상인들과 산업가들도 무시하지 않는다"라는 설명이 달린, 프로이센의 프리드리히 2세에 대한 삽화를 넣었는데, 그 그림에서 그는 전쟁군주로 간주되었고, 그의 공격부대 앞에 서 있다. 이 교과서의 검토자는 '민족주의 지도자'라는 용어는 비역사적이라고 비판했다. 새로운 개정판에서는 상수시(Sancouci)의 플루트연주회를 묘사한 멘첼(Menzel)의 유명한 그림이 위 삽화를 대체했다. 이 그림에는 다음과 같은 설명이 있다.

프리드리히 대왕은 유능한 통치자요 용맹스런 군인이었을 뿐만 아니라 예술 애호가였다. 그의 궁전에서 볼테르 같은 당시의 지식인들과 교제를 나누었으며 자신도 플루트를 연주했던 음악콘서트를 종종 개최하곤 했다.

위에 열거한 몇 개의 예들을 통해서 우리는 국제교과서 개선활동이 얼마나 세밀한 부분까지 다루고 있는지 알 수 있다. 현재의 교과서 개선활동은 이전 시기와 달리 다른 민족에 대한, 그리고 그들과의 역사적 관계에 대한 학문적으로 잘못된 판단을 제거하는 데 그 초점을 맞추고 있지 않다는 점을 필자는 분명히 강조한다. 유럽의 역사와 인류의 역사에 대한 중요한 기여로 간주되기 때문에 반드시 언급되어야 하는 사건들과 역사적 업적들을 무수히 많은 자료들에서 골라냄으로써 다른 민족과 그들의 역사를 정당하게 평가하는 것에 현재의 관심이 집중되어 있다. 이러한 측면을 부각시키기 위해 각국의 역사교과서는 그 동안 즐겨 활용했던 전통적인 서술들을 과감하게 축소해야 한다. 그러므로 이것은 모든 역사교사들의 악몽인, 역사교과서의 서술 양을 증가시키는 것이 아니라 오히려 서술의 배분을 근본적으로 바꾸는 것이다. 위에서 열거된 교과서 개선의 예들은 대단한 것은 아니지만, 이러한 측면에서 대단히 중요한 것들이다. 이러한 개선은 교과서 개선활동의 핵심을 구성한다. 교과서 개선활동의 핵심은 유럽이라는 학교에서 지금까지 한 민족을 중심으로 일방적으로 구성된 역사상을 각 민족을 유럽의 전체 발전의 주춧돌로 보는 새로운 역사상으로 대체하는 것이다.

앞서 이야기했듯이, 다른 나라의 역사교과서에 대한 평가는 쌍무 학술 대회를 통해 작성되는 쌍무 협정 권고안을 위한 전단계이자 기초안이다. 그러나 교과서 교환과 검토의견서의 교환만 이루어지는 예도 있다. 이때 도 물론 검토의견서들은 교과서 저자들과 출판사에게 전파된다. 이에 대한 대표적인 예가 올가 풀만(Olga Pulman)의 연구서(『소련 역사교과서, 중등과정에서 사용되는 교과서들에 대한 비판적 검토Les manuels d'histoire en U.R.S.S., examen critique des manuels d'histoire employés dans l'enseignement secondaire』)이다. 이것은 1959년 벨기에 역사교사연맹이 발간했다. 이 연맹은 소련과 교과서 협정을 맺은 최초의 서유럽 조직이었다. 벨기에 역사교사연맹은 1956년에 이미 소련과 교과서 교환 협정을 맺었다. 독일연방공화국(서독)과 노르웨이 및 스페인 간에 체결된 문화협정에 근거하여 이루어진 역사교과서 및 지리교과서의 교환도 위와 유사한 성격을 지니고 있다. 서독에서는 브라운슈바이크 국제교과서연구소에 의해, 노르웨이에서는 노르웨이 교사협회들이 비스칸디나비아 교과서 검토를 위해 구성한 특별위원회에 의해, 그리고 스페인에서는 고등학교 담당부서 (Generaldirektion für Oberschule)에 의해 만들어진 검토의견서들은 대사관들을 통해서 서로에게 전달되었다. 그러나 이 의견서들은 현재까지 서독에서만 『역사교육 국제연보』에 게재되었다. 영국 유네스코 위원회 교과서분과(Textbook-Sub-Committee, U.K. National Commission for Unesco)는 지난 십 년 동안 순전히 교과서 교환을 위해 활동했다. 이 활동에 대해 영국 유네스코 위원회 연합사무총장(Joint Secretary) 페인(W. E. Payne)이 『역사교육 국제연보』 제7권에 보고서('영국으로부터의 보고Report from the United Kingdom')를 게재했다. 두 차례의 미국-영국 학술대회와 한 차례의 영국-서독 학술대회 이외에는 이 활동을 통해서 어떠한 쌍무 학술대회도 개최되지 못했다. 영국-서독 학술대회에서는 서독 역사교과서의 현대사 서술부분에 대한 비판적 검토와 상호 의견교환만이 이루어졌다. 미국-영국 교과서 대화의 결과『영국과 미국 간의 오해에 대한 역사가들의 기여(The Historians' contribution to Anglo-American misunderstanding)』(Ray Billington, Routledge and Kegan paul, London, 1966)가 출판되었다. 영국 유네스코 위원회의 활동으로 만들어진 다른 평가의견서들은 영국에서 출판되지 못했는데, 이로 인해 그 활동 가치는 떨어졌다고 볼 수 있다.

역사교과서의 특정한 주제에 대한 개별 국가와 그룹들의 자기평가는 특별한 성격을 지닌다. 각국 유네스코 위원회들의 의뢰로 제출된 자국 교과서 검토의견서들에 대해서는 앞서 언급했다. 조르주 라피에르가 1926년 프랑스 교사노조의 위임으로 작성한 보고서, '교과서에서 공격적 경향을 제거하는 것에 관한 보고(Rapport tendant à la radiation des livres scolaires de tendances bellicistes figurant sur les listes départementales)'는 이러한 종류의 교과서 비판에 대한 대표적인 예가 된다. 이러한 종류의 교과서 비판은 앞으로의 쌍무 또는 다자 교과서 개선협의의 전단계가 될 수 있지만, 직접적인 협력이 불가능하거나 실현되지 못했을 경우에 채택되는 방법이기도 하다. 독일인과 폴란드인, 러시아인, 그리고 독일의 소수민족으로서 또는 이스라엘인으로서 유대인의 관계들에 대한 브라운슈바이크 국제교과서연구소의 연구가 이 후자의 경우에 해당된다. 이 연구는 국제교과서연구소 연구시리즈로서 출판되었다.

이러한 자기평가 유형의 교과서 검토는 세 가지 부류로 구분될 수 있다.

1. 자기 나라의 교과서가 다른 나라를 어떻게 다루고 있는가에 대한 연구

2. 자기 나라의 교과서가 자기 민족의 그룹들, 종교적 그룹들 또는 인종적 그룹들을 어떻게 다루고 있는가에 대한 연구

3. 다른 나라의 교과서가 자기 나라를 어떻게 다루고 있는가에 대한 연구

두 번째 유형은 매우 보기 드문데, 이미 앞서 많이 언급된 루스 밀러 엘슨의 탁월한 연구서『전통의 수호자. 19세기 미국 교과서(Guardians of Tradition. American Schoolbooks of the Nineteenth Century)』(Lincoln, 1964)가 이에 해당한다. 또한 기독인 및 유대인 위원회(Council of Christians and Jews)에 의해 수행된 영국 역사교과서 분석(1951년 10월)도 이 유형에 해당된다. 이 연구에 대해서는 E. H. 단스가『역사교육 국제연보』(제3권)에 게재된 '역사교과서와 비국민그룹에 대한 적대의식(History Textbook and Non-National Group Antagonism)'과 자신의 연구서『편견 없는 역사(History without Bias)?』(London, 1954)에 소개했다. 이 보고에 따르면, 104개의 역사교과서를 분석한 검토자들은 다음과 같은 엄선된 문제점들에 근거하여 작업을 수행했다.

1. 영국 내에 살고 있는 서로 다른 그룹들 간의 상호 이해와 선의의 증진이라는 시각에서 보았을 때, 이 책에 대한 당신의 일반적 인상은 무엇인가?

2. 이 책은 이민자들과 다른 소수인종들의 재능과 기여를 충분히 평가하고 있는가?

3. 로마카톨릭과 유대교와 같은 다른 종파에 대한, 그리고 다른 정치적, 사회적 또는 인종적 그룹들에 대한 무의식적 편견이 있는가?

4. 복음에 대한, 특히 예수의 십자가 죽음에 대한 부정확한 서술이 있는가?

5. 다른 민족이나 인종 그룹들의 신앙과 문화, 그리고 문명에 대한 그들의 기여에 대해 충분히 평가하고 있는가?

6. 이 교과서들이 젊은이들 정신세계에 미치는 영향이라는 시각에서 이 책들의 일반적인 역사적 접근방법과 철학적 배경에 대해 당신은 비판할 것이 없는가? (예컨대, 어떤 책은 지나치게 물질주의적 세계관에 기초하고 있다)

그런데 이 검토작업은 사용된 개념의 모호성으로 처음부터 어려움에 봉착했다. 영국에서는 '카톨릭적(katholisch)'이라는 어휘에 대해, 모든 사람들을 만족시킬 수 있을 만한 일반적인 개념정의가 존재하지 않는다. 일반적으로 '영국(englisch)' 카톨릭과 '로마(römisch)' 카톨릭에 대한 구분은 있지만, 이러한 구분은 어느 누구도 만족시키지 못한다. 왜냐하면, 영국교회(Church of England)는 자신을 카톨릭의 일부라고 주장하고, 카톨릭 교도들은 카톨릭 앞에 '로마(römisch)'라는 용어를 부가하면 너무 협소해지며 따라서 부정확하다는 이유에서 '로마 카톨릭'이라는 용어를 받아들이지 않는다. "아무도 이러한 난관에서 벗어날 방법을 발견하지 못했다. 카톨릭과 프로테스탄트가 암묵적으로라도 다른 측의 핵심적 믿음을 부정하지 않고 다른 측에 대해 이야기할 수 있게 해주는 그런 어휘는 존재하지 않는 듯하다." 이 말은 카톨릭 교도와 프로테스탄트 교도가 함께 살고 있는 다른 많은 나라에도 해당되는 말이다. 국제교과서 개선활동은 단지 민족적 편견과 잘못된 판단만을 시정하는 것을 목표로 하는 것이 아니며, 우선적으로 이러한 것을 시정하는 것을 목적으로 하는 것도 아니라는 사실을 이 마지막 문장은 설득력 있게 말해주고 있다. 그 활동영역은 사람들이 생각하는 것보다 훨씬 넓다.

역사교과서에 대한 검토작업의 또다른 영역은 특정한 주제 또는 특정한 시기에 대한 역사교과서의 서술들을 한 국가 내에서 연대순서대로 또는 국제적으로 비교 분석하는 방식의 교과서 비교분석(vergleichende Schulbuchanalyse)이다. 이 영역은 이제 막 시작되었다. 서독에서는 대학교의 역사학과나 교육학과에서 석사논문으로서 이러한 주제를 제시하기 시작했다. 브라운슈바이크의 국제교과서연구소의 연구시리즈에서 이러한 주제들을 다루고 있다. 특히 에른스트 바이마르(Ernst Weymar), 롤프 요아힘 사틀러(Rolf-Joachim Sattler) 그리고 유르겐 하이넬(Jürgen Heinel)의 연구가 이에 해당한다. 이러한 수직적, 수평적 비교연구의 전제조건은 각국의 교과서 수집이다. 그런데 유감스럽게도 교과서 수집은 아직 부족한 형편이다.

이미 언급된 영역 이외에 교과서 검토작업의 의미는 또한 그것이 교과서 개선의 조건과 근거가 된다는 데 있다. 이에 대한 방법들은 나라마다 다르며 서로간의 관계 측면에서 매우 다양하다. 그러나 한 가지 분명한 것은 교과서 개선 수단으로서 문화협정에 크게 기대할 것은 못 된다는 점이다. 정부가 교과서 편찬에 적지 않은 영향력을 갖고 있기 때문에 교과서 개선 노력은 국가가 보다 쉽게 할 수 있다고 생각한다면 그것은 큰 착오이다. 지배계급의 민족적 우월의식과 이데올로기가 종종 교과서 개선에 큰 걸림돌이 되기 때문이다.

결함이 있다고 판단되는 28권의 교과서를 시장에서 사라지게 만들었던, 1926년부터 1928년까지 프랑스 교사노조의 보이코트운동이 아직까지도 지속적으로 언급되고 있다. 그러나 이러한 급진적인 조치는 또한 매우 회의스런 측면도 지니고 있다는 사실을 간과해서는 안 된다. 왜냐하면, 이러한 보이코트 운동은 조절하기가 매우 어려운 것이다. 그래서 이러한 유형의 운동은 덜 이상적인 목적을 위해 사용하는 것이 좋겠다. 바이마르 시기의 '민족' 엘리트들이 모든 유형의 '문화볼셰비즘(Kulturbolschewismus)'에 반대하여 일으킨 격렬한 투쟁과 이것이 결국 1933년 국가사회주의자들의 소위 불온서적 소각(Bücherverbrennungen)으로 귀결되었다는 사실만 생각해도 이러한 유형의 운동의 위험성을 알 수 있을 것이다. '건강한 민족정서(gesundes Volksempfinden)'란 언제나 시대의 산물이고 아주 다양한 이해관계에 의해 형성된 것이라는 사실을 생각하지 않은 채, 나치 당시뿐 아니라 오늘날도 '건강한 민족정서'를 구출해야 한다고들 이야기한다. 어쨌든, 교과서 개선활동은 앞으로도 참여자들의 자발성과 선의에 기초해서 발전되어야 한다.

자발성과 선의에 의존하는 이러한 교과서 개선활동이 성공한다면, 강제력(이것이 어디로부터 나온 것이건 상관없이)에 의한 성공보다 훨씬 더 큰 영향력을 지닌다. 이 성공은 결국 필요한 조직상의 문제까지도 해결한다. 북유럽협회들 노력의 놀랄 만한 성과가 이를 입증해준다. 국가에 의해 조정되는 합의와 교육에 미치는 국가 간섭에 대한 불신이 특히 팽배해 있는 나라들에서 국제교과서 개선활동의 가장 큰 성과들이 성취되었다. 이러한 성공들은 교과서 개선활동에 참여하거나 관심을 갖고 있는 모든 사람들로 하여금 북유럽협회들의 방법을 유럽 전체로 확대 적용하고자 하는 생각과 그를 위한 용기를 갖도록 해주었다. 북유럽협회들이 교과서 개선활동을 위해 가동한 조직은 아주 작았고 언제나 정해진 짧은 시간 안에 작업을 마쳤다. 이러한 신속한 작업은 출판사들에게 매우 중요한데, 왜냐하면 그들은 불필요한 시간 낭비를 감내할 수 없기 때문이다.

북유럽 국가들에서 수년 전부터 존재했던 하나의 관행은 우리 국제교과서 개선활동의 미래를 밝게 전망할 수 있도록 해준다. 『북유럽의 역사 (Nordische Geschichte)』라는 역사교과서에는 다른 북유럽 국가들의 역사를 다루는 특별한 장이 있다. 예컨대 스웨덴에서 출간된 『북유럽의 역사 (Nordische Geschichte)』의 한 장은 덴마크, 핀란드, 아이슬란드, 노르웨이의 역사를 다룬다. 또한 이러한 방식 속에서 초국가적, 지역적 역사관 구축을 위한 일보를 내딛을 수 있다. 이것을 유럽 전체에 확대 적용한다면, 유럽사를 다루는 독일 역사교과서에 외국 역사가들이 자신의 역사에 대해 서술한 장이 포함될 수도 있게 된다. 이 교과서는 물론 아직 유럽사 교과서가 아니다. 그러나 각국의 어린이들은 그들 이웃 국가의 역사관을 알게 될 것이다.

이러한 시각은 유럽사 교과서 문제와 관계된 것인데, 이에 대해서는 후에 다루어보겠다. 필자의 견해로는, 많은 유럽 국가들의 다수의 역사교과서의 형태 및 내용과 관계 있는 또다른 방법론적 문제가 보다 더 중요하다. 미국 학자 유진 N. 앤더슨(Eugene N. Anderson)의 표현을 빌리자면, "교과서 연구의 어려움은 모든 교과서가 거의 예외 없이 서로 유사하다는 데 있다." 이 유사성의 원인은 '우리 모두의 과도한 편협함(excessive provincialism)'이다. 그리고 그는 교육과정과 교과서 내용의 혁신을 위한 실험을 감행할 용기가 부족한 것도 그 원인 중의 하나라고 지적한다. E. H. 단스도 이와 비슷한 주장을 한다. "역사교사는 새로운 시각을 찾을 필요가 있고, 새로운 아이디어를 표현할 수 있는 신선한 어휘를 찾아야 한다." 1950년 브뤼셀에서 개최된 유네스코 세미나에 제출한 '교과서 개선에 관한 보고서, 특히 역사교과서 개선에 관한 보고서(Report on the improvement of textbooks, particularly history books)'에서 마르셀 반함(Marcel Vanhamme)이 우리에게 제시한 가치 있는 제안들도 참조할 것을 권한다. '교과서에서의 일반적 역사서술(general presentation of history in textbooks)'에 대한 그의 기준들은 유감스럽게도 거의 알려지지 않았다. 그에 의하면, 교과서 저자는 두 가지 요구 사이에서 우왕좌왕한다. 하나는 다루어야 할 방대한 양의 자료들로 인해서 그것을 간단하게 요약해야 한다는 압력이고, 또다른 하나는 다루는 대상을 되도록 구체적이고 명확하게 표현해야 한다는 교육학적 요구이다. 두 번째 교육학적 요구는 교육대상인 학생들의 지적 수준에 알맞은 서술을 해야 한다는 것이다. 이런 문제상황을 지적한 후, 반함은 "그러면 역사교과서는 어떠해야 되는가?"라고 질문을 던진다. 그의 답은 다음과 같다. "보편적 진보와 모든 민족의 공동의 노력에 대한 이야기". 다시 우리는 여기서 지구 위에 있는 모든 민족의 문화적 업적들에 대한 카탈로그를 만들고 정치사(특히 외교사)보다 문화사에 더 비중을 두어야 한다는 요구에 부딪히게 된다. 어떠한 교과서도 '지적 고립주의의 산물(a product of intellectual isolationism)'이 되어서는 안 된다. 이런 의미에서 1937년 루시앙 페브르(Lucien Febvre)도, 국사의 어떠한 시기도 세계사의 유사한 사건과의 연관성 없이 다루어져서는 안 된다고 지적했다. 다음의 예만 생각해도 이 경고의 중요성을 알 것이다. 오늘날 교과서에서 지리상의 발견의 역사서술 부분에 아직도 다른 민족의 업적을 무시한 채 자기 민족의 업적만을 강조하는 경향이 농후하다. '자기 나라를 세계의 중심으로 간주하고 이러한 관점에서만 모든 것을 판단하는' 경향만큼 편견 없는 공정한 평가 능력을 더 부패시키는 것은 없다.

실제적인 성과는 없었을지라도 1918년 이후 이미 이러한 경향에 대한 문제의식은 많이 있었다. 그러나 이러한 문제지적에 대한 반론과 타성은 너무 강했다. 그래서 독일과 프랑스의 공통 교과서를 양국의 역사가들이 공동으로 집필하도록 하는 제안까지 나왔었다. 그러나 줄르 이작(Jules Isaac)만이 이를 위한 최초의 시도를 했다. 그는 1930년 출간된, 최근세사를 다룬 그의 교과서의 일부분을 독일 교과서에서 발췌하여 수록했다. 이러한 맥락에서 1933년에 전공과목국제연합들의 연락위원회(Liason Committe of Major International Associations)는 고등학교 역사교과서에 "교사와 학생 모두 스스로 완전히 객관적으로 텍스트에 기초해 비교할 수 있도록 다른 나라의 교과서의 일부분"을 포함시킬 것을 요구했다.

1933년 제네바 지적협력연구소(Institute of Intellectual Cooperation)는, 모범으로 간주되는 '서술모델(model passages)'을, 즉 교과서 저자로 하여금 좀더 나은 교과서를 서술하도록 촉구하는 그런 '서술모델'을 여러 나라의 교과서에서 찾도록 위탁받았다. 연구소는 각국 지부에 이 일을 위임했다. 그런데 1937년까지 단지 7개국의 연구소 지부만이 이에 응답했고, 그 중에서 스웨덴과 미국만이 '객관적으로 서술된 역사'라고 간주된 부분을 첨가해서 자료제출했다. 제2차 세계대전 발발 직전 이 연구소는 두번째 시도를 했는데, 이번에는 연구소 각국 지부에, 자신들의 견해로 자신들 나라의 역사가 객관적으로 서술되어 있는 외국 교과서 부분들을 조사해서 보고할 것을 위임했다. 그러나 애석하게도 이런 흥미로운 시도는 전쟁으로 인해 실현되지 못했다. 흥미롭게도 몇 년 전 일본의 국제교육정보센터(International Society for Education Information)가 지적협력연구소의 오래전 요청을 수락한 것처럼 외국 교과서에 일본이 어떻게 서술되고 묘사되어 있는지를 알아보기 위해서 외국 교과서들을 조사했다. 이 조사에 근거하여 국제교육정보센터는 외국의 교과서 저자들과 출판사가 일본에 관해 정확한 서술을 하는 데 도움이 되는 자료모음집을 영어로 작성된 잡지, 『일본 바로알기. 더 나은 교과서 서술을 위한 참고자료(Understanding Japan. An Aide to better Textbooks)』에 게재하여 배포했다. 1964년 『일본 바로알기』 제11권은 '일본과 서양문화'라는 특집을 실었다. 여기에 「교과서 속의 일본 근대사」와 「개국 이후 시기에 있어서 일본과 서양문화」라는 논문이 실려 있다.

핀란드도 이와 비슷한 시도를 했다. 1930년 핀란드 북유럽협회 교과서 위원회는 '핀란드 역사의 중요한 측면에 대한 서술모델들'을 작성, 제출했다. 모범적인 역사지도도 다른 북유럽 국가들의 교과서 저자들에게 전달되었다. 1945년 이후 유네스코도 '교과서 개선에 크게 기여할 것 같은 교과서 서술'을 촉구함으로써 서술모델을 모색하는 노력을 지원했다. 유네스코는 프랑스의 한 역사가 그룹에게 열두 살 어린이들을 위해 모범적인 교과서를 서술하도록 위탁했다. 이 교과서는 프랑스 문화가 세계 문화와 어떻게 연관되어 있는지를 보여주어야 할 것이었다. 이 연구의 첫 번째 결과물은 이미 앞서 소개했다.

유럽 모든 나라의 역사가, 역사교사 그리고 교과서 저자들의 상시적인 대화가 국제교과서 개선활동의 기초를 구성한다. 국제교과서 개선활동의 요소 중에서 마지막으로 중요한 것을 한 가지 더 언급하겠다. 그것은 '반비판(Counter-Criticism)'이다. 다른 나라의 교과서에 대한 검토의견서가 완성되자마자 검토대상 교과서의 저자와 출판사에게 전달된다. 이러한 과정은 이에 대한 반비판을 통해서 비판받았던 점들을 재고하고, 검토자의 비판을 받아들일 수 없을 경우에 그 근거를 제시하기 위한 기회를 제공한다. 필자는 E. H. 단스가 그의 교과서에 대한 비판자와 논쟁했던 것을 소개한 바 있다. 『역사교육 국제연보』 1, 2권 그리고 서독-프랑스 교과서 대화(1952/53) 자료모음집, 『교과서를 통해서 본 독일과 프랑스(Deutschland und Frankreich im Spiegel ihrer Schulbücher)』에는 교과서 저자들과 비판자들 사이의 논쟁이 많이 소개되어 있다. 예를 들면, 한스 에벌링(Hans Ebeling)은 자신의 초등학교용 역사교과서(『독일사Deutsche Geschichte』)의 제목이 민족주의적 편향을 보이고 있다는 프랑스 동료의 비판을 반박했는데, 그의 주장에 따르면 내용적으로는 이러한 비판을 할 수 없다는 것이다. 그러나 그의 교과서 제목이 오해를 불러일으킬 수 있다는 점을 인정하고 그 제목을 '독일사(Deutsche Geschichte)'에서 '과거로의 여행(Die Reise in die Vergangenheit)'으로 바꾸었다. 미국의 교과서 저자 프레몽 P. 벌스(Fremont P. Wirth)는 서독 동료의 검토의견서를 환영하며 다음과 같이 말했다.

물론 나는 상세한 사항까지 내 책을 서술하는 것에 관심이 있으며, 따라서 평가의견서를 면밀히 검토한 후 정확성과 면밀성을 요구하는 학문의 정신에서 나의 책을 개선할 것이다.

하워드 E. 윌슨(Howard E. Wilson)도 건설적인 제안을 "마음에 담아두어 책을 개정할 때 고려할 것"이라고 말했다.

나는 많은 나라의 역사가들과 교과서 저자들 간에 그러한 건설적인 비판적 검토의 상호 교환을 위한 제도적 틀이 마련되기를 기원한다. 이것은 국가간 화해를 위한 건설적 활동이 될 것이다.

여기서 하워드 E. 윌슨이 요구한 것이 교과서 개선활동의 본질이다. 교과서 개선활동의 본질적 내용이란, 다시 말해 비판과 '반비판'을 통해 교과서가 출판 또는 개정되기 전에 "최근의 역사연구 성과에 비추어보아, 그리고 공정한 정신에 기초해" 모든 교과서들을 논의하는 것이다. 국제 교과서 개선활동의 방법론은 여태까지 이것 이상을 성취하지 못했다. 그러나 이러한 방법조차 완전히 실현된 것은 아니다. 지역적 차원에서 또는 국가적 차원에서 이러한 방법이 유럽의 나머지 지역들에서도 가능하면 빠른 시일 내에 활용되어야 한다. 이러한 목적을 달성하는 길에 대해서는 마지막 장에서 논할 것이다.

3. 지난 20년 간 교과서 개선활동의 결과

1945년부터 1965년까지 있었던 교과서 개선활동의 가장 중요한 업적들을 소개한다.

1. 현재까지 수백 개에 달하는 검토의견서. 1957년까지의 검토의견서들은 브라운슈바이크 국제교과서연구소가 편집한 『국제교과서활동 문헌목록(Bibliographie zur internationalen Schulbucharbeit)』에 수록되어 있다. 이것은 교과서 저자들과 역사교사들을 위한 유용한 자료모음집이다.

2. 구체적인 성과를 거둔 146차례의 전문가 학술대회. 본 연구서 부록에 이 목록이 게재되었다. 이 부록에는 구체적인 성과 없이 의견교환만 했던 많은 학술대회는 언급하지 않았다.

3. 교과서 협의활동에 참가한 국가들 간의 역사적 관계 서술에 대한 수많은 권고안들. 앞서 언급된 검토의견서와 함께 이 권고안들은 앞으로 고안되어야 할 유럽사 구상과 유럽사 교과서 구상의 중요한 자료가 된다.

4. 검토의견서와 권고안들에 기초한 실제적인 교과서 개선

5. 서독 브라운슈바이크 국제교과서연구소 설립. 이 연구소는 본래 일국적 차원에서 만들어진 것이지만, 그 활동범위는 유럽적이며 국제적이다.

이러한 다섯 가지 점에서 국제교과서 개선활동의 성과를 이제 고찰해 보자. 끝으로 이러한 노력들에 대한 중요한 비판들을 언급하면서, 그에

대한 반비판도 해보겠다.

어떠한 연구소나 어떠한 조직도 당연히 이 많은 검토의견서를 스스로 만들어낼 수 없다. 이를 위해서 많은 역사가들과 역사교사들의 협력이 필요한데, 다행스럽게도 이러한 협력을 하고자 하는 사람들이 1918년 이후보다는 1945년 이후에 더 많다. 대부분의 역사가들이 검토의견서를 작성하고 권고안 작성에 참여하고 학술대회에 참석하며 거기서 격렬한 논쟁을 하는 데 기꺼이 응했고 응하고 있다. 역사연구의 성과들이 교과서에 반영되기 위해서 40년을, 즉 한 세대 기간을 기다려야 한다는 주장은 정당하지만, 국제교과서협의활동의 본질적인 임무는 이 기간을 가능한 줄이는 것에 있다. 학술대회의 결과물들은 그 학술대회에 참여한 국가들에서 그리고 이 학술대회에 관심이 있는 국가들에서 즉시 출판되어 교과서 저자들이 활용할 수 있게 된다. 그리고 교과서를 저술하는 많은 역사가들과 역사교사들이 이러한 국제학술대회에 참석함으로써, 권고안들과 매우 가치 있는 정보들을 포함하고 있는 논의 내용들을 교과서 편찬에 활용할 수 있게 된다.

교과서만 국제교과서 개선활동의 성과를 반영하는 것이 아니라, 역사학도 교과서 협의활동에 대한 간단한 언급 형태이든지 또는 그 권고안의 테제를 받아들이는 형태이든지 아무튼 그 성과를 반영하고 있다. 예컨대, 앤소니 우드(Anthony Wood)는 『유럽 1815~1945(Europe 1815~1945)』(New York, 1964)라는 자신의 저서 서문에 다음과 같이 적고 있다.

편견의 문제들이 존재한다. 그러나 …(중략)… 학문적 차원에서는 20세기를 열정 없이 공평하게 분석한다는 것이 불가능하지 않다. 오늘날 유네스코, 영국 역사협회, 브라운슈바이크 국제교과서연구소의 활동 덕분에 교과서에서 뚜렷한 민족적 편견을 제거하는 데 어느 정도의 진보가 이루어졌다.

고든 A. 크렉(Gordon A. Craig)은 한나 포크트(Hannah Vogt)의 저서,『죄의 부담, 독일 소사, 1914~1945(The Burden of Guilt, a short history of Germany 1914~1945)』의 영어본 서문에서 그레이스 리처드 코넌트 (Grace Richards Conant)의 다음과 같은 말을 인용하면서 서독에서의 교과서 개선활동 상황을 언급했다.

　그 역사학의 극단적인 민족주의로 악명 높은 나라에서 교과서 출판사들은 편견과 오류를 분석하고 시정하기 위해서 출판할 교과서 원고를 브라운슈바이크 국제교과서연구소에 제출하는 관행을 만들었다. 정부도 이 국제교과서연구소의 기준을 충족하지 못한 교과서가 사용되지 못하도록 하는 데 열의를 보이고 있다.

폴 르누벵(Paul Renouvin)과 게르하르트 리터(Gerhard Ritter)가 주도적으로 참여했던 서독-프랑스 역사가 학술대회의의 권고안(1951)은 역사학 전문 연구서들에서도 주목받았다. 게르하르트의『독일사 교본(Handbuch der deutschen Geschichte)』제4권에 카를 디트리히(Karl Dietrich)는 다음과 같이 말했다.

　오늘날 독일의 역사가들과 프랑스의 역사가들이 공동으로 진술할 수 있는 것이 1951년 10월의 선언에 기재되어 있다.

그리고 그는 제1차 세계대전 책임문제에 관한 권고안(제18번~제27번)을 인용했다. 자신의 연구서『독일인들과 그들의 현대사(Die Deutschen und ihre jüngste Geschichte)』에서 프리츠 에른스트(Fritz Ernst)는 제1차 세계대전 문제를 다룬 부분에서 다음과 같이 말했다. "서독-프랑스 역사가 위원회의 권고안들은 중요하다." 이스라엘 고등학교 교과서『역사』제4권(Michal Ziv, Shmuel Ettinger, Jacob Landau)에서 베르사유 평화조약 제

231조를 다룬 부분에도 이 문제와 관련된 서독-프랑스 권고안(1951)이 인용되었다. 뮌헨 소재 루르츠(Lurz) 출판사의 역사교과서 제4권(1952) 제2장도 1935년에 완성된 서독-프랑스 권고안을 인용했다.

이제 국제교과서 협의활동이 발전하는 데 가장 중요한 한 가지 점에 대해서 언급해야 할 차례이다. 즉 한 쌍무 교과서 협의 권고안의 특정 내용을, 교과서와 역사수업에서 관련된 주제를 다룰 때 이 특정 내용을 고려할 것을 특별히 권고하는 문구를 포함한 다른 쌍무 협의의 권고안을 받아들이는 문제이다. 이러한 발전의 중요성을 독자들에게 분명히 하기 위해서 몇 가지 사례를 예시하는 것으로 충분할 것이다. 제1회 벨기에-서독 역사가 학술대회(브라운슈바이크, 1954)의 권고안은 1951년 서독-프랑스 권고안의 많은 권고사항과 1953년 서독-이탈리아 권고안 제39항을 부록에 수록했다. 공동위원회 의장 앙드레 푸트망(André Puttemans)과 게오르크 에케르트(Georg Eckert)는 벨기에-서독 권고안의 결어에서 다른 쌍무 협의 권고안들(서독-프랑스, 덴마크-서독, 벨기에-노르웨이 그리고 서독-이탈리아)을 참조할 것을 강조했다. 그러나 벨기에 참석자들은 서독-프랑스 권고안(1951) 제27항(전쟁책임에 대한 항목)을 그러한 표현문구로서는 받아들일 수 없다는 점을 강조했다. 그러나 결정적인 것은 다음과 같은 결론이다. "벨기에-서독 역사가 학술회의는 쌍무 회의의 범위를 넘는 일반적인 문제들에 대한 다자 협의가 언젠가는 개최되어야 한다고 제안한다."

교과서 개선활동의 미래 방향에 있어서 중요한 이 문제에 대해서는 후에 다시 다루게 될 것이다. 영국-서독 권고안(1950)은 1890~1914년 동안의 영국과 독일의 관계를 다루었는데, 애석하게도 영국에서는 이 권고안이 거부되었다. 이 권고안은 '포위상태(Einkreisung)' 문제에 대해 다음과 같이 해석할 것을 권고하고 있다. "영국-서독 역사가 학술대회는 1935년 프랑스-독일 역사가 학술대회의 다음과 같은 권고안을 자신의 결의로 채택하기로 결정했다." 이에 바로 이어서 전쟁 책임에 대한 권고안 제21항 첫 두 문단이 게재되었다. 다루기에 덜 까다로운 지역적 문제를 다룰 때 이미 존재하는 권고안의 특정 조항들을 새로운 권고안이 받아들이는 이 관행은 종종 모방되었다. 서독-노르웨이 역사가 학술대회(1965년 11월)의 권고안은 한자(Hanse) 시기의 역사에 대한 서독-스웨덴 권고안과 1914년 전쟁 발발의 전사(前史)와 독일 잠수함 문제에 대한 영국-서독 권고안을 참조할 것을 강조했다. 앞서 언급되었던 베네룩스 목록(Syllabus Benelux : 1956)도 벨기에 역사의 '중요한 사실들과 위대한 특징들(les faits dominants et les grandes figures)'에 대해서 벨기에-노르웨이 권고안을 참조할 것을 권고했다. 그밖에 스위스, 스웨덴 그리고 벨기에 역사교사들을 위한 잡지들은 서독-프랑스 권고안을 번역하여 게재했는데, 이는 이 사료를 수업시간에 활용하고 교과서 서술을 위해서도 이용할 것을 이곳의 역사교사들에게 권하기 위함이었다. 소위 '양국간' 권고안은 이 권고안이 대상으로 삼고 있는 양국 관계의 차원을 훨씬 뛰어넘는 의미를 지니고 있다는 사실을 위의 예들을 통해서 알 수 있다. 오늘날 양국간의 정치적 관계를 분리하여 고찰할 수 없는 것처럼 양국간의 역사적 관계도 마찬가지로 분리하여 볼 수 없는 것이다. 국제교과서 개선활동의 다음 단계는 다자가 관계되는 권고안을 작성하게 될 거대지역 차원의 학술대회 개최가 되어야 한다는 생각은 위와 같은 시각에서는 당연한 것이다. 예를 들면, '북해(Nordsee)와 동해(Ostsee) 주변의 모든 국가들이 관계되는 역사적 현상으로서의 한자 시대'라는 주제가 위와 같은 지역 차원의 다자회의 주제가 될 것이다. 이에 대한 논의에 서독, 노르웨이, 네덜란드 그리고 스웨덴의 역사가들이 참가했다는 사실이 이를 입증하고 있다.

중유럽 국가로서의 브루군트(Brugund)도 지역 차원의 다자 교과서 학술회의의 또다른 중요한 주제이다. 『역사교육 국제연보(Internationales

Jahrbuch für Geschichtsunterricht)』 제8권에 게재된 프랑수아 키스터 (François Kisters)의 연구논문「유럽 교과서에 나타난 브루고냐의 시대(Le Siècle de Bourgogne dans les manuels scolaires Européenne)」는 유럽 모든 국가의 교과서에서 이 주제가 불충분하게 다루어졌다고 지적했다. 그에 의하면 한 가지 예외가 있는데, 그것은 한스 베슬러(Hans Bessler)의 스위스 중학교용『역사책(Buch der Geschichte)』이다. 베슬러는 안타깝게도 너무 일찍 죽었기 때문에 이 교과서의 개정판이 더이상 출간되지 못했다. 결론에서 키스터는 다음과 같은 정당한 주장을 했다.

그러나 희망은 존재한다. 민족주의가 사라져야 하는 오늘날, 서로 다른 민족적 관점들을 서로 화해시키고자 하는 가치 있는 노력들이 경주되고 있는 오늘날, 그리고 위대한 유럽 의식이 점점 자라나고 있는 오늘날 개정된 교과서를 통한 객관적인 방식으로 가르치는 그런 역사교육이 유럽 역사의 진면목을 발견하는 데 도움이 된다. 바로 여기에 역사가의 임무가 있다. 그들이 말하도록 하자.

초기부터 중세까지의 지중해 문명 역사도 지역적 차원의 교과서 협의의 또다른 테마이다. 많은 민족들이 이 지역의 특성을 만들었다. 유네스코 동·서 관계문제 학술대회(Unesco-Ost-West-Konferenz, 동경, 1958)에서의 발표를 위해 준비된 카를 J. 나르(Karl J. Narr)의 논문「유럽과 아시아의 선사시대 및 고대사 시기의 관계(Ur-und frühgeschichtliche Beziehungen zwischen Europa und Aisen)」에 관한 연구에서 밝힌 바와 같이 지중해 공간은 아시아와 유럽의 가교 역할을 했다. 역사가들과 교과서 저자들이 주목할 가치가 있는 유럽사의 지역적 차원의 주제들이 많이 있는데, 한자, 부르군트, 그리고 지중해 공간은 이것들 중의 몇 가지 예에 불과하다. 이러한 주제들은 쌍무 협의에서 전유럽을 포괄하는 역사상 구축으로 발전하는 중간단계의 주제들이다. 이 주제들은 또한 소화해야 할 수많은 자료들과 교육과정의 많은 요구로 인하여 늘어난 교사들의 임무를 조금 수월하게 해주기도 한다. 다자 교과서 협의의 권고안들은 보통 자신의 역사적 업적들이 무시되거나 대단치 않게 다루어지고 있는 그런 소국들도 고려하는, 전유럽을 포괄하는 유럽사를 교과서에서 서술하는 데 도움을 줄 것이다.

몇몇의 정부기관들도 교과서 협의활동의 성과들을 인정하고 이를 추천하며 전파하고자 한다는 사실은 매우 고무적이다. 예컨대, 서독-이탈리아 권고안(1953)이 수상 비서실에서 편집한 이탈리아 자료집의 역사부분에 삽입되었다. 이탈리아 교육부는 서독과 이탈리아 역사가 학술대회들의 자료모음집들 – 현재까지 세 권이 출판되었고 곧 네 번째 권이 출간될 예정이다 – 각각 1000부를 고등학교에 배포하기도 했다. 북유럽 5개국의 교육 당국들이 '북유럽협회들'의 역사교과서 개선활동을 얼마나 지지하고 있는지에 대해서는 이미 여러 차례 살펴보았다. 프랑스 당국의 입장을 살펴보자. 행정감독관(Inspecteur Général) 루이 프랑수아(Louis François)는 다음과 같이 말했다.

교과서 협의활동의 권고안들과 학술대회의 보고서들은 출판되었다. 이것은 역사 및 지리교사협회(Association des Profeseurs d'Histoire et de Géographie) 회보에 게재되거나 소책자로 만들어져 일선의 역사교사들과 지리교사들에게 차례로 배포되었고, 교과서 연구와 관련 있는 연구소들에도 보내졌다. 그리고나서 행정감독관은 이러한 권고안들과 보고서들이 일선 교실에서 실제로 활용되도록 감독했다. 그러므로 프랑스 당국은 이 권고안들이 알려지도록 최선을 다했다고 볼 수 있다.

그러나 교육부장관이 권고안들 전파를 공식적으로 지지한 예는 단 한 번뿐이었다. 그것은 서독 니더작센 주 교육부장관의 장관령(1952년 10월)이다. 이 장관령은 니더작센 주 학교행정회보(Schulverwaltungsblatt)

에 공포되었다.

역사교육. 논쟁의 대상인 유럽사의 문제들에 대한 서독-프랑스의 합의. '논쟁의 대상인 유럽사의 문제들에 대한 서독-프랑스 합의' 별쇄본이 학교 행정회보 본호에 부록으로 첨가되었다. 주장관은 학교들이 이 합의에 주목하도록 노력하고 있으며, 서독-프랑스 합의문에 제시된 시각과 사실들이 모든 학교의 역사수업에서 심도 있게 참고되기를 권고한다.

그러나 필자는 이러한 쌍무 협의 권고안들의 전파와 수용이 정부 당국의 허락에 의존한다고 주장하는 것이 아니라는 점을 분명히 밝힌다. 우리가 보아왔듯이, 많은 나라에서 이러한 정부의 지원은 정반대의 결과를 초래할 수 있다. 그러나 공적 기구에 의한 지원은 원칙적으로 환영할 일이다. 특히 교육에 관련된 문제의 진행절차가 대단히 복잡한, 서독 같은 연방주의적 교육구조를 지니고 있는 국가들에서는 더욱 그러하다.

그러나 국제교과서 개선활동의 가장 중요한 원칙은 참여자들의 자유와 자발성이라는 사실을 다시 한번 강조한다. 자유로운 학자들과 교사들의 토론과 합의, 그리고 그 합의사항을 학교에 실제로 활용하도록 권고하는 자유로운 형식의 활동이 항상 교과서 개선활동의 기본이 되어야 한다. 그러므로 이러한 원칙을 무시한 모든 종류의 비판은 일방적이며 잘못된 것이다. 교과서 협의활동의 성과를 자신의 교과서 집필에 참조했다고 언급하는 저자들이 놀랍게도 상당히 많이 있다. 덴마크, 서독, 프랑스, 영국, 스위스 그리고 미국의 많은 교과서 저자들이 그러한 예들이다. 이러한 예들은 고무적이지만, 이보다 더 중요한 것은 권고안에 기초해서 집필된 새로운 교과서들이 그 권고안의 기본정신에 부합하는가라는 문제이다. 이 문제제기로 교과서 검토는 다음 단계로 넘어간다. 즉, 이제는 처음 검토되고 권고안이 작성된 이후, 교과서들이 권고안의 정신과 내용을 충실히 따라 개선되었는지를 검토하는 작업이 중요하다. 지난 몇 년 간 이 문제에 대한 학술대회가 두 차례 개최되었다. 서독-프랑스 학술대회(브라운슈바이크, 1962)와 서독-이탈리아 학술대회(밀라노, 1965)가 그것이다. 서독과 프랑스의 역사가들과 역사교사들은, 1961년 11월 파리에서 합의된 권고안이 새로운 프랑스 역사 교과서에 반영되었다는 만족스러운 결론을 내렸다. "1951년 파리와 마인츠(Mainz)에서 합의된 권고안의 정신에 기초해서 독일과 프랑스 간의 문제들이 다루어졌다는 점에 그들은 만족했다." 제7회 서독-이탈리아 학술대회 참가자들도 이와 비슷한 결론을 내렸다. 이미 출판된 서독, 프랑스, 이탈리아의 역사교과서 검토 의견서들은 이러한 일반적인 만족을 입증한다. 이로써 모든 것이 이루어졌고 더이상 할 일은 없다는 생각은 물론 잘못된 것이다. 그러나 국제교과서 개선활동의 가장 중요한 원칙 중 하나가 바로 작업의 지속성이다. 역사교과서 개선을 위한 제1회 유럽 평의회 학술대회(Calw, 1953)에 제출된 보고서에서 하콘 비간더는 이러한 맥락에서, '역사교과서를 지속적으로 교환하는 것이 바람직하다'는 점을 강조했다. 그는 '북유럽 국가들에서의 역사 교과서 상호 개선(Mutual Revision of History Textbooks in the Nordic Countries)'(유네스코 문서, 1950)에서 이미 북유럽연합들의 경험에 근거해서 다음과 같은 점을 강조한 바 있다. "지속적이고 최신 자료에 근거한 교과서 개선의 중요성은 아무리 강조해도 지나침이 없다." 이미 성취된 성과에 만족하고 이제는 모든 것을 다했다라고 생각하는 것은 어리석은 생각이다. 모든 나라에서 역사교과서의 개정판과 새로운 역사 교과서들이 지속적으로 출간된다. 이미 성취한 것을 게으름과 자기만족 때문에 다시 잃어버리지 않기 위해서 이러한 새롭게 출간된 역사 교과서 모두 주의 깊게 그리고 비판적으로 검토되어야 한다.

교과서 협의활동에 대한 모든 비판적 의견을 존중하는 것이 이와 동일한 근거에서 또한 중요하다. 그러므로 필자는 여기서 진지하게 받아들여야 하는 비판적 목소리들을 다루겠다. 교과서 협의활동은 유럽 중심주의(Europazentrismsus)를 토대로 한 것이며, 이러한 유럽 중심주의는 과거의 민족주의를 대체한 새로운 유럽 민족주의(ein neuer gesamteuropäischer Nationalismus)에 다름 아니다라는 비판은 진지하게 고려되어야 한다. 사회학자 에른스트 트뢸치(Ernst Troeltsch)도 『역사주의와 그 문제들(Der Historismus und seine Probleme)』(1922)에서 "유럽 중심주의(Europäismus)는 역사의 핵심이다"라고 지적하면서 유럽주의가 유럽중심주의로 전락하면 안 된다는 경고를 했던 바 있다. 교과서 영역에 국한해서 볼 때, 이 비판은 분명히 부분적으로 정당하다. 이 비판은 유럽사 연구소(Institut für Europäische Geschichte, Mainz)[44] 창설을 기념하여 미국 고등판무관(High Commissioner) 존 맥클로이(John McCloy)가 행한 연설(1951년 4월)에서 1945년 이후 처음으로 제기되었다. 이 연구소는 '유럽의 정신적 중심 중 하나(마인츠)'에 건립되었고, '역사연구 분야에서 하나의 슈만플랜(einen Schumanplan der Geschichtsforschung)'[45]을 기획해야 한다고 그는 말했다. 분명 '최초 6개국'[46]의 유럽사는, 동유럽 국가들을 포함하지 않는 유럽사가 그렇듯이, 거의 의미를 지니지 못한다. 1953년 칼프(Calw)에서 개최된 유럽평의회 학술대회의 결의문은 다음과 같은 점을 분명히 밝히고 있다.

우리의 목적은 유럽 통합의 선전도구로서 역사를 사용하는 것이 아니라

---

44) 이 연구소는 지금도 활동하고 있는 연구소로서 민족주의적 역사관을 극복하기 위해 각 민족의 사건과 현상들을 유럽적 맥락에서 보려고 노력한다. (역자)
45) 슈만플랜은 최초의 초국가적인 유럽공동체인 '유럽석탄철강공동체(European Coal and Steel Community)' 설립에 관한 제안(1950)이었다. 이를 통해 유럽이 오늘날의 유럽연합으로 발전했다. 맥클로이(McCloy)는 석탄과 철강이라는 산업 부분에서 시작된 유럽 정신이 정신적인 측면에서도 실현되어야 한다는 의미로 이런 비유를 했다. (역자)
46) '최초 6개국'은 최초의 초국가적 유럽공동체인 유럽석탄철강공동체의 회원국(프랑스, 서독, 이탈리아, 베네룩스 3국)을 가리킨다. (역자)

전래된 오류와 편견을 제거하고 사실들(facts)을 확립하고자 노력하는 것이다.

옛 편견을 제거한 자리에서 새로운 편견이 자라날 수 있는 위험이 존재한다. 이에 대해서는 헬무트 히르쉬(Helmut Hirsch)의 지적을 이미 언급한 바 있다. 그에 따르면, 1914년 전쟁 책임 문제나 베르사유 조약 제231조 문제의 경우에서 나타나는 바와 같은 감정이 개입된 역사적 판단을 극복하고자 하는 노력을 하다보면 무색의 진술 또는 아무런 내용도 없는 진술을 제안하게 될 수도 있다는 것이다. 그래서 1935년 독일-프랑스 권고안을 다시 검토했던 1951년 학술대회는 1935년 권고안에 있었던 양측의 유보사항들을 삭제하기로 합의했다. 이로써 처음으로 독일의 단독 전쟁책임이라는 잘못된 역사적 평가는 바로 잡혔고 모든 관계된 요소들에 대한 합리적인 연구의 길이 활짝 열렸다. 이에 대해 루트비히 데히오(Ludwig Dehio)는 다음과 같이 말했다.

분명 감정이 개입된 그러한 시각은 특별한 전쟁책임(culpa)에 대한 연구에 있어서는 정당하지만, 그러나 그 사건에 대한 보다 깊은 원인(causa)을 탐구하는 사람들을 만족시키지는 못한다.

민족주의적 역사관을 유럽적 역사관으로 대체해야 한다는 주장에 대해 1954년에 헤르 프리드리히(Heer Friedrich)는 비판했다. 그에 따르면, 역사가들은 서로 만나서 "아주 유쾌하게 각자의 선입견들을 대상으로 타협한다." 그러나 그들은 기본적으로 별로 중요하지 않은 점들만을 포기하고 그 대신에 구속력이 없는 유럽적, 기독교적, 인간주의적 문구들을 받아들인다는 것이다. 이러한 '기술만능주의적 겉치장(technizistische Appretation)'은 정치정세가 바뀔 것 같을 때 언제든지 다시 이러한 아름다운 문구들을 포기할 수 있다는 장점을 가지고 있다고 그는 비꼬아서 말한다. 헤르 프리드리히의 비판은 대단히 혹독하다. 이것은 많은 경우에 적용될 수 있는 비판이다. 그러나 이것은 그가 문제삼지 않았던 쌍무 교과서 협의 경우에는 적용될 수 없다. 쌍무 교과서 협의에서는 공허한 문구들이 남발되는 것이 아니며, 그러므로 그의 비판은 쌍무 교과서 협의에 대해서는 유효하지 않다고 볼 수 있다.

또한 영국으로부터도 혹독한 비판이 제기되었다. 1955년 영국과 서독의 역사가들이 1904년부터 1914년까지의 양국 관계에 대한 권고안을 작성하여 제안했을 때, 『The Times Literary Supplement』는 이러한 협의를 통해서 역사적 진실을 밝히고자 하는 시도는 신뢰할 수 없다고 혹평했다. 이에 따르면, 브라운슈바이크 국제교과서연구소가 『다른 나라 사람들은 우리를 어떻게 보는가(Wie andere uns sehen)』에서 연구했던 것처럼, 검토 의견서를 통해서 다른 나라 교과서에서 잘못 연구 평가된 것을 지적하고 다양한 다른 나라들의 역사교과서에서 발췌 번역한 텍스트들의 모음집을 마련하는 것은 분명 유용하겠지만, 권고안을 통해서 역사적 사건에 대한 특정한 견해를 요구하는 것은 거부되어야 한다는 것이다.

역사가들 각자는 역사적 사건에 대해 평가할 때 자신의 학자적 양심을 따라야 한다. 몇 안 되는, 대표성도 없는 일단의 역사가들이 도덕적인 측면에서 그리고 정치적 측면에서 대단히 얽혀 있는 이 역사적 혼란덩어리를 다루는 데 있어서 특정한 의견을 권고할 책임을 스스로 떠맡는 것은 분명한 실수이다.

그러나 개인으로서의 역사가가 자신이 책임질 수 있다고 생각하는 내용을 가르치며 서술할 수 있는 반면에, 왜 역사가 집단에게는 이러한 권리가 박탈되어야 하는가에 대해서 위의 비판은 분명히 밝히지 않았다. 이러한 비판에 따르면, 역사가 그룹들의 견해들은 더이상 가치가 없다는 것인데, 그럼에도 불구하고 이러한 비판적 사유 속에서도 역사가 그룹의 견해는 어쨌든 하나의 제안으로서의 가치는 가지고 있는 것이다. 그러므로 쌍무 역사가 대화는 최소한 이러한 비판 때문에 부정되어서는 안 된다. 『The Times Literary Supplement』의 다음과 같은 주장은 특이하다. 즉, 미국을 포함한 서유럽 국가들의 상호 관계는 "대단히 가깝고 튼튼하기 때문에, 과거의 적의는, 아니 최근까지의 과거의 적의도, 현재의 협력관계에 대한 심각한 위험이 아니다"라는 것이다. 『The Times Literary Supplement』는 19세기와 20세기 역사의 여러 문제들에 대한 서로 상반되는 견해들을 서로 전향적으로 이해하고 그 견해들이 기반하고 있는 전제들에 대한 이해의 폭을 넓혀서 최소한 국제관계 긴장의 한 원인을 제거하기 위해서, 과거의 식민제국와 피식민지 인민들 간의 역사가들 학술대회를 개최하는 것이 서유럽 국가들 간의 역사가 대화를 추진하는 것보다 훨씬 더 중요하다고 주장했다. 그러나 유럽에도 위에서 칭송되었던 좋은 정치적 협력관계에도 불구하고 충분히 많은 긴장과 역사적 선입견들이 존재하며, 따라서 위와 같은 논리는 유럽 국가들 간의 역사가 대화에도 적용되어야 마땅하다고 할 것이다.

막스 벨로프(Max Beloff)는 유럽평의회의 위탁으로 『유럽과 유럽인들, 국가간 대화(Europe and the Europeans, an international discussion)』(London, 1957)를 집필했는데, 여기에서 그도 국가간 역사가 대화를 강력히 비판했다. "역사교과서에 공통적으로 나타난다고 생각되는 민족주의적 편견을 제거하기 위한 역사교육의 '개선' 활동"에 몇몇의 지식인들은 커다란 의미를 부여하고 있다고 말하면서, 그는 무엇보다 이러한 평가는 북유럽 국가들 간의 교과서 대화와 1949년 이후의 영국-서독의 교과서 대화에 적용된다고 말했다. 왜곡된 서술 부분은 분명 제거되어야 하지만, 이때 조심스런 절차를 거쳐야 한다고 그는 주장한다. 역사는 사실을 다루는 것이 아니라는 것이다. 그는 오히려 역사는 필연적으로 주관적이라고 생각한다. 따라서 그에 따르면, "통일을 성취하고자 노력하는 것은 역사로부터 그 계몽적 기능과 창조적 인식 능력을 빼앗는 것이며", "역사가들은 그들이 합의에 도달할 것을 기대할 수 없을 때 서로 논쟁하며 무엇인가를 얻는다." 이러한 비판적 논의는 역사교사들에게 일임되어서는 안 되는데, 왜냐하면 그는 그들이 논쟁적인 문제들을 상호 화해의 관점에서 역사가들보다 더 쉽게 논의에서 제외시키는 경향을 보이기 때문이라고 보는 것이다. 이러한 예로서 벨로프는 1914년과 1933년의 전쟁책임 문제를 제시한다. 몇몇 국가들은 다른 국가들보다 더 책임이 있기 때문에 이 사실은 침묵되어서는 안 된다고 그는 주장한다.

유럽통합에 큰 공헌을 한 프랑스 전 외무장관 슈만(Schuman)은 로마에서 공평한 교과서에 대한 일종의 공식적 승인이 필요하다는 의견을 피력했는데, 바로 위와 같은 이유에서 전문적 역사가들은 이 의견을 받아들이지 않았던 것이다.

그러나 1953년 10월 '유럽 라운드 테이블-대화'에서 많은 참석자들이 역사교과서의 개선 필요성을 역설했는데, '이를 전문적 역사가들도 받아들였다'는 점을 벨로프는 인정한다. 그러나 역사가들의 과제는 "단 하나의 유럽적 관점에 입각해서 역사를 인위적으로 재구축하는 것"이 아니라, 오히려 "자기민족중심주의에서 좀더 벗어나서 유럽 민족이 서로 긴밀한 관계를 맺게 하는 공동 유대에 대한 이해의 폭을 더 넓히는 방향으로 민족사 서술의 지평을 확장하는 것"이라고 그는 주장한다.

벨로프의 비판은 상식적 차원에서의 비판이 아니라 전문적 차원에서의 비판이다. 기본적으로 그는 분명한 내용이 없는 열정으로 유럽통합의 근거를 과거에서 찾고자 하는 시도에 대해 더 경고하고자 한 것이다. 이러한 경고 속에서 그는 무엇보다 그가 역사적 진실을 희생하면서 국가

간 화해를 추구한다고 본 역사교사들에 대한 불신을 표명했다. 이와 비슷한 취지에서 아델베르트 바인슈타인(Adelbert Weinstein)도 1954년 8월 유럽 정치통합 노력의 위기 이후에 다음과 같이 지적했다.

군대 증류시험관의 유럽(Das Europa der militärischen Retorte), 역사교사들의 유럽 그리고 기술관료들의 유럽은 브뤼셀에서 큰 타격을 받았다.[47]

국제교과서 협의활동에 대한 동유럽에서의 비판은 이와는 전혀 다른 성격을 지니고 있다. 그들의 비판은 기본적으로 정치에 영향을 받고 있으며, 그렇기 때문에 정치적 상황의 변화에 따라 유동한다. 동유럽 국가들은 이 책에서 서술된 바와 같은 교과서 개선활동의 사실들을 상당히 오해하고 있다. 그들은 자신들의 엄격히 위계적인 교육체제에 기초해서 서유럽 국가들을 판단하여 다음과 같은 잘못된 평가를 내리고 있다. "서독의 국제교과서연구소는 교과서 내용을 조작하고 있다."(『우리 민족의 두 가지 발전경로와 교과서에서의 그것의 반영Die zwei Entwicklungswege unserer Nation und ihre Widerspiegelung im Schulbuch』, 독일교육중앙연구소Deutsches

---

47) 1950년 10월 프랑스는 유럽방위공동체(European Defence Community) 창설을 제안했다. 1952년 5월 유럽방위공동체 조약안이 참가국들에 의해 조인되고난 이후, 1954년 8월 말까지 참가국 의회에서 비준절차를 밟았다. 그런데 1954년 8월 말에 프랑스 의회가 조약에 대한 비준을 거부함으로써 이 유럽통합 기획은 실패했다. 이 실패로 인해 이 계획과 함께 논의되었던 유럽정치공동체(European Political Community) 계획도 마찬가지로 좌초되고 말았다. 이 두 계획은 그 이전의 유럽석탄철강공동체를 포함하는 명실상부한 정치, 군사, 경제를 포괄하는 유럽통합을 달성하고자 한 시도였다. 프랑스 의회의 비준 거부 이전, 즉 1954년 8월 19일부터 22일까지 브뤼셀에서 1954년 봄 프랑스 수상 및 외무장관으로 취임한 멘데스-프랑스(Mendès-France)의 주도로 1952년도 조약안을 프랑스의 입장에 유리하게 대폭 수정할 것을 내용으로 하는 참가국 외무장관회의가 개최되었는데, 그 결과는 매우 비관적이어서 동년 8월 말 프랑스 의회의 비준거부는 어느 정도 예견되었다. 본문의 '군대 증류시험관의 유럽'은 유럽방위공동체와 유럽정치공동체를, '기술관료들의 유럽'은 유럽석탄철강공동체를, 그리고 '역사교사들의 유럽'은 교과서 협의활동을 통한 유럽적 역사관의 확립 시도를 각각 의미하며, '정치통합 노력'은 '브뤼셀에서 큰 타격을 받았다'는 표현은 위의 브뤼셀 외무장관회의의 부정적 결과를 뜻한다. (역자)

Pädagogisches Zentralinstitut, 동베를린Ostberlin, 1963). 1961/62년 폴란드 서부 언론사(Zachodnia Agencja Prasowa)가 편집한 연구서『독일연방공화국 교과서들(School textbooks in the German Federal Republic)』도 이와 동일한 내용의 비판을 하고 있다. 동유럽 국가들에서 사람들은 철저히 이데올로기적으로 생각하기 때문에, 그들은 서유럽에서의 교과서 개선을 위한 노력들을 브라운슈바이크 국제교과서연구소가 추진한다고 여겨지는 전투적 반공주의 이데올로기를 전파하는 노력이라고 추측한다. 이러한 논리에서 보면, 양국간 권고안 작성을 위한 노력은 이러한 논리를 보다 더 큰 차원에서 입증하는 것에 불과한 것으로 보여진다. "서유럽의 국가들은 더욱 자유롭게 힘을 합쳐 보다 더 큰 범죄를 저지를 수 있기 위해서 서로에게 행한 범죄를 서로 용서하고 있다."

그러나 많은 쌍무 교과서 협의의 권고안들이 국가사회주의(나치즘), 제2차 세계대전 당시 독일이 자신의 점령지역에서 행한 범죄와 실수, 그리고 유럽의 저항운동을 어떻게 다루고 있는지를 알아본 사람은 즉시 위와 같은 비난이 정당하지 못하다는 것을 알 것이다. 그럼에도 불구하고 이것을 여기에 소개한 것은 이러한 비난도 전후 국제교과서 개선활동의 역사에 속하기 때문이며, 또한 서유럽과 동유럽 간의 관계를 개선하기 위한 유네스코 활동 덕분에 그 동안 상당히 극복될 수 있었기 때문이다.

동유럽의 어떤 비판점들은 또한 교과서 협의활동이 잘못된 방향으로 전개되는 것에 대한 경고로서 서유럽에서도 제기되고 있다는 사실을 간과해서는 안 된다. 역사에서 일종의 '유럽-이데올로기(Europa-Ideologie)'를 주조하고자 하는 경향 또는 서로에 대해서 좋은 점만을 언급하는 경향이 이러한 잘못된 방향으로의 전개 양상에 속한다. 교과서 협의활동이 지나치게 서유럽에 집중된 현상도 가능한 한 개선되어야 한다. 1953년 이후 줄곧 유지된 가치 있는 서독-유고슬라비아 관계와 이와 유사한 서유럽 국가와 동유럽 국가 간의 관계에서 알 수 있는 바와 같이, 이러한 관계 개선의 조짐이 보이고 있다. 프랑스에서도 또한 교과서 협의가 오직 '서구적 입장(abendländische Sicht)'에서만, 즉 서유럽적 입장에서만 추진되고 있다는 점에 대한 비판의 목소리가 종종 들린다. 프랑스 역사교사협회 연례총회(1954)에서 한 회원이 다음과 같이 말했다.

프랑스와 서독의 역사가들 간에 합의된 권고안이 작성되었을 때, 나는 그 권고안 중 어떤 내용은 서독이 소련과 동독을 증오하는 데 용기를 주었다고 생각했다. 기본적으로 서유럽 내에서 조직된 국제교과서 대화에 참여함으로써 우리는 피할 수 없이 어떤 입장을 취하는 것이거나 특정한 정책에 직접 관여하게 되었다.

정치적으로 확실히 좌파 성향을 보이고 있는, 파리 고등사회과학연구원(EHESS) 원장 피에르 빌라(Pierre Vilar)가 1954년 10월 독일교육학잡지에 게재한 논문 「교과서 개선, 역사가들의 국제적 만남 그리고 민족화해」에서 행한 비판은 이러한 시각에서 가장 논리정연한 것이다. 서유럽의 교과서 협의활동에 대한 위와 같은 프랑스의 비판은 어느 정도 프랑스의 반미적 입장(유럽을 세계 정치의 장에서 세 번째 세력으로 보는 드골의 유럽 개념에서 나타난 바 있다)을 반영한 것이다. 동유럽과 서유럽의 역사가들과 교육가들 간의 대화는 우리 시대에 있어서 가장 소망스런 일 중의 하나이며, 오랫동안 국제교사협회 화해위원회(Comité d'Entente der internationalen Lehrerverbände)가 - 이것은 냉전으로 인해 해체되었다 - 실현하고자 했던 노력들을 다시 시작하는 데 가장 적합할 것이다.

끝으로 새로운 형태의 출판물을 소개하겠다. 그것은 쌍무 학술대회에서 논의된 사항의 전문이나 일부분을 내용으로 하는 출판 형식이다. 수년 전 1954년 성과 없이 논의만 했었던 영국-서독의 논의가 『외교(Außenpolitik)』라는 잡지에 게재되었다. "국가사회주의(나치즘)의 역사를 양국의 젊은이들에게 어떻게 가르쳐야 하는가?"라는 주제로 1961년 12월 파리에서 개최된 프랑스-서독의 교과서 대화의 녹취록이 『역사교육 국제연보(Internationales Jahrbuch für Geschichtsunterricht)』 제9권과 특별출판물에 게재되었다. 국제교과서연구소의 연구시리즈에 제5차 미국-서독 교과서 대화와 제7차 서독-이탈리아 역사가대회에서의 논의가 수록되었다. 교과서 저자들과 교과서 저자들을 위한 이 역사가 학술대회가 간직하고 있는 대단히 가치 있는 자료들을 제외한다면, 이러한 출판물들은 다른 어떤 것보다 더 분명하게 교과서 협의활동의 진정한 성격을 부각시킨다. 교과서 대화는 '잃어버린 시간의 흔적을 찾아서' 모든 역사적 사건의 사실들과 이 사실들을 분석하는 시각을 다루며 가능한 한 다양한 이해와 해석을 추구한다. 이때 서로에 대한 미사여구가 교환되는 것이 아니다. 학술대회에서의 논쟁적인 대화가 국제교과서 협의활동의 핵심을 구성한다라고 말하는 것은 결코 과장이 아니다. 그리고 가능하다면, 이러한 논의를 통해서 유럽적 역사관을 구성하는 요소들을 찾아낼 수 있을 것이다.

IV

미래의 교과서 개선 목표와 방법

- 쉬데코프

1. 각국의 교과서연구소들과 유럽교과서센터

  교과서 개선활동의 가장 중요한 원칙은 자발성(Freiwilligkeit)이며 이 원칙은 앞으로도 지켜져야 한다. 비록 화려하지 않고 작지만 실제적인 조직체가 있는 곳에서는 어디서나 지속적이고 발전적인 교과서 협의활동이 가능했다는 점 또한 확인할 수 있었다. 예를 들면, 북유럽 5개국의 교과서 개선활동의 경우가 그렇다. 5개국의 북유럽협회들은 교과서 전문가 위원회를 구성했고, 이 각국 전문가 위원회들을 통괄하는 '역사교육을 위한 5개국 북유럽협회들의 통합위원회(The Five Norden Associations Joint Committee for History Teaching)'가 창설되었다. 그밖에 북유럽 이외 지역의 국가들과의 쌍무 협의를 자신의 과제로 생각하는 역사교사협회들이 북유럽 모든 나라에서 활동하고 있다. 이러한 활동을 하는 조직이 대규모이어야 할 필요는 없다. 다만 서로 긴밀히 협력할 수 있는 적은 인원의 전문가들이 조직되고 그들이 활동하고 자료를 모아둘 수 있는 그런 공간을 확보하는 정도면 충분하다. 유럽과 그 밖의 지역에 존재하는 이러한 작은 교과서 센터들은 국제교과서 개선활동의 조직적 중추를 구성하는 '징검다리' 역할을 한다. 부정적인 예를 들면 조직의 필요성을 더욱 잘 알 수 있을 것이다. 다른 대륙은 말할 것도 없고 유럽만 해도, 유럽평의회의 국제학술대회에서 중추적인 역할을 하는 우수한 전문가들을 보유하고 있지만 교과서 문제를 다루는 아무런 조직체도 보유하고 있지 않은 나라들이 많이 있다. 이들 나라들의 교과서 문제 전문가들은 교과서 개선활동의 전제조건인 이러한 센터의 도움이나 자극을 받을 수 없다. 비록 역사교사협회가 존재할지라도 이들 나라는 교과서 개선활동을 효율적으로 할 수 있을 만큼의 재정력을 대부분 결여하고 있다.

　국제교과서 협의활동의 본질적 부분은 쌍무적 차원과 다자적 차원에서 권고안이나 검토의견서의 형태로 이미 수행되었다고 말할 수 있다. 그러므로 다음 단계는 거대지역적 차원에서의 다자 협의가 될 것이다. 그러나 여전히 쌍무 교과서 협의활동은 필요한데, 이는 새로운 교과서들과 개정판들에 대한 검토 그리고 역사연구의 최근 성과에 근거한 교과서 검토 등과 같은 과제가 계속 존재하기 때문이다. 그러므로 유럽의 모든 나라에 교과서 협의활동을 전담하는 교과서센터가 창설되어야 한다. 프랑스와 이탈리아는 오래전부터 이러한 노력을 하고 있다. 스위스에는 이전의 국제연맹과 관련이 있었던 기구들이 아직 존재하는데, 이것들은 국가적 차원을 뛰어넘는 국제적 성격을 지니고 있는 것들이다. 벨기에는 1914년 안트베르프(Antwerp) / 말린(Malines)에서 L. Th. 메스(L. Th. Maes) 주도하에 현대국제관계사 교육센터(Centre Pédagogique d'Histoire Actuelle Internationale)가 설립되어 현재까지 꾸준한 발전을 하고 있다. 교과서 도서관은 물론 많은 나라에 있지만, 이 도서관들은 현재의 교과서 개선활동에는 그다지 큰 관심을 갖고 있지 않다. 그러므로 옛 교과서들의 수집상태를 알고, 그 교과서들의 내용을 서로 비교하기 위해 서로 분리되어 있는 이러한 도서관들과 연구소의 정보교환을 조율하는 것이 유럽 교과서센터의 앞으로의 과제 중 하나가 되어야 한다. 허버트 팅스텐스(Herbert Tingstens)가 바로 이러한 연구를 하고 있다. 그는 여러 해 동안 스톡홀름에서 발행되는 잡지 『다겐스 니헤터(Dagens Nyheter)』의 편집책임자로서 활동했고, 현재 프랑스, 서독, 오스트리아, 이탈리아 그리고 영국의 옛 역사교과서들을 비교하는 연구를 하고 있다.

각국에 자국과 외국의 교과서를 수집하고 교환하는 기능을 수행하는 교과서센터를 건립할 필요성은 이미 이전부터 인식되었다. 지적협력국 제위원회(International Committee on Intellectual Co-operation)의 '카자레스 확대결의'(1932)는 다음과 같이 말하고 있다.

위원회는 교육박물관과 각국 교육정보센터들이 교과서들을 수집해야 한다고 생각한다.

유네스코는 1945년 이후 이러한 생각을 받아들여 자신의 『안내서(Handbuch)』제10장 '실천을 위한 권고사항(Recommendations for Action)'에서 다음과 같은 점을 촉구했다.

교과서 개선활동을 위해 각국에 교과서 정보교환센터(clearing house of information)를 설립할 것. 유네스코의 각국 위원회와 다른 유관 기관 및 단체들은 각국에 교과서 정보교환소를 설치함으로써 교과서와 다른 보조교재들의 개선활동에 중요한 기여를 할 수 있을 것이다. 이 교과서정보교환소는 자국에서 그리고 다른 나라에서 사용되고 있는 교과서들의 개선과 교과서 개선활동에 가치가 있는 다른 자료들의 개선을 위한 연구 활동을 할 것이다. 정보교환소 책임자들은 교과서 개선활동에 있어서 자국 대표로서도 활약할 수 있을 것이다.

동·서 관계문제 프로그램에 대한 유네스코 세미나들(Unesco -Seminaren über das Ost-West-Programm)에서도 참석자들이, 유네스코의 과제뿐 아니라 교과서 관련 활동의 과제도 수행하는 기구를 각국에 설립할 것을 제안한 바 있다.

1962년 5월 서독 고슬라에서 개최된 유네스코 학술대회의 연구그룹 Ⅱ의, 위에서 언급된 실천프로그램에 대한 공식적 보고서도, "교사들과 협의하여 유네스코 자료실, 외국 교과서와 기타 보조교재, 그리고 모든 다른 유용한 자료들을 수집하는 센터를 각국에 건립"해야 한다고 말했다. "브라운슈바이크 국제교과서연구소는 아주 이상적인 연구소이다. 그러나 이러한 연구소 설립이 언제나 가능한 것이 아니며 반드시 필요한 것도 아니다." 상황에 따라 이러한 연구소는 대학교, 교육대학교, 교육부 또는 교육과정위원회의 부속기구로서 설치될 수도 있다. 이 교과서연구소는 동시에 교과서를 수집하는 장소이기도 하며 교과서 연구를 수행하는 기능도 해야 한다. 지속적이고 체계적인 교과서 개선활동을 위해서 이러한 기구들이 '국제화'되어야 할 필요성은 이미 일반적으로 인정되었다. 1948년 8월 부다페스트에서 개최된 교육국제준비위원회(Commission Préparatoire Internationale de l'Enseignement)에 제출되었던, 교과서연구 국제위원회(Internationale Kommission zum Studium der Lehrbücher)의 보고서도 "모든 나라의 초등 및 중등 교육과정에서 사용되는 주요한 교과서들과 가장 대표적인 교육학 저널을 포함한 교과서국제도서관을 파리에 건립할 것"을 요구했다.

그러므로 이러한 종류의 교과서센터를 각국에 설립할 필요성에 대해서는 일반적인 공감대가 조성되어 있다고 볼 수 있다. 그러나 이 일은 아직 시작 단계에 있으며 앞으로 해야 할 것이 많다. 그렇지만 우리는 이미 국제교과서 협의활동의 두 번째 단계인 거대지역적-다자적 교과서 협의활동에 진입했다. 예컨대, 우리는 현재까지 유럽인들이 갖고 있는 남아시아와 남동아시아에 대한 역사상과 다른 새로운 아시아적 역사관이 이 지역에서 어떻게 형성되고 있는가를 고찰할 수 있다. 유럽사 서술도 결코 포기될 수 없는 것이다. 이 두 개 지역의 역사를 비교할 수 있는데, 이때 유럽사 서술에 대한 관심과 관계된 다른 지역의 역사에 대한 관심 사이에 좀더 균형 잡힌 분배가 이루어질 수 있다.

이제 막 형성되고 있는 아시아인들의 새로운 역사관에 대한 연구는 지금 수준에서는 권위 있는 것으로 받아들여질 수 없다. 몇 년 전 존 오스본(John Osborne)이 『라이프(Life)』에서 말한 바와 같이, "우리는 아시아인들과 대화하는 것을 배워야 한다. 그것도 빨리 배워야 한다." 그런데 우리가 아시아인들이 생각하는 바를 알 때 비로소 이 일을 할 수 있으며 아시아인들의 현재 교과서를 읽음으로써 우리는 그들의 생각을 알 수 있다. 이러한 이유 때문에 1958년 가을 동경에서 개최된 유네스코 동·서 관계문제 학술대회 자료모음집으로서 발간된 권고안을 이 지역에 적용하는 것이 매우 중요하다. 일단 이 지역에 유네스코의 도움으로 교과서 연구소가 설립되어야 하고, 동시에 남동아시아 모든 국가들에서 교과서센터가 설립되고 발전하도록 해야 한다.

각국 교과서센터와 각 지역 교과서센터의 설립은 전세계에 걸친 국제 교과서 개선활동에 있어서 매우 중요하다. 그러나 불행하게도 그러한 교과서센터를 설립하는 데 필요한 노력과 비용을 생각할 때, 우리 앞에 놓인 길이 아주 멀다는 것 또한 분명하다. 유럽평의회의 문화협력위원회(Council of Cultural Co-operation) 주도로 그리고 여러 다른 기구들의 도움을 통해서 역사교과서 및 지리교과서 개선을 위한 유럽 정보 및 자료센터(European Information and Documentation Centre for the Improvement of History and Geography Textbooks)가 설립될 수 있었다는 것은 이러한 사정을 생각할 때 더욱 고무적이다. 이 센터의 운용은 서독 브라운슈바이크 국제교과서연구소가 맡게 되었다.

1964년 여름 아이슬란드 레이캬비크(Reykjavik)에서 개최된, 지리교과서 개선을 위한 유럽평의회 제4차 학술대회 참가자들은, 유럽평의회가 교과서 개선을 위한 유럽센터를 만들어야 한다고 결의했다. 이러한 맥락에서 그들은 유럽평의회가 브라운슈바이크 국제교과서연구소와 협력할 것을 촉구했는데, 왜냐하면 이 연구소는 "이미 이 분야에서 가치 있는 많은 경험을 가지고 있고 유럽의 역사교과서들과 지리교과서들 그리고 유럽과 다른 지역에서 교과서 개선과 관련된 많은 자료들을 가지고 있는 도서관을 운영하고 있기 때문이다." 교과서 개선을 위한 유럽센터의 임무는 다음과 같다.

    1. 교과서 개선 영역에서, 특히 역사교과서와 지리교과서 개선을 위한 유럽적 이니셔티브 격려하기

    2. 쌍무 차원과 다자 차원의 교과서 학술대회를 개최하고 교과서 개선과 관계된 다른 대회 개최하기

    3. 교과서 저자들과 편집자들 및 도움을 요청하는 모든 연구소, 단체 그리고 개인들 지원하기

    4. 통계자료, 화보, 시청각 자료, 유럽 기구와 단체들의 출판물 등과 같은 정보, 특히 지리 분야에서의 정보 교환 장려하기

    5. 각국 교과서센터의 활동 격려하기

    6. 역사교육과 지리교육의 기초를 다지기 위해서 유럽의 협력 필요성과 교과서 개선활동에 교육 전문가들의 관심을 갖도록 하는 데 필요한 지원하기, 그리고 이를 위해 여론 선도하기

    7. 이 부분에서의 모든 연구, 특히 비교교육방법론에 대한 연구 장려하기

    8. 유럽의 지리교육 문제들을 다루는 학술지를 매년 정기적으로 발간하기

    9. 유럽의 모든 나라로부터 교과서와 보조교재 수집하기. 수집 대상 중 핵심은 역사, 지리와 관련된 자료가 되어야 한다.

    10. 교과서 개선활동과 관련된 모든 자료를 포함한 유럽자료집 간행하기

    이것이 레이캬비크의 결의사항이다. 이후 예비적인 논의가 있었고, 이어서 브라운슈바이크 국제교과서연구소가 이 역할을 할 수 있을지에 대

한 예비적 검토가 있었다. 문화협력위원회는 1965년 6월 제8차 대회에서 공식적으로 브라운슈바이크 국제교과서연구소에 이 임무를 수행할 것을 의뢰했다.

역사교과서와 지리교과서의 개선을 위한 각국 정보 및 자료센터(national information and documentation centres) 설립에 대한 권고안을 인정하며, 이 분야에서 유럽 국가들 간의 협력이 지속되어야 한다고 생각하며, 각국 센터들의 활동은 서로 조정되어야 한다고 생각하며, 이 분야에 오랜 경험을 갖고 있으며 이 분야에서 그 활동 가치를 높이 인정받고 있는 서독 브라운슈바이크 국제교과서연구소가 바로 이 조율기능을 하기에 적합하다고 생각하며, 국제교과서연구소에게 이 분야의 정보교화센터 기능을 수행할 것을 의뢰한다.

브라운슈바이크 국제교과서연구소가 이 의뢰를 받아들임으로써 유럽의 교과서 협의활동은 새로운 단계로 진입한 셈이다. 즉, 쌍무 차원의 교과서 협의활동들은 이제 비로소 서로 조율될 수 있게 되었고 세계적 차원의 교과서 협의활동의 전단계로서 다자적-지역적 차원에서의 교과서 협의활동으로 확장될 수 있게 되었다. 브라운슈바이크 국제교과서연구소는 이 새로운 임무를 위해 지난 15년 간의 경험을 활용하고 있다. 1945년 이후 독일은 실제로 이러한 노력에 가장 적합한 이상적인 곳이다. 그러므로 바로 여기에 국제교과서연구소가 설립될 수 있었고 다른 곳에서는 아직 설립되지 못했다는 점이 조금 더 쉽게 이해될 수 있다. 국가사회주의(나치)의 완전한 몰락은 역사교육과 역사교과서에도 큰 영향을 미쳤다. 패전 이후 처음에는 역사수업이 금지되었다. 몇 년 후 역사수업이 다시 도입되었을 때, 교사들, 교과서 저자들 그리고 출판사들은 대단히 불안했다.

정부 당국뿐 아니라 독일교사협회들의 작업공동체(Arbeitsgemeinschaft

Deutscher Lehrerverbände)도 처음부터 역사교육 개혁 논의에 참여했다. 1948년 독일교사협회들의 작업공동체 도르트문트(Dortmund) 대회에서 게오르크 에케르트(Georg Eckert)가 제출한 보고서, '역사교육의 기본문제들(Grundprobleme des Geschichtsunterrichts)'이 채택되었다. 그 주요 내용은 다음과 같다.

앞으로도 독일사는 역사교육의 중심에 서 있어야 할 것이다. 그러나 가능한 범위 안에서 독일 민중들의 삶과 문화의 공간을 넘어서 전체 서구의 역사로, 그리고 세계의 역사로 시각을 확장해야 한다. 장차 세계에 대한 이해의 결여와 다른 민족과 문화에 대한 이해의 부족으로 인해 잘못된 정치적 전개와 편협한 쇼비니즘이 추동력을 얻지 않게 하기를 원한다면, 이러한 역사관의 확장은 반드시 필요하다. 미국, 영국, 러시아, 프랑스 그리고 서슬라브 민족들의 역사가 특별한 주목을 받을 필요가 있다. 주제별 단락을 마련하여 역사발전에 큰 영향을 미쳤던 민족과 문화공간의 역사적 상황을 서술해야 한다. 각 민족의 특별한 발전과정을 서술함과 동시에 서구문화의 수많은 공통 특성을 강조해야 한다(고전고대문화, 서구-기독교문화, 인문주의, 르네상스, 초기자본주의 그리고 도시문화, 사회해방을 위한 유럽부르주아지들의 투쟁, 절대주의, 계몽주의문화, 시민사회, 산업혁명, 산업자본주의, 노동운동 등등). 이처럼 민족화해 정신에 기초한 시각은 공통의 유럽문화의식과 유럽에 대한 공통의 책임의식을 고양하는 데 매우 중요하다.

이 테제에 근거해서 도르트문트에서 독일교사협회들의 작업공동체 내에 역사교육위원회(Ausschuß für Geschichtsunterricht)가 구성되었다. 이 위원회의 본부는 브라운슈바이크에 위치했고, 게오르크 에케르트가 이 위원회의 의장을 맡았다. 일년 후, 역사교육 위원회는 독일교사협회들의 작업공동체 위임을 받아 1933년 강제적으로 중단된 국제교과서 협의활동을 재개했다. 바로 1949년 7월에 최초의 쌍무 차원의 교과서 대화, 즉 제1회 영국-서독 역사교사 학술대회가 개최되어, 1949년은 서독에서 국제교과서 협의활동이 시작된 해가 되었다. 그 이후, 국제교과서 협의활동을 통해서 프랑스, 영국, 스칸디나비아, 미국의 동료들과 서독의 동료들이 잦은 교류를 가졌다. 1951년 부활절에 브라운슈바이크 칸트-교육대학교에서 개최된 제1회 국제 역사교사 학술대회 참석자들은 이러한 관계를 기반으로 해서 '국제교과서 개선을 위한 연구소(Institut für internationale Schulbuchverbesserung)' 설립을 결의했다. 설립취지는 "국제교과서 협의활동이 활발하게 진척되는 이때에 이 작업을 제도화하여 한 곳에 집중하기 위함"이다. 1953년 니더작센 주 교육부는 이 연구소를 하나의 독립된 칸트대학교 연구소로 승격시켰다. 그 이후 이 연구소는 교과서 개선을 위한, 특히 서독 역사교과서 개선활동을 위한 모든 노력의 구심점이 되었다. 이 국제교과서연구소는 주 차원의 연구소이지만 서독의 연방주의적 교육구조에 의해서 그 활동 범위는 처음부터 서독 전 지역에 걸쳐 있었고, 이 연구소의 다양한 과제 수행을 가능하게 했던 연방교사노조와 함께 활동했다.

이 연구소 내규는 연구소의 목적을 '교재 개발 및 편찬과 교육방법론에 관한 연구 수행'으로 정하고, "이때 역사교육과 이와 인접한 교과목이 중점적으로 다루어져야 한다"는 점을 명시하고 있다. 그리고 특히 연구소는 국제협력활동을 추진할 것을 목표로 삼고 있다. 연구소 활동의 중점사항은 구체적으로 다음과 같다.

1. 역사교육과 특정한 역사적 시기와 문제들에 대한 역사교과서의 서술에 관련된 쌍무적 차원의 권고안을 작성하기 위해서 역사가들, 역사교사들, 그리고 교과서 저자들이 국제적 학술대회(대개의 경우 쌍무적 학술대회) 개최하기

2. 교과서 교환과 교과서에 대한 쌍방간의 검토 및 출판사와 저자들과의
항시적인 협의

3. 국제학술대회의 결과와 검토의견서들 출판하기. 특히 1951년 이후 계
속 출간된『역사교육 국제연보』와 연구소의 특별기획시리즈가 이것을 위
해 활용되었다.

4. 비교교과서연구 결과를 전파하고 출판하기. 이를 위해 또한 이 연구
소의 특별기획시리즈가 활용되었다. 이 연구시리즈는 현재까지 12권이 출
간되었다.

5. 국제교과서도서관과 자료실의 건립. 국제교과서 개선활동과 관련 있
는 모든 자료들을 수집하고 있다.

위에서 살펴본 바와 같이, 1960년대 중반 브라운슈바이크 국제교과서
연구소가 유럽평의회와 그 산하기구인 문화협력위원회의 위임을 받아들
여 국제교과서정보센터라는 새로운 과제를 수행하게 되었는데, 이 과제
는 이 연구소 설립 초부터 의도했던 목표였다. 연구소는 하나의 독일교
육대학교 부설 연구소에 불과하지만, 그 과제와 작업방식은 언제나 국제
적이었다. 이에 관해 게오르크 에케르트는『국제교육연보(International
Yearbook of Education)』(1964)에서 다음과 같이 말했다.

유럽운동(European Movement)[48]과 유럽평의회의 도움으로 처음에 주로
쌍무적 차원에서 수행되었던 교과서 개선활동을 유럽전체를 포괄하는 다
자적 차원의 협력활동으로 확대하는 것이 가능했다.

이제 브라운슈바이크 국제교과서연구소는 유럽평의회 문화협력위원

---

48) '유럽운동'은 1945년 이후 유럽에서 창설되어 활동하던, 많은 유럽통합 단체들 중
의 하나이다. 여기에 영국의 처칠도 참가했고, 이 단체는 유럽평의회가 탄생하게
된 계기를 마련해준 1948년 헤이그 유럽통합 대회에 중추적인 역할을 했다. (역
자)

회의 이니셔티브로 유럽과 세계에서 최초로 다자적-지역적 차원에서 교과서 협의활동을 할 수 있게 되었다. 연구소는 이제 "교과서와 보조교재들 개선에 관한 정보를 수집하고 전파하기 위한 국제적 정보교환소 (clearing house)"로서의 역할을 할 것이다. 유럽과 다른 지역의 각국에 교과서 관련기구들을 설립하는 데 연구소의 이와 같은 새로운 활동이 하나의 자극이 되기를 바란다.

2. 교과서 개선보다는 좋은 교과서를
(Bessere Lehrbücher statt Lehrbuch-Revision)

교과서 개선이 위에서 설명한 모든 활동들의 궁극적인 목적은 아니다. 단지 좀더 좋은 교과서를 서술하기 위한 하나의 수단에 불과한 것이다. 좀더 나은 교과서를 편찬하는 문제와 교과서의 기술적, 방법적 개선의 문제를 혼동해서는 안 된다. 교과서의 기술적, 방법적 개선은 지난 몇 년 사이 많은 진전을 이루었다. 이것은 옛 교과서와 현재의 교과서를 비교해보면 쉽게 확인할 수 있다. 특히 프랑스의 교과서들이 그렇다.

역사교육에서 교과서가 수행하는 역할에 대해 너무 큰 의미를 부여하는 것이 아닌가라는 반론이 제기되기도 한다. 우리는 더이상 경전 같은 교과서와 몇 개의 다른 서적들을 통해서 세계관이 형성되던 시기에 살고 있지 않다는 것이 이러한 회의의 근거이다. 네브레(Nevlet)의 『이솝우화(Mythologia Aesopica)』(『Nevlet의 책』이라고 더 많이 알려졌음)는 18세기 프랑스에서 오늘날의 『프티 라브르스(Petit Larousse)』[49]처럼 널리 사용되었다. 이것은 당시 프랑스 어린이들의 가장 중요한 교육자료였다. 이러한 문제에 대해 칼 J. 부르크하르트(Carl. J. Burckhardt)는 다음과 같이 말했다.

---

49) 이것은 현재 프랑스에서 가장 많이 사용되고 있는 프랑스어 사전이다. (역자)

직인이 물건을 만들듯이 만들어진 네브레의 우화는 그것이 만들어지고 난 이후 대단히 중요한 한 요소가, - 이것을 어떻게 표현해야 할까? - 다시 말하면, 18세기 이후의 모든 어린이들이 세례를 받았던 그런 어린이용 목욕탕이 되었다. 즉 어린이들 최초 인식의 목욕탕이 되었다.

루스 밀러 엘슨과 에르스트 바이마르도 19세기 미국과 독일의 교과서의 중요성에 대해 위와 비슷한 평가를 하고 있다.

여러 가지 이유에서 교과서의 중요성은 오늘날 더이상 명확하지 않다. 필자는 앙리 브룬슈빅(Henry Brunschwig)의 다음과 같은 회의적인 말을 이미 인용한 바 있다. "오늘날 역사는 학교에서 가르쳐지지 않는다." 막스 벨로프는 1953년 로마에서 개최된 유럽평의회 심포지엄에 제출한 보고서에서 아일랜드인 참석자의 다음과 같은 말을 인용했다.

영국민에 대한 나폴레옹 전쟁의 역사 교육은 영국인이 프랑스에 대해 어떤 원한을 불러일으키게 하는 것이다. 역사의 문제가 여전히 '생생한 (alive)' 곳에서만 역사교육의 문제가 있는 것이다.

이 말은 어느 정도는 맞는 이야기이다. 이러한 이유 때문에, 쌍무 차원의 역사가 학술대회는 현대사와 관계된 문제에 매우 자주 관심을 집중시킨다. 그러나 역사적 사건이 현재 해당 인민들의 마음속에 자리잡고 있는가라는 문제는 역사적 사건 발생의 시기에 결코 의존하지 않는다. 여러 해 동안 사람들은 제1차 세계대전의 책임문제는 학문적으로 이미 해결되었다고 생각했다. 그러나 1960년대 프리츠 피셔(Fritz Fischer)의 『세계 강대국의 추구(Griff nach der Weltmacht)』가 그동안 잊혀졌던 제1차 세계대전 문제에 대한 감정을 다시 자극했다. 오늘날 서독에서는 선거철이면 비스마르크 당시의 문화투쟁(Kulturkampf)[50]과 사회주의자 탄압법[51]의 역사가 아직도 부르주아 계층에게는 중요한 역할을 하고 있다.

새로운 아시아 국가들과 아프리카 국가들의 역사의식 속에 식민지 시기로부터 연원하는 오래된 증오심은 과거의 식민지국가들인 유럽 국가들이 식민지 해방 이후 이들 나라들의 발전에 기여했던 모든 건설적인 정책보다 더 중요하게 인식되고 있다.

오늘날 모든 국가와 정부는 '좋은' 교과서가 무엇인지 각자 다르게 생각하지만 아무튼 '좋은(gut)' 역사교과서를 편찬하는 데 큰 가치를 부여한다. 이들은 테오도르 호이스(Theodor Heuss)가 프랑스-서독 교과서 협의에서 한 다음 지적과 같은 의미에서 좋은 교과서 편찬이 좋은 역사교육의 전제조건이라고 생각한다. "이러한 시도는 물론 교수들, 역사교사들 그리고 언론인들이 스스로 다시 배우겠다는 마음의 준비를 해야 하는 것을 의미한다." 교과서는 그것이 한 국민의 역사의식 형성에서 지니고 있는 의미와는 별도로 다른 민족에 대한 평가체계 형성에 대한 그 영향력을 아직도 잃지 않았다.

이러한 인식은 우리의 중심적인 테마, 즉 좀더 좋은 교과서 편찬의 문제와 닿아 있다. 오늘날 우리는, 국제연맹이 많은 산하 기구들과 많은 다른 국제단체들과 함께 교과서 개선을 위해 노력했던 1919년부터 1939년 시기의 세대가 성취한 것보다 더 많은 것을 성취하지 않았는가? 그러나 이것은 지난 20년 간의 노력이 교과서 저자들과 역사교사들을 위한 방대한 양의 참고자료들(이것은 지금 이 순간에도 증가하고 있다)을 마련했다

---

50) 문화투쟁은 루터파 개신교 지역인 프로이센 중심으로 독일이 통일되고난 이후, 즉 1871년 이후 외적으로 통일된 지역을 내적으로 통합하는 과정에서 북독일의 개신교와 남독일(바이에른 등)의 카톨릭이 충돌했던 사건이다. 비스마르크는 남독일의 본거지인 카톨릭 문화세력 및 정치세력을 제국의 적으로 규정하여 1870년대 그들을 제국 정치에서 배제하는 정책을 펼쳤다. 이러한 탄압을 계기로 카톨릭 세력은 중앙당(Zentrum)을 창당하여 이를 중심으로 결집했다. (역자)

51) 독일의 친노동정당인 사회민주당이 1870년대 중반 세력을 확보하기 시작하자 비스마르크는 이들도 제국의 적으로 규정하여 사회주의자를 탄압하기 위한 일련의 법을 제정했다. 이와 함께 비스마르크는 노동세력을 달래기 위해 노동자 복지정책도 함께 실시했는데, 이유야 어쨌든, 유럽에서 최초의 노동자 복지정책이 당시 유럽에서 가장 보수적인 정권 중 하나인 독일제국에서 실현되었다. (역자)

는 점에서만 그러하다. 이때 과연 저자들과 역사교사들이 이러한 자료들을 충분히 활용하고 있는가라는 문제가 핵심적인 문제이다.

다른 민족을 의도적으로 폄하하고자 하는 그런 평가들을 포함하고 있는 교과서는 현재 유럽에서 거의 찾아볼 수 없다는 것은 진실이다. 이러한 성과는 국제교과서 협의활동보다도 제2차 세계대전 이후 이러한 악의적인 평가를 제거하고자 하는 시대 정신에 더 큰 덕을 보았다고 볼 수 있다. 그러나 단지 교과서에서 이러한 악의적인 평가를 제거하는 것 자체가 국제교과서 협의활동의 목적은 아니다.

따라서 다른 민족에 대한 악의적인 평가들의 제거라는 측면은 단지 국제교과서 협의활동의 한 측면에 불과하다. 여기서 지난 20년 동안 시도했더라면 성취될 수도 있었던 다음과 같은 많은 것들이 성취되지 못했다.

1. 현재까지 완전히 출판되기 이전에 새로운 역사교과서와 개정된 역사교과서를 검토하기 위한 새로운 체계가 개발되지 않았다. 북유럽 국가들 간에 진행되었던 역사교과서 협의활동에 성공적으로 활용되었던 이 방법(완전히 출판되기 이전에 새로운 역사교과서와 개정된 역사교과서를 검토하는 것)은 긍정적인 성과를 얻을 수 있는 유일한 방법이다. 이미 출판된 교과서를 검토하는 방법은, 출판사가 그 검토의견을 중요하게 여기지 않는 한 어디서나 검토의견에 대한 어떠한 반응을 얻을 수 없기 때문에 별 효과가 없다.

2. 지금까지의 경험에 의하면, 출판사와 저자는 검토자의 비판을 받아들이거나 최소한 비판에 마음을 열고 자신의 결함을 제거할 의무감을 느끼지 않는다. 도덕적 차원에서도 그렇다. 몇몇 소수의 선한 의지만으로는 충분치 않다는 점은 다시 강조할 필요가 없다. 출판사들이 교과서가 출판되기 이전에 이런저런 교과서연구서들로부터 타당한 비판을 받

았다고 책 어딘가에 과시하기 위해서만 자신의 교과서를 비판적으로 검토받게 하고 실제적으로 아무것도 고치지 않는다면 어떠한 성과도 이끌어낼 수 없다. 이러한 태도는 실제적인 변화를 가져오려고 하는 의지 없이 값싼 자기 변명의 논리를 만들고자 하는 경향에 기인한다. 이때, 1933년 이전에 그랬던 것처럼, 학문과 교육의 자유라는 이상도 자기 변명의 논리로 자주 이용된다. 그러나 이 자유는 결코 각자가 개인적으로 마음에 드는 것을 서술할 수 있고 서술해도 된다는 것을 의미하지 않는다. 분명, 본질적이고 보편적인 기본적 권리임에 틀림없는 이 자유는 그것이 무엇이든지 자의적으로 생각할 수 있는 자유를 의미하지 않는다.

오늘날도 보존되어야 할 국사의 특징들을 잃어버릴지 모른다는 우려와 부적절한 통일성에 대한 두려움 때문에 역사가들과 역사교사들은 유럽적 관점에서 역사를 서술하고 가르치기를 꺼려한다. 그럼에도 불구하고, 우리는 교과서 개선 영역에서 간전기 상황보다는 더 발전했다고 생각하고자 한다. 유럽통합이라는 오늘날의 상황변화에 강제되어서 이미 유럽적 역사관의 여러 기본요소들이 존재한다. 필자는 본 연구에서 단지 학교교육만을 위해서 서술되지 않은 유럽의 역사서들은 고려하지 않을 것이다. 유럽사에 대한 영국과 미국의 교과서들은 둘 다 제외되어야 할 것인데, 왜냐하면 이 교과서들은 유럽대륙 사람들의 역사를 자신들의 역사와 다른 어떤 것으로 생각하기 때문이다. 반면, 유럽의 어느 역사도 영국을 포함하지 않고 서술된 것은 없다. 우리는 끊임없이 역사책에서 민족주의적 관점 극복을 이야기했지만 여태까지 성취된 것은 너무 적다. 민족적으로 다른 나라들로 편입되어 오늘날의 유럽을 만들었지만, 그 나라의 중앙집권적 경향 때문에 그 독자성을 잃어버린 많은 유럽 부족들의 전통을 생각한다면, 이러한 사실과 우리의 미래 즉, 유럽합중국을 연결시킨다면 최근 과거의 과오를 시정하고 매우 긴급히 필요한 건설적인 힘들이 발전하도록 하는 길을 발견할 수 있다.

교육적 관점에서 유용한, 그리고 이미 앞에서 언급된 좋은 타협적 해결책은 자신의 나라의 역사책을 읽게 하는 것 이외에 외국 교과서의 관점을 알게 하는 교육이다. 줄르 이작(Jules Isaac)이 1930년에 개정한『현대사(Histoire contemporaine)』가 이러한 최초의 시도였다. 이 개정판 교과서에 그는 모리츠 디스터벡(Moritz Diesterweg) 출판사가 출판한 독일 역사교과서의 일부분을 발췌하여 게재함으로써 프랑스 학생들이 독일의 관점을 비교하여 자신의 독자적인 판단을 형성할 수 있도록 했다. 브라운슈바이크 국제교과서연구소는, 이미 앞서 이야기한 바와 같이, 수년 전『다른 사람들이 우리를 어떻게 보는가(Wie andere uns sehen)』를 기획, 출판했는데 여기에는 지난 백 년 동안의 독일 역사에 대한 외국 역사교과서의 서술들이 번역되어 수록되었다. 이 책은 대단히 인기 있었다. 왜냐하면, 이 책을 통해서 고등학교 마지막 학년의 학생들에게 교사들은 동일한 사건이 다른 나라 교과서들에서는 어떻게 해석되고 있는가를 보여줄 수 있었기 때문이다. 한 가지 예를 들자면, 덴마크 교과서는 1864년 덴마크와 프로이센-오스트리아 전쟁에 대해 덴마크가 강대국과 싸우는데 스웨덴이 지원해주지 않았다는 이유로 스웨덴을 비난했다. 그 교과서는 지원하지 않았던 이유에 대해서 스웨덴의 의회와 정부가 하나 이상의 강대국의 지원 없이 이 전쟁에 간섭하기를 꺼려했기 때문이라고 서술하고 있다. 반면, 스웨덴 교과서에 따르면, 스웨덴은 영국이 이미 약속한 북유럽국가들에 대한 지원을 실제로 이행하지 않았기 때문에 이 전쟁에 간섭하기를 꺼려했다고 서술하고 있다. 반면 영국 교과서에 따르면, 1864년경에 미국의 남북전쟁으로 인해서 영국 랭커서(Lancashire) 지방 면 산업의 원료 공급에 문제가 생겼고 이로 인해 영국은 큰 위기에 직면해서 대륙의 일에 간섭할 여유가 없었다는 논리를 전개하고 있다. 다른 나라의 역사교과서에 서술된 바와 같은 외국의 연구 결과들을 국경을 넘어 참조하기가 그리 어렵지 않음에도 불구하고 사람들은 얼마나 자기 나라의 역사를 오직 자국의 관점에서만 보려고 하는가를 이 예는 분명히 말해주고 있다. 그러므로 국경선을 넘어 유럽적 차원에서『다른 사람들이 우리를 어떻게 보는가(Wie andere uns sehen)』같은 연구서를 기획하여 출판하는 것은 매우 가치 있는 일일 것이다. 이것은 유럽의 모든 역사교과서들이 공동으로 추진해야 하는 과제가 될 것이다.

역사에 대한 젊은이들의 이해의 폭을 넓히는 또다른 방법은 외국 역사교과서 자체를 활용하는 것이다. 이것은 물론 언제나 가능하지는 않지만, 하나의 방법이긴 하다. 예컨대, 베를린에 있는 프랑스학교(Collège Français)에서는 학생이 일정한 연령이 넘으면 역사를 포함한 모든 수업들은 오직 불어로, 그리고 불어로 만들어진 교재로만 학습한다. 또다른 예를 들자면, 영국의 역사교과서인 H. A. 클레멘트(H. A. Clement)의『근대유럽의 이야기(The Story of Modern Europe)』가 게오르크 베스터만(Georg Westermann) 출판사에 의해 독일어로 번역되었다. 번역자 서문에서 롤프 요아힘 사틀러(Rolf-Joachim Sattler)는 외국 교과서를 읽을 때 얻을 수 있는 가치에 대해 정확히 지적했다. 즉, 유럽 모든 나라들의 역사서술에서 각각의 고유한 스타일이 확인되는데, 이에 대해서 안다는 것은 다른 나라에 대해 평가할 때, 그리고 역사에 대한 종합적인 이해를 얻을 때 대단히 중요하다는 것이다.

한 민족이 획득한 특별한 역사적 경험들, 이 경험들에 기인하는 태도들과 문제들 및 역사 속에서 전개된 삶의 방식은 한 민족의 역사관을 형성하고 또한 역사에 대한 연구방식과 서술방식에 영향을 미친다.

자기 나라의 역사에 대해서 외국의 역사가가 쓴 책을 때때로 읽는 것은 자기 자신의 역사적 판단력을 고양시키는 데 매우 도움이 된다! 다른 나라의 관점에서 유럽사에 대해 무엇인가 시사하는 그런 보조교재들, 즉

시청각 자료, 영화, 슬라이드, 지도, 음반 등이 또한 매우 도움이 된다. 이것은 1950년 브뤼셀에서 개최된 유네스코 국제학술대회 『세계사 교과서(World history Textbooks)』의 작업그룹의 다음과 같은 결의사항과도 일맥상통하는 것이다.

작업그룹은 교과서가 아무리 좋을지라도 교과서 하나만으로는 교육의 건실한 기초를 구성할 수 없다고 생각하기 때문에 팸플릿이나 영화 같은 보조자료의 활용을 권한다.

이 모든 것이 진정한 의미에서 어린이를 위한 '유럽'의 역사교과서를 대체할 수는 없다. 이러한 유럽사 역사교과서는 지금까지 존재하지 않았지만, 1950년 이후 줄곧 많은 역사교사 학술대회에 의해 요구되었다. 여기서는 세계형제단(World Brotherhood)에 의해 1953년 서독의 비스바덴(Wiesbaden)에서 개최된 프랑스-서독 교육자 학술대회의 결의안을 예시하겠다.

고전고대의 전통과 기독교적 전통으로부터 연원하는 유럽의 지적 통일, 특히 유럽의 정신적 공동체를 늘 말해주고 있는 유럽사의 위대한 사건들이나 업적들은 언제나 역사교육의 중요한 대상들이 되어야 한다. 현재까지 존재하는 경제적 유대도 마찬가지로 역사교육의 중요한 대상이 되어야 한다. 유럽 학자들의 공동작업으로 유럽적 관점에 의한, 교사들을 위한 역사교과서가 저술된다면, 위와 같은 역사교육은 한결 수월해질 것이다.

여러 해 동안 우리는 구체적으로 실현되지 않은 위와 같은 내용의 결의사항들을 많이 접했다. 그렇기 때문에, 사람들은 이 작업을 요구하는 것을 포기하고 그 대신 드디어 이러한 작업을 하기로 마음먹어야 한다고 이야기하고 싶을지 모르겠다. 이 작업이 한 사람의 고독한 투쟁으로 결실을 맺었지만, 그가 죽은 이후에나 세상에 소개되는 그런 일이 발생되기를 원치 않는다면, 각국의 교육부와 교과과정위원회의 정신을 변혁하고 교과서 출판사가 주도할 것을 촉구해야 할 것이다. 유럽평의회의 문화협력위원회가 유럽의 모든 역사교사들을 위해 관여하는 것이 대단히 유용할 수도 있다. 이러한 교과서가 한 나라에서 먼저 출간되어 학생들이 활용하는 것도 하나의 방법이다. 오늘날 유럽의 모든 국가들 간의 긴밀한 관계라는 배경에서는 이러한 역사교과서가 분명 유럽적 차원에서 어떤 영향을 미칠 것이다. 이 책이 학문적으로 그리고 교육학적으로 훌륭하고, 각국의 교사들이 유럽적 정신에 입각해서 역사교육을 하고자 할 기본적인 준비가 되어 있다면, 이 방법은 성공할 것이다.

이상에서 언급한 문제들은 또한 1965년 개최된 두 번의 쌍무 차원의 학술대회 때도 제기되었던 바 있었다. 하나는 서독-이탈리아 학술대회이고 또다른 하나는 서독-노르웨이 학술대회이다. 다루어지는 주제들은 단지 관계된 양국에게만 적용되는 것이 아니라 일반적인 유럽적 이해관계와도 관계된다는 점을 두 대회는 분명히 보여주었다. 밀라노의 서독-이탈리아 학술대회의 주제는 1789년 이후 시기에 대한 양국의 역사교과서 서술을 검토하는 것이었다. 검토 결과, 서독 교과서는 유럽의 다양한 나라들에서 전개되었던 민족국가 운동(nationalstaatliche Bewegung)을 유럽의 공통된 현상으로 파악하는 시각을 거의 강조하지 않았다는 점이 확인되었다. 그러나 민족국가 운동은 이탈리아와 독일연방(Der Deutsche Bund)에게만 적용되는 것이 아니라 동유럽의 상황에도 적용되는 것이다. 그러므로 예정된 앞으로의 서독-이탈리아 학술대회는 특별히 이 문제를 집중적으로 다루어야 한다.

서독-노르웨이 학술대회에서도 이와 유사한 방식으로 한자동맹의 문제는 결코 관계된 양국간의 문제가 아니라 영국, 네덜란드, 독일, 스칸디나비아 그리고 러시아를 포함하는 북유럽 지역 전체에 관계되는 문제임이 분명히 확인되었다. 참가국들의 역사연구는 이미 도시건설의 역사에 관해 아주 새로운 성과를 산출했다. 그러나 이 성과들은 아직도 거의 교과서에 반영되어 있지 못하다. 독일의 도시법(Stadtrecht)이 도입됨으로써 비로소 '도시(Stadt)' 건설을 위한 주민거주가 이루어졌다라는 해석이 얼마 전까지 주장되었다. 그러나 오늘날은 '주민거주의 연속성(Siedlungskontinuität)' 테제가 주장되고 있다. 이 테제에 따르면, 독일인들이 도시를 건설하기 위해 이주하기 전에 이미 왕이 임명한 도시감독관(Stadthauptmann)을 가지고 있는 고대 노르만 도시들이 있었다는 것이다. 그러나 이 도시들은 상인 길드(Kaufmannsgild)에 대한 권리를 갖고 있지 못했다. 하여간 독일인들이 이주하기 이전의 노르만 주거지에 근거한, 보다 오래된 형태의 도시법이 있었다는 것이다. 그 이후 근대적 도시법(이것은 독일의 도시법만이 아니라 독일을 포함한 유럽의 도시법을 의미한다)을 지닌 한자도시들이 출현했으며, 이로써 한자도시들은 근대적인 유럽의 도시 건설에 있어서 하나의 돌파구를 개척한 셈이라는 것이다. 이러한 역사연구의 성과에 기초해서 이 학술대회는 이제는 한자도시들을 민족주의적 현상으로서만 해석하는 옛 해석에서 벗어나야 한다는 점을 특히 강조했다. 한자도시연맹은 많은 유럽 도시동맹 중 하나에 불과했다. 이러한 맥락에서 중세 시기에 있어서의 경계의 문제를 잊어서는 안 된다. 중세 국가는 왕토국가(dynastischer territorialer Flächenstaat)인 것이다.

이 두 가지 작은 예는 어떻게 역사 연구가 아직 교과서에 반영될 수 없었던 많은 새로운 지식을 지난 몇 년 사이에 산출했는지를 보여주고 있다. 현재까지 관행이었던, 역사에 대한 민족주의적 접근에 의해 지금까지 무시되거나 의식적으로 간과되었던 측면들인, 과거 공통의 유럽적 유대를 이제는 부각시켜야 함을 이 모든 예들은 분명히 지적하고 있다. 국제교과서 개선활동의 가장 중요하면서 동시에 의미 있는 과업 중 하나가 연구와 교육의 간극을 메우는 일이다.

3. 초국가적 역사교육 : 민족사, 유럽사 그리고 세계사를 하나의 통일된 단위로 하는 역사교육

1956년 파리에서 개최된 유네스코 학술대회 '서양의 교과서와 교재에서의 아시아(The Treatment of Asia in western Textbooks and Teaching Materials)'의 다음과 같은 진술로부터 이 마지막 절을 시작하는 것이 가장 적절할 듯싶다.

자신의 역사와 문화를 정확히 이해하고 그것을 좀더 넓은 시야에서 바라보는 것은 서구인들의 특별한 의무이다. 이때 역사 과정을 통해서 서구의 발전이 아시아의 발전에 의해 영향받고 조건지어지고 그리고 어떤 면에서는 그것과 나란히 진행되었던 방식을 평가하는 것이 중요하다.

여기에 아메리카와 아프리카를 추가한다면, 이 장에서 다루고자 하는, 역사의 '하나의 세계(eine Welt)' 구상을 그릴 수 있을 것이다. 이 구상은 한 순간에 무너질 수 있는 또다른 새로운 바벨탑을 세우는 것이 아니라 옛 위험을 제거함으로써 새로운 위험을 피하고자 하는 노력의 일환이다. 이 위험에 대해서는 앞서 이미 언급했다. 즉, 우리는 19세기의 민족주의적 사유방식을 유럽적 사유방식으로 대체할 때 새로운 지역적 민족주의(regionaler Nationalismus), 즉 유럽 민족주의(Europäischer Nationalismus)의 희생제물이 되고자 하는 유혹에 빠지기 쉽다. 우리는 우리의 유럽 대륙의 경계를 넘어서 인류 역사를 바라봄으로써만 이러한 위험을 극복할 수 있다. 1958년 동경 유네스코 학술대회를 준비하면서 서유럽의 역사가들은 이러한 문제를 제기하고 아시아 학교와 역사교과서에서의 유럽사 서술에 관한 권고안을 작성했다. 유럽의 학생들이 학교를 졸업할 때 아시아 학생들이 갖고 있는 것과 동일한 역사지식을 소유하리라는 기대는 헛된 희망이 아닐 것이다.

우리가 유럽사를 정확히 인식한다면, 즉 모든 측면을 향해 개방된 자세로 유럽사를 바라본다면, 우리는 19세기의 민족주의를 유럽 민족주의로 대체하는 실수는 범하지 않을 수 있다. 교과서 협의활동이 단지 1933년 단절되었던 끈을 다시 연결시키는 것이라면, 그와 관련된 모든 일은 거의 가치가 없을 것이다. 부정적인 것을 제거하는 작업에 연이어서 동유럽, 러시아, 비잔틴, 이슬람 그리고 터키, 북아메리카, 라틴아메리카와 관계된 문제들을 포함하는 유럽의 총체적 역사 차원에서 광범위한 논의가 잇따라야 한다. 오직 이러한 방식으로만 우리의 작은 대륙은 아시아와 아프리카의 새로운 국가들과의 막 시작된 커다란 역사적 논쟁이라는 시험을 성공적으로 통과할 수 있다. 이러한 지역들에서는 우리가 직면해야 할 아주 새로운 역사적 개념들이 이미 만들어져 있다는 사실을 항상 기억해야 한다. 인도와 인도네시아에서 처음으로 유럽인들의 직접적 관여 없이 편찬된 세계사에 대한 새로운 역사교과서들을 보면, 커다란 변화를 확인할 것이다. 1948년 인도네시아 학생들은 아직도 덴마크에 대한 프러시아/오스트리아 전쟁(슐레스비히-홀슈타인 문제를 둘러싼 전쟁, 1864)을 상당한 비중을 가지고 배워야 했다. 이에 반해 독일에서 이 주제는 오래전에 이미 그 큰 비중을 잃었다. 그리고 오늘날 유럽사와 아시아사가 균형 있게 배분되어 학습되고 있다. 이러한 시각에서 볼 때, 우리가 유럽에 대한 우리의 역사관을 개선하려고 할 때 극복할 수 있는 완전히 새로운 상황과 직면하게 된다. 인문계 고등학교용 일본 역사교과서에서 유럽사가 놀라울 정도로 많은 비중을 차지한다는 사실을 확인하고, 또 이것과 유럽 대부분의 역사교과서에 아시아의 역사가 아주 작게 다루어지는 현상을 비교해보면 우리가 극복해야 할 문제를 인식할 수 있을 것이다.

변화를 추구하고 균형을 재건하는 것은 어떤 한 민족 단독으로는 해낼 수 없는 일이다. 그 동안 관행이었던 민족국가적 역사관들의 단순한 합계 이상의 관점을 획득하는 것은 오직 공동의 노력 속에서만 가능하다. 이러한 새로운 유럽적 역사관은, 과거에 무수히 많았던 정치적 증오를 지향하는 이상이 아니며 경직된 '친구-적(Freund-Feind)'의 이분법적 구분을 하지 않는다. 그것은 인류의 진정한 역사를 위해 반드시 필요한 전제이다.

우리가 현재 처해 있는 역사적 상황을 1964년 가을 카를 야스퍼스(Karl Jaspers)는 다음과 같이 해석했다. 그는 인류의 역사를 대략 6000년으로 계산한다. 지구상의 발견과 근대 자연과학의 발전 시대 이후 시작된 '기술의 시대(technischer Zeitalter)'를 그는 새로운 세계의 시대로 본다.

유럽인은 지구상의 발견의 주체이고, 그 나머지 사람들은 발견된 사람들이다. 기술의 시대는 이를 통해서 인류를 그 안에 다 포섭하여 이제 비로소 시작된 세계사의 기초를 놓았다. 우리는 놀란다. 지구상에 생명이 시작된 뒤부터 시작된 그 장구한 세월에 비교해보면, 인류가 이 지구상에 존재하기 시작한 뒤부터 현재까지의 약 6000년은 대단히 짧은 시간이다. 지구의 역사를 한 시간으로 보면, 6000년이라는 세계사는 분(Minute) 단위로 계산되며, 기술의 시대에 의해 시작된 인류 통일의 시간 단위는 초(Sekunde)인 것이다.

이제 새로운 의미의 세계사를 시작해야 할 지점에 우리는 도달했다. 현재까지 '세계사(world history)'라고 불리어진 모든 것은 민족들과 문화들의 단순한 합이었다. 이제 도래할 것은 지금부터 모든 인간은 하나의 공동의 길을 걸어가야 할 것이다라는 의미에서 진정한 세계사이다. 반함 (Vanhamme)은 1950년 브뤼셀에서 개최된 유네스코 학술대회에서 다음과 같이 말했다.

역사교과서는 무엇이어야 하는가? 보편적 진보와 모든 국가의 공동 노력의 이야기이다.

그는 한 민족의 국가사의 어떤 사건도 보편사 속의 이와 유사한 사건들과의 지속적인 관련성 없이 서술되어서는 안 된다고 강조했다. "교과서는 지적 고립주의(intellectual isolationism)의 산물이 아니다." 역사교육은 "우리로 하여금 그 장점들이 우리의 약점들을 보충하는 그런 사람들을 이해하도록" 해야 한다. 제2차 세계대전 동안에도 역사연구자들은 이러한 의미에서 세계사의 틀을 발전시키고자 하는 노력을 했다. 마르크 블로흐(Marc Bloch)는 1939/40년 '이상한 전쟁(phony war)'[52] 기간 동안에 『유럽 문명의 틀 내에서의 프랑스 인민의 역사(Histoire du Peuple Français dans le Cadre de la Civilisation Européenne)』를 서술하기 시작했다. 프랑스의 동양학자 그루세(R. Grousset)는 1946년 『역사에 대한 결산평가(Bilan d'histoire)』를 출간했는데, 여기에서 아시아의 역사가 비중 있게 다루어졌다. 그는 인류역사의 진행과정에 있어서 자신의 몫으로 평가되어야 할 부분을 아시아에게 돌려주었다.

중요도를 공평하게 배분함으로써 우리 세대의 균형 있는 역사관을 얻어야 할 중요한 과제의 실천이 앞서 자주 언급되었던 세 차례에 걸친 유네스코 동·서 관계문제 학술대회의 목적이었다. 1956년 파리에서 '동

---

52) 제2차 세계대전은 나치 독일이 폴란드를 침공하기 시작했던 1939년 9월 시작되었다. 짧은 기간의 전투 후에 폴란드는 나치 독일에 의해 점령되었다. 그 이후 1940년 4월 서부전선에서 전쟁이 시작될 때까지 아무런 전쟁행위가 없었다. 이를 지칭하여 '이상한 전쟁'이라고 부른다. (역자)

양학 교과과정(school syllabus for Asian studies)'을 위한 기본지침으로서 다음과 같은 '최소요구(minimum requirements)'가 만들어졌다.

1. 인류문명 발전에 있어서 아시아 인민의 기여에 대한 균형 잡힌 강조
2. 아시아 문명의 본질적인 특성에 대한 이해에 도움이 되는 위대한 아시아 문명에 대한 보다 상세한 서술
3. 서구 국가들의 역사를 가르칠 때 공통적으로 서술되는 것과 같은, 특별한 아시아 위인들과 관계된 전기적 자료의 소개
4. 가족, 교통, 음식, 교육, 건축, 문학 등과 같은 생활방식에 대한 개념들을 생생하고 현실적인 방식으로 서술. 현대사를 다룰 때나 이전 시기를 다룰 때 이러한 시도를 할 수 있다.
5. 동양과 서양의 문화적 교류, 특히 지난 2세기 동안 동·서양 간의 문화교류에 대한 객관적 서술
6. 국제관계의 전개와 대외 관계의 시각에서 아시아의 최근의 기본적 문제들에 대한 연구

1953년 칼프/슈바르츠발트(Calw/Schwarzwald)에서 개최된 역사교과서 개선을 위한 제1회 유럽평의회 심포지엄의 참석자들은 이와 같은 취지에서, 우리가 노력하고 있는 유럽사 개념이 작은 지역(Lokal) 차원과 거대 지역(Regional) 차원에서 출발하고, 국가의 경계를 고려하지 않고 공통의 요소들을 다룰 것을 요구했다.

근대에 세계 무대에서 유럽이 행한 역할, 특히 인구 이동, 사상과 기술 전파의 주요한 특징들을 분명히 밝혀야 한다. 그러나 서로 다른 제국들의 형성과 발전에 대한 연구는 보편적인 틀에서 수행되어야 한다. 동시에 다른 문명의 특징들과 유럽 문명에 대한 그들의 기여가 무시되어서는 안 되는데, 왜냐하면 유럽사는 세계사의 구성부분이라는 사실을 잊어서는 안

되기 때문이다.

새로운 프랑스 교과과정에 기초해서 편집된, 고등학교 마지막 학년용 역사교과서는 이러한 보편적 역사개념이라는 측면에서 모범적이라고 볼 수 있다. 또한 영국에서도 이러한 종류의 훌륭한 역사교과서가 있다. 이 두 나라는 결코 대체될 수 없는 제국적 전통을 소유하고 있고, 많은 유럽 대륙의 국가들과 달리 이 두 나라의 교과서 저자들은 처음부터 전세계를 포괄하는 역사상을 가지고 있다. 유럽통합 분위기 속에서 교과서 저자들은 '유럽주의(Europäismus)'를 모든 역사의 선도사상(Leitidee)이라고 생각하는 오류를 범하고 있다. 그러나 '유럽주의'는 다른 지역을 고려하지 않을 때, 쉽게 유럽 민족주의(Europäischer Nationalismus)로 전락할 것이며, 이렇게 새롭게 주조된 유럽 민족주의는 구래의 민족주의적 역사관을 의미 있게 대체할 수 없는 것이다.

밖으로부터 오는 영향들에 대해 정신적 개방적 태도를 취하고 외부에 영향을 미치는 정신적 구심점을 구축하는 것이 현재 유럽의 역사적 사명이다. 유럽이 정신적으로 불구가 되지 않고 고립되지 않기를 원한다면, 유럽은 이러한 사명을 저버리면 안 된다. 이를 위한 모든 종류의 노력이 경주되어야 한다. 현재 동유럽 국가들과의 접촉, 아시아와 아프리카 국가들과의 교류는 이러한 노력에 있어서 중요한 계기들을 제공해준다. 이상의 과제는 완수하기에는 불가능할 정도로 많아 보인다. 그래서 이에 대한 문제의식을 포기하고 전통적인 역사서술로 되돌아가는 교과서 저자들과 역사교사들이 많이 있을 것이다.

이러한 문제상황에서 우리가 먼저 추구해야 할 것은 무엇인가? 지금까지와는 다른 새로운 교과과정(Lehrplan)을 수립하는 것이다. 예컨대, 역사를 향토사, 민족사, 유럽사, 서양사 그리고 세계사 같은 5개의 층위로 나누어 서술한 인류사를 생각할 수 있다. 이렇게 편찬된 교과서를 통해 젊은이들은 그들이 세계에서 차지하고 있는 위치를 인식할 수 있을 것이다. 물론 이러한 노력은 어떤 획일성(Uniformität)을 추구하는 것이 아니라 소위 '다양성 속의 통일(Einheit in der Vielfalt)'을 추구하는 것이 되어야 한다. 베네룩스 국가들의 경험(베네룩스 목록Syllabus Benelux)을 예로 들어보자. 그들은 학생들이 배워야 하는 공동의 역사적 주제들을 확정했다. 이러한 작업은 쌍무 차원에서도 유럽적 차원에서도 가능하다. 그러나 이때 각국의 이해관계가 무시되어서는 안 된다.

이러한 맥락에서 필자는, 1958년 4월 아시아 국가들의 교사와 학생을 위한 서유럽 역사가 학술대회가 유네스코의 요청에 따라 작성한, 역사적 지식의 핵심적 내용(아시아 국가들의 역사교육과 역사교과서에서 다루어져야 할 유럽사에 대한 권고안Recommendations for the treatment of European history in the textbooks and the teaching of Asian countries)을 이 자리에서 다시 한번 더 소개하고자 한다. 아시아 학생들이 알아야 할 것으로 간주되는 것은 유럽 학생들도 마찬가지로 알아야 할 사항으로 받아들여지고 있는 것들이라 생각해야 한다! 위의 권고안은 유럽의 교과서 저자들과 역사교사들에게도 유용하므로 그들에게도 이 문서가 활용되도록 해야 한다. 『역사교육 국제연보(Internationales Jahrbuch für Geschichtsunterricht)』 제7권(1959/60)에 게재된 것만으로는 충분하지 않다. 아래에 이 권고안에서 소개한 목차와 테마들의 대강만을 소개한다.

A. 일반적 고찰
B. 중세의 세계
   고대 문명의 유산
   1. 중세 유럽의 사람들과 그들의 물질적 기초
   2. 유럽 세계에 대한 기독교의 기여
   3. 로마 제국의 전통
   4. 고대 정신과 그것의 중세로의 전수

5. 지중해 지역으로부터 북쪽으로의 서구문명 중심의 확대

6. 서구에서 봉건제의 발전

7. 의회제도의 배경

8. 서구의 특징적인 사회적 발전과 영토의 변화

9. 후기 중세의 유럽 국가들의 특성들

10. 서구의 발전에 있어서 중세의 의미

C. 근대 초기(The Early Modern World), 1500~1800

1. 지구상의 발견

2. 유럽 국가들의 정치적 변화, 1500~1815

3. 중상주의와 식민지체제

4. 대외 팽창이 유럽에 미친 영향

D. 현대(L'Epoch Contemporaine)[53]

1. 서설

2. 정치적 발전

3. 사회적 발전

4. 정신적, 문화적 발전

5. 20세기 유럽의 상황

6. 두 차례에 걸친 세계대전과 평화를 위한 기구들

E. 근대제국주의

1. 배경

2. 원인들

3. 제국주의의 형태들

4. 결과들

  a) 본국의 변화

---

53) 영미 사학계에서는 보통 20세기의 역사를 현대사(Contemporary History)라고 보는
데, 프랑스는 프랑스혁명 이후의 역사를 'Histoire Contemporaine'로 표기한다. 원문
에 A, B, C. E는 영어로 표기되고 유독 D만 불어로 표기되었다. 추측컨대, '현대
사' 개념에 대한 각국의 차이로 인하여 특별히 이 부분을 불어로 표기한 것 같다.
(역자)

b) 국제관계의 변화

c) 식민지 지역의 변화

　이 간략한 내용은 유럽에서 세계사에 대한 역사관 정립을 위해 노력해야 할 항목들의 하나의 예로서 인용되었을 뿐이다. 필자는 룩셈부르크 유럽학교의 두 번째 역사교과서 구상을 이미 언급한 바 있다. 이 책의 상세한 목차는 앞으로의 발전을 위한 하나의 제안으로서 역할을 할 것으로 기대된다. 이와 관련하여 필자는 유네스코-교육연구소(Unesco-Institut für Erziehung)의 두 차례 학술대회(1960, 한번은 서독의 함부르크에서, 또 한번은 터키의 부르사에서 개최되었다) 결과를 언급하고자 한다. 두 그룹은 역사교육에서 다루어야 할 주제에 대한 시안을 작성했다. 즉, '동양인과 서양인 스스로의 인식에 반영된 서양의 가치들(Some Western values as they appear to Orientals and Westerner themselves)'과 '동양문화와 서양문화 교류의 지대들과 그 시기들(Areas and Periods of Contact betwen Easern and Western Cultures)'이 그것이다. 이들 학술대회의 권고안들은 부분적으로 유네스코 동·서 관계문제 학술대회(Unesco-Ost-West-Tagung, 1962년 5월, 서독 고슬라) 결의안에 삽입되었다. 이것은 유네스코 공식 결과보고서 '동양의 교과서를 위한 몇 가지 적절한 주제들(Some suitable topics for Eastern textbooks)', '서양의 교과서들을 위한 몇 가지 적절한 주제들(Some suitable topics for Western textbooks)'의 부록 I-III에 수록되었다.

　유럽의 교과서 저자들과 역사교사들이 활용할 수 있는 창조적인 기본적 구상들을 위한 노력이 이로써 다 끝난 것은 결코 아니다. 이와 관련하여 독자들은 다시 한번 새로운 프랑스 역사교과서 『현대사(Histoire Contemporaine)』를 기억하기 바란다. 역사교육에 관심이 있는 유럽의 교육당국들과 민간 단체들이 역사교육에 대한 매우 훌륭한 자료들을 제공했다. 예컨대, 다음과 같은 출판물들은 모든 역사교사와 교과서 저자들이 얼마든지 구입할 수 있는 것들이다.

1. 근대사 - 1919년부터 현재까지 세계사 시험에 대한 특별요목 (Modern History - Special Syllabus in World Affairs 1919 to the present day) : 런던 대학교

2. 중등교사 자격시험, 역사과목 시험요목(Syllabus for the Examination in History for the Certificate of Secondary Education) : 브리스톨(Bristol) 대학교

3. '현대사 1913～1963(Contemporary History 1913～1963)'에 대한 시험요목. 1963년 4개 대륙에서 17개의 학교가 가입한 국제학교협회(제네바)

4. 역사 커리큘럼과 세계적 시각, 영국과 외국의 시험요목들에 대한 비교분석(History Syllabuses and a World Perspective, a comparative survey of examination syllabuses in Britain and overseas) : 세계정부 의회그룹 (Parliamentary Group for World Government), 런던, 1962

5. 비서국이 대서양의 역사상에 관심을 가지고 있는 '대서양조약협회 (Atlantic Treaty Association)'의 교육학 관련 출판물들. 이 출판물들은 지역적-다자적 시각에 기초한 것이며 특히 유럽과 미국의 관계사에 대해 많은 시사점을 준다. 특히 다음과 같은 것을 읽을 것을 권한다.『나토 회원국들의 학교에서 대서양 관계에 대한 이해(Transatlantic Understanding in the Schools of Nato Countries, London, 1960)』,『중등과정에 있어서 국제적 사건들에 대한 교육과 연구(The Teaching and Study of International Affairs in Secondary Schools, London, 1962)』,『세계와 학교, 교사들을 위한 현재 국제적 사건에 대한 서평(The World and the school, a review for teachers of current international affairs)』

6. 위에서 소개한 출판물들이 중등과정을 위한 것이며 서구에 제한된 것이었다면, 교사협회들의 국제연맹(International Federation of Teachers' Association)은 수년 전부터, 아시아와 아프리카의 역사와 문화가 유럽의

초등학교 교과서에서 어떻게 서술되어 있는가라는 문제를 연구하고 있다. 이것은 유네스코의 위탁에 의해서 시작된 것이다. 이 '실험적 프로젝트'는 우선 서독, 프랑스, 영국, 스위스에 국한해서 연구했다. 이미 소개한 최초의 연구 결과는 그렇게 긍정적이지 못하다. "연구대상 4개국에서 사용되고 있는 역사교과서는 아시아와 그것의 유럽과의 관계에 관한 많은 '고전적' 주제들을 다루고 있는데, 많은 경우 아시아 민족의 해방과 그 결과들이 만족스럽게 다루어지지 않았다. 그리고 현대사 문제들에 대한 서술을 보면 상황은 더욱 안 좋다. 그런데 '아시아의 현대사는 오늘날의 세계에 대한 이해에 있어서 대단히 중요하다.'"

이 모든 것은 교과서 저자들에게 결코 적지 않은 요구이며 아주 복잡한 과제임에 틀림없다. 그러나 대부분의 교과서는 전래된 통념들을 그대로 반복할 뿐이며 어떤 새로운 시도를 하려고 하지 않는다. 이러한 관행이 무엇보다 먼저 변화되어야 한다. 그리고 이러한 노력은 다음과 같은 기본원칙으로부터 출발해야 한다. 즉, 한 민족의 역사는 그들 부족들과 그들 지역들로부터 시작하여 유럽사의 일부분으로 그리고 더 나아가서 인류의 일부분으로서 고찰되어야 한다.

결언

인간은 자신의 현재 모습에 대해 책임을 져야 한다.
…(중략)… 우리의 책임은 우리가 생각하는 것보다 훨씬 더 크다.
왜냐하면, 우리의 책임은 인류 전체와 관계 있기 때문이다.
(Jean Paul Sartre)

교과서 개선활동의 많은 원칙들은 동일하게 역사교육에 적용되어야 한다. 교사들은 정확한 정보를 제공하고 용어들을 명확히 규정하며 논쟁적인 문제들을 객관적으로 다룰 수 있어야 한다. 그리고 교사는 자신이 수업시간에 사용하는 어휘들이 학생들의 마음속에 편견이나 오해를 초래하지 않도록 조심해야 한다. 국제화해를 증진시키는 원칙들이 단지 교과서에만 적용되고 학생들과 교사들에게 어떠한 영향도 주지 않는다면, 교과서 개선활동을 통해 성취된 성과는 아마 대부분 상실될 것이다.

오늘날도 다음과 같은 사정으로 인해 교과서 협의활동의 장애요인들이 발생한다. 즉, 정부는 교과서 협의활동의 결과를 교사들에게 권하지 않으려고 하는데, 문화협정을 체결했을 경우, 이 협정이 본래 이러한 권고행위를 요구하고 있음에도 불구하고 그렇다는 것이다. 왜냐하면 정부가 이것을 지시할 경우, 학문적, 교육적 자유를 정부가 침해한다는 비난을 받을 우려가 있다고 생각하기 때문이다. 이와 유사한 이유에서 많은 나라의 많은 학자들과 교육전문가들이 자신들의 정신적 자유가 침해받지 않게 하기 위해서 이 교과서 협의활동에 참여하지 않고 있다. 휠더린 (Hölderlin)에 의하면, 인간의 이러한 정신적 가치는 "자기가 가고자 하는 곳으로 갈" 수 있는 자유 속에 존재한다. 그러나 이러한 자유는 교과서 협의활동에 의해 제한되는 것이 아니라 오히려 확대되는 것이다. 문제가 되는 것은 다른 데 있다. 즉, 불신, 복수심, 무관심 그리고 정신적 정체가 너무나도 자주 보다 좋은 시각을 방해하고 있는 것이다.

가끔 교과서 협의활동을 할 수 있는 상대자가 없는 경우도 있다. 1945 년 이후의 영국-서독 교과서 협의활동이 이에 대한 한 예가 될 것이다. 처음 영국측의 파트너는 역사협회 국제위원회(International Committee of Historical Association)였다가, 단스(E. H. Dance)의 주도하에 자발적으로 모인 역사가들과 교육전문가들의 자유로운 그룹들이 이 활동을 주도했다. 그 이후 영국 외무부의 영향을 많이 받았던 이와 유사한 자유로운 그룹이 파트너 역할을 하다가, 조금 후에 영국 유네스코 위원회 교과서 분과가 이 역할을 했다. 그러나 위의 자유로운 그룹들이 해산되고난 이후에는 영국에 서독과의 교과서 협의활동을 담당할 파트너가 없게 된 것이다.

이러한 조직상의 문제는 가벼운 문제가 아니다. 다음과 같은 사실을 생각하면, 이 문제의 중요성을 알 수 있을 것이다. 어떤 나라에서 교과서 협의를 주도하는 사람들이 정부의 한 부처에 의해 구성된다면, 그 협의활동의 결과는 공적인 입장이 표명된 공식 문서가 되고, 그 합의는 국제법상 50년의 유효기간을 가진 공식 협정이 될 것이다. 이로 인해 그 합의문은 사용되지 않을 수 있고, 따라서 의미 없는 것이 될 수 있다.

그러므로 교과서 협의 당사자는, 그것이 개인들의 모임이건 어떤 사적 단체이건, 어쨌든 국가의 어떤 영향에서도 자유로운 분위기에서 협력해야 한다는 점, 그리고 협의 결과의 전파에 있어서 어떤 강제성이 존재하면 안 된다는 점, 그리고 협의 결과를 국가의 힘을 빌어 관철시키고자 하는 시도를 포기해야 한다는 점이 중요하다고 필자는 다시 한번 강조하고 싶다. 정치 논리에서 벗어나 유럽의 젊은이들에게 비판적이며 유럽적인 교육을 제공하고자 하는 목적에서 역사적 진실을 추구하는, 정신적 협력관계 속에서의 인간적 접촉이 교과서 협의활동에 있어서 가장 중요했고, 앞으로도 그럴 것이다.

역사는 과거를 이해하기 위해서가 아니라 오직 미래를 건설하기 위해서 가르쳐지고 있다는 사실을 우리는 잊어서는 안 된다. 역사적 사건들과 사실들이 유럽의 미래를 위해 어떤 열매를 맺을 수 있을 때만 그것들이 가치를 지닌다. 예컨대, 이것은 오늘날까지도 교과서에서 거의 다루어지지 않고 다루어진다 해도 중요하게 여겨지지 않는, 유럽의 작은 나라들의 중요한 업적들을 역사교육에서 인정하는 것을 의미한다. 예컨대 스위스, 벨기에, 네덜란드 그리고 북유럽 국가들의 유럽 헌정체제에 대한 기여를 생각해보자. 이들의 기여는 무시할 수 없는 것이지만, 실제로 유럽의 큰 국가들의 학생들은 학교에서 이러한 나라들의 기여에 대해서 배우지 않고 있다. 이러한 측면은 유럽적 역사관에서 목적하고 있는 중요한 변화 중 하나이다.

이제 앞선 세대들의 쓰라린 경험 덕분에 지난 20년 간 교과서 협의활동을 통해 얻은 성과를 정리해보자.

1. 교과서 협의를 계기로 형성된 일상적인 협력을 통한 소중하고 많은 개인적 유대관계들
2. 도움이 필요할 때 요청할 수 있는 유럽의 많은 교과서 협의활동의 전문가들
3. 다양한 곳에서 교과서 저자들과 교사들이 활용할 수 있는 풍부한 교육자료들
4. 비록 제한적 의미에서 '제도화(institutionalised)'되었지만, 상대적으로 잘 기능하는 교과서 개선활동 체계

5. 유럽에서의 국제교과서연구소들과 센터들의 설립. 지역적, 세계적 차원에서의 교과서 협의활동은 이러한 연구소들과 센터들을 통해서만 가능하다.

끝으로, 교과서 협의활동의 역사와 방법들에 대한 필자의 비판적 연구에서 도출할 수 있는 앞으로의 과제는 다음과 같이 정리할 수 있다.

1. 유럽에서 교과서들에 대한 비판적 검토의 영구적인 체계를 수립하는 것
2. 아직 존재하는 쌍무적 차원에서의 교과서 권고안의 공백을 메우고 이것을 다자적-지역적 차원의 권고안으로 더욱 발전시키는 것
3. 모든 유럽평의회 회원국과 세계 모든 나라에 교과서 연구소를 설립하고 이들 간의 협력체제를 구축하는 것
4. 모든 유럽 학생들이 배워야 하는 세계사의 중요한 요소들의 목록을 작성하는 것
5. 유럽사에 대한 학문적 연구성과를 유럽의 역사교사들이 쉽게 사용할 수 있도록 출판하는 것
6. 교과서 연구에 대한 문헌목록 작성, 유럽 교과서들의 수집, 외국 교과서들의 번역. 이것은 정규적으로 수행되어야 한다.
7. 쌍무 교과서 협의에서 다루어졌던 논쟁이 되는 역사적 문제들에 대한 가장 중요한 권고안들을 한데 묶어 일목요연하게 알 수 있도록 재편집하는 것

앞으로의 활동이 어떤 긍정적인 결과를 가져오기를 원한다면, 위에서 제시한 과제들은 매우 긴급한 것으로 받아들여야 한다. 어쨌든, 교과서 개선활동의 기본방향은 분명하다.

부록

1945~1965년, 역사교과서 개선을 위한 다자적, 쌍무적 협의활동 목록

DATA OF MULTILATERAL
AND BILATERAL MEETINGS : 1945~1965

I. Multilateral - World-Wide Scale

1947

UNESCO Seminar for International Understanding, at the International Centre at Sèvres, near Paris, 21 July to 30 August 1947.

Theme: Education for International Understanding.

Participants: 28 from 31 member States of UNESCO: Australia, Belgium, Bolivia, Brazil, Canada, China, Czechoslovakia, Denmark, Dominican Republic, Ecuador, Egypt, France, Greece, Haiti, India, Netherlands, New Zealand, Norway, Poland, Syria, Turkey, Union of South Africa, United Kingdom, USA and Venezuela.

Observers from six States: Austria, Hungary, Iran, Italy, Sweden and Switzerland.

Report: Howard E. Wilson "UNESCO's First Summer Seminar, An Experiment in Education for International Understanding", UNESCO, Paris, 22 December 1947.

1950

First UNESCO International Educational Seminar on Improvement of Textbooks, particularly History Books, Brussels, July-August 1950.

Participants from: Australia, Austria, Belgium, Canada, Denmark, Egypt, Federal Republic of Germany, France, Iraq, Israel, Italy, Japan, Mexico, Netherlands, New Zealand, Norway, Siam, Syria, Sweden, Switzerland, Turkey, United Kingdom, Union of South Africa, USA.

Recommendations: "The Brussels Seminar, Findings and Studies", UNESCO, Paris, 9 July 1951. "Better History Textbooks", Vol. VI of the Series *UNESCO and its Programme*, UNESCO Publication 938; and J.A. Lauwerys "History Textbooks and International Understanding" in: *Towards World Understanding*, Vol. XI, UNESCO, Paris,

1953.

1951

UNESCO International Educational Seminar on the Teaching of History as a means of developing international understanding. Sèvres-centre International d'Etudes Pèdagogiques, 18 July - 21 August 1951.

Participants from: Australia, Austria, Bulgium, Brazil, Burma, Canada, Ceylon, Denmark, Egypt, Federal Republic of Germany, France, Greece, Haiti, India, Indonesia, Iran, Iraq, Italy, Japan, Liberia, Mexico, Netherlands, New Zealand, Norway, Sweden, Switzerland, Thailand, Turkey, United Kingdom, USA and Yugoslavia.

Recommendations: C.P. Hill "Suggestions on the Teaching of History towards World Understanding"(How the teaching of history in its various aspects may contribute to the development of international understanding and world citizenship amongst pupils of elementary and secondary schools), *Towards World Understanding*, Vol. IX UNESCO, Paris 1953.

1955

World Congress of the World Brotherhood, Brussels, 11-15 July 1955.

Organised by World Brotherhood, Geneva.

Participants from: Argentina, Australia, Austria, Belgium, Brazil, Canada, Chile, Colombia, Costa Rica, Egypt, Equador, El Salvador, Finland, Federal Republic of Germany, France, Greece, Haiti, Honduras, India, Iran, iraq, Ireland, Israel, Italy, Japan, Liberia, Mexico, Netherlands, Norway, Paraguay, Peru, Philippines, Portugal, Rumania, Turkey, Union of South Africa, United Kingdom, USA, Venezuela, Yugoslavia.

Results: Howard E. Wilson and Florence H. Wilson: *International Study of History Textbooks*, 1955, World Brotherhood, 1956.

1956

The treatment of Asia in Western Textbooks and Teaching Materials, UNESCO Conference of an International Committee of Educators, UNESCO-Clearing-House, Paris, 2-12 May 1956.

Participants were educators from : Belgium, France, Philippines, Federal Republic of Germany, Australia, Switzerland, Austria, USA, Sweden, Italy, India, United Kingdom, Chile, Turkey, Japan and USSR.

Result: "Report of the Committee on the Treatment of Asia in Western Textbooks and Teaching Materials", UNESCO/ED/147, Paris, 8 November 1956.

1958

The Treatment of the West in Textbooks and Teaching Materials of South and East Asia, UNESCO Meeting of Experts, Tokyo, 22 September - 4 October 1958.

Participants: Educators from Iraq, Iran, Burma, Malaya, India, Federal Republic of Germany, France, Japan, Korea, Pakistan, Philippines, Afghanistan, USSR, United Kingdom, Ceylon, Chile, Indonesia, Vietnam, Thailand, China, USA, Brunei-North Borneo-Sarawak-Singapore Group.

Observers from: Ghana, New Zealand, Italy, Japan, Cambodia, Czechoslovakia, Hong Kong, Israel and Turkey.

Result: "Report of a Meeting of Experts on the Treatment of the West in Textbooks and Teaching Materials, of South and East Asia", UNESCO/ED/163 Paris, 20 November 1958.

1960

UNESCO Seminar, Wellington, New Zealand, 1-19 February 1960.

Theme: The Use of Publications in Schools for Increasing the Mutual Appreciation of Eastern and Western Cultural Values.

Participants from: Afghanistan, Australia, Cambodia, Canada, Ceylon, China, France, India, Indonesia, Iran, Japan, Korea, Laos, Malaya, Nepal, Netherlands, New Zealand, Philippines, Sarawak and North Borneo, Singapore, Thailand, United Kingdom, USA, USSR, and Vietnam.

Report: UNESCO/ED/176, Paris, 21 October 1960: "The Use of Publications for Schools in Increasing the Mutual Appreciation of Eastern and Western Cultural Values".

1960

Teaching for International Understanding: Mutual Appreciation of Eastern and Western Cultural Values: The Teacher's Role.

Sixth Annual Seminar of the UNESCO Institute for Education, Hamburg, Held in association with the Turkish National Commission for UNESCO at Bursa, Turkey, 18 - 30 July 1960.

Participants from: Austria, Bulgaria, Union of Burma, Ceylon, Czechoslovakia, Denmark, Federal Republic of Germany, France, India, Israel, Italy, Jordan, Korea, Netherlands, Pakistan, Switzerland, Turkey, United Kingdom, USA, Yugoslavia, UNESCO.

Recommendations: "Areas and Periods of Contact between Eastern and Western Cultures", in Conference Report, ed. by D.J. Cobb, Hamburg 1961, pp. 61-63.

1962

UNESCO Meeting of Experts on the Improvement of Textbooks for the Objectives of UNESCO'S Major Project on Mutual Appreciation of Eastern and Western Cultural Values, Goslar (Federal Republic of Germany), 14-23 May 1962.

Participants from: Yugoslavia, Federal Republic of Germany France, Morocco, Hungary, Japan, United Kingdom, USA, Austria, Norway, Netherlands, Belgium, Sweden, Italy, Swizerland, India, Korea, USSR, Czechoslovakia, Indonesia and Israel.

Observers from: Indonesia, Federal Republic of Germany, Denmark, Japan, United Kingdom, India, Israel and Republic of Congo.

Results: Suggestion of the Conference, Part Ⅳ of the Official Report UNESCO/MAPA/ED/2, Paris, 15 March 1963, and Internationales Jahrbuch für geschichtsunterricht, Vol. Ⅸ, Brunswick 1963/64 pp. 184-210.

1964

UNESCO's International Meeting of Educational Publishers, UNESCO Houses, Paris 22-26 June 1964.

Themes: Closer International Collaboration among Authors and Publishers of Textbooks and the Rôle of these in Promoting the Objectives of UNESCO'S Major Project.

Participants from: Algeria, Argentina, Australia, Austria, Belgium, Byellorussia, Cambodia, Canada, Colombia, Congo, Brazzaville and Leopolville, Cuba, Czechoslovakia, Denmark, El Salvador, Ethiopia, Finland, Federal Republic of Germany, France, Guatemala, Hungary, India, Iran, Ireland, Israel, Italy, Kenya, Laos, Madagascar, Mexico, Netherlands, Nigeria, Norway, Peru, Poland, Rumania, Senegal, Sierra Leone, Spain, Sudan, Sweden, Switzerland, United Kingdom, USA, USSR, Vietnam, Yugoslavia.

Reports: UNESCO Papers: ED/PUB/64/114, Paris, May 1964, and the recommendations in: Orient-Occident. News of UNESCO'S Major Project on Mutual Appreciation of Eastern and Western Cultural Values, Vol. Ⅶ, No. 4, Paris, August 1964, p. 18.

II. History Textbook Revision Conferences on a Multilateral-Regional Scale

1946
Seventh Session of the Norden Associations' joint Committee for History Teaching, Stockholm, 11-12 October 1946.

Experts from Finland, Denmark, Norway and Sweden.

Resolution upon a Common Handbook in Nordic History and on vol. I of *Disputed Questions in Nordic History*, and upon examination of New History Schoolbooks, published since 1939.

1947 / 1948
Meetings of the Conference of International Educational Syndicate and the International Commission of Enquiries on School Textbooks, at Prague, 17-19 December 1947; at Brussels, 12 June 1948; and at Budapest 21-24 August 1948.

Participants: delegates from Belgium, France, Poland, Rumania, and Czechoslovakia.

Result: "Rapport de la Commission Internationale d'Etude des manuels scolaires première étude sur la révision des manuels scolaires allemands", Rapporteur: Emil Hombourger.

1948 / 1949 / 1950 / 1951
Meetings of Historians, Speyer, 17-24 August 1948, June 1949, 10-20 October 1949, June 1950 and May 1951.

Organised on the initiative of the Military Government of the French Zone of Germany.

Participants from: Belgium, Federal Republic of Germany, France, United Kingdom. Switzerland, Austria, and an Observer from UNESCO.

Special attention was devoted to the revision and writing of history textbooks.

Resolutions: *A Handbook for the Improvement of Textbooks and Teaching Material*, ed. by Unesco, Paris 1949, 45-46, and: *Europa und der Nationalismus, Bericht über das III. Internationale Historiker-Treffen in Speyer*, Baden-Baden 1950.

1949 / 1951
Meeting of teachers from signatory countries of the Treaty of Brussels; conferences at Ashridge, England (1949); Sèvres, France (1950) and Osterbeek, Netherlands (1951).

Participants: Teachers from Belgium, France, Luxembourg, Netherlands and United

Kingdom.

Theme: To emphasise the common principles of their civilisations and to define to what extent the teaching of these principles should be increased.

Results: Pierre Joulia, *La civilisation Européenne Occidentale et l'école*, published for the signatory countries of the Treaty of Brussels, Paris 1952.

1951

International Conference of Educators, Abbaye de Royaumont, France, 26-31 March 1951.

Organised by World Brotherhood, Commission of Educational Organisations, Geneva.

Theme: How education can develop a better understanding among social groups and countries: present methods and new possibilities.

Participants: France, Netherlands, Italy, Belgium, Denmark, Federal Republic of Germany, Switzerland, and USA.

Report: "L'Education orienté vers une meilleure compréhinsion entre groupements sociaux, Rapport du stage du Royaumont", World Brotherhood, Geneva.

1952

History Teachers' Conference of the Nordic Countries, Sigtuna, Sweden, 3-8 August 1952.

Organised by the Swedish Branch of the *Föreningen Norden*, the National Commission for UNESCO of Sweden, and the History Teachers' Organisation *Historielärarnas forenings Riksorganisation*.

Participants: History teachers from Denmark, Norway, Sweden and Finland. Theme: The Relations of the Nordic Countries in the History Textbooks.

Report: Ivar Seth "Die nordische Geschichtslehrertagung in Sigtuna 1952" in *International Yearbook for History Teaching, Vol. II.*, Brunswick 1952, pp. 352-354.

1952

Meeting of Consultants on Bilateral and Multilateral Consultations for Textbook Improvement, UNESCO-House, Paris, 28-31 December 1952.

Participants: Federal Republic of Germany, France, Italy, Norway, United Kingdom and representatives of UNESCO.

Recommendations concerning the role of UNESCO and the extension of present activities of bilateral consultations, in: *Educational Studies and Documents*, ed. by UNESCO, No. IV, Paris, July 1953, Appendix pp. 43-45.

1953

Eighth Session of the Norden Association's Joint Committee For History Teaching, Copenhagen, 15 February 1953.

Participants: Experts from Denmark, Finland, Iceland, Norway and Sweden.

Resolutions on the necessity of a continuous mutual revision of textbooks as early as possible during their production, on the contents of Vol. Ⅲ of *Disputed Questions in Nordic History* on the desirability of finding ways and means of informing scholars in the other Nordic countries of historical works written in the Icelandic and Finnish languages. Recommendations concerning the common handbook in Nordic History, and on a continued contact with UNESCO. Recommendations to museums to take care that nothing offensive to national sensibilities is said when classes are shown round.

1953

First pedagogical meetings of history teachers from Benelux, Luxembourg, 9-11 April 1953.

Participants: Belgium, Grand Duchy of Luxembourg, Netherlands, Federal Republic of Germany, Austria, Denmark, USA, and Switzerland.

Results: *Syllabus Benelux, faits dominants et grandes figures de l'histoire de belgique, du Grand-Duché de Luxembourg, et des Pays-Bas*, compiled by a joint Commission, Brussels, 13 May 1953, 16 June 1954 and 15 April 1955, and published by the *Fédération belge des professeurs d'histoire*, Brussels 1956.

1953

First Symposium of the Council of Europe on the revision of history textbooks: "The European Idea in the Teaching of History", Calw, 4-12 September 1953.

Participants: Belgium, Denmark, Federal Republic of Germany, France, Greece, Iceland, Ireland, Italy, Luxembourg, Netherlands, Norway Saar, Sweden, Turkey, United Kingdom.

Recommendations to teachers and authors of textbooks in: E. Bruley and E.H. Dance, *A History of Europe?*, Leyden 1960.

1954

Second Symposium of the council of Europe on the revision of history textbooks "The Common Factors of, and the Divergencies between the Various Areas of European Civilisation, with a Stress on Conditions in the Middle Ages"(particularly the Byzantine, Islamic and Nordic civilisations), Oslo, 7-14 August 1954.

Participants: Belgium, Denmark, Federal Republic of Germany, France, Greece, Iceland, Italy, Luxembourg, Netherlands, Norway, Saar, Sweden, Turkey, United Kingdom.

Recommendations to teachers and authors of textbooks: the Middle Ages in: E. Bruley and E.H. Dance, *A History of Europe?*, Leyden 1960, pp.72-73.

1955

International Congress of Scholars, Mainz, Federal Republic of Germany, 16-20 March 1955.

Organised by the Institute for European History, Mainz, Domus Universalis.

Theme: "Europa-Erbe und Aufgabe".

Participants from: Austria, Belgium, Canada, Federal Republic of Germany, Finland, France, Greece, Italy, Netherlands, Norway, Sweden, Switzerland United Kingdom and USA.

Results: *Europa-Erbe und Aufgabe*, edited by Martin Göhring, Wiesbaden 1956.

1955

Third Conference of the Council of Europe on the Revision of History Textbooks, Rome, 15-22 September 1955.

Delegates from: Belgium, Denmark, Federal Republic of Germany, France, Greece, Iceland, Ireland, Italy, Luxembourg, Netherlands, Norway, Saar, Sweden, Turkey, United Kingdom.

Recommendations to teachers and authors of textbooks: "The Sixteenth Century" in: Bruley/Dance *A History of Europe?*, Leyden 1960, p. 73.

1956

Ninth Session of the Norden Associations Joint Committee for History Teaching, Helsinki (Helsingfors), 21-22 February 1956.

Participants: experts from Denmark, Finland, Norway and Sweden.

Resolution concerning the publication of a booklet with examples from textbooks illustrating the results of the mutual revision work. Recommendation to historians in Finland and Iceland to publish larger historical works, originally written in Finnish or Icelandic, in a universal language, i.e. English, shorter dissertations, or summaries of them, in one of the other three Scandinavian languages.

Recommendation to authors of textbooks in civics to include some information about the constitution of the other Nordic countries.

1956

International Historians' Conference on "The Third Reich and Europe", Tutzing/Oberbayern, May 1956.

Organised by the Institute of Contemporary History, Munich.

Participants: historians from Austria, Federal Republic of Germany, France, Italy, the Netherlands, Norway, Switzerland, United Kingdom and the USA.

Report: "Das Dritte Reich und Europa" with the lectures and discussions, Munich 1957.

1956

International Study-Conference on problems of the teaching of contemporary history, Ostende, 7-9 May 1956.

Organised by the International Commission for History Teaching, Brussels. and the *Bureau Européen de la Jeunesse et de l'enfance*, Brussels

Participants: historians and history teachers from Belgium, Federal Republic of Germany, France, Italy, Norway and Switzerland.

Report: André Puttemans "Disputed Questions on the history of World War Ⅱ ", Brussels 1956.

1956

Fourth Conference of the Council of Europe on the revision of history textbooks, Royaumont, 2-9 September 1956.

Participants from: Austria, Belgium, Denmark, Federal Republic of Germany, France, Greece, Iceland, Ireland, Italy, Luxembourg, Netherlands, Norway, Saar, Sweden, Turkey, United Kingdom.

Recommendations to teachers and authors of textbooks: The Seventeenth and Eighteenth Centuries, in: Bruley/Dance *A History of Europe?*, Leyden 1960, pp. 73-74 and *Pädagogische Mitteilungen*, Vienna, 1957, Ⅳ.

1957

Second International Study Conference for the Teaching of History, Bergneustadt, Federal Republic of Germany, 15-17 April 1957.

Organised by the International Commission for History Teaching, Brussels.

Participants: history teachers from the Federal Republic of Germany, France, Belgium, Italy, Norway and Switzerland.

Results: *Disputed Points of the History of the Period between the Two World Wars*,

1919-1939, ed. by the International Commission for History Teaching, Brussels, 1957.

1957
International colloquy, organised at Mödling(Vienna), 25-31 August 1957.
Results: "Erziehung zu Europa-Seminar europäischer Erzieher in Wien, August 1957", *Wiener Schriften*, Vol. III, Vienna 1958, and André Puttemans *L'Enseignement de l'Histoire et l'idée Européenne* in Album E. Lousse, Leuven/Paris.

1957
Conference on the Atlantic Community, held at Bruges, 9-14 September 1957.
Organised by the College of Europe, Bruges, under the auspices of the Foreign Policy Research College, University of Pennsylvania, Philadelphia, USA.
Theme: Atlantic Community
Participants: Belgium, Canada, Council of European Communities, Denmark, Finland, France, USA, Netherlands, Iceland, Italy, Luxembourg, Norway, United Nations Organisation, Federal Republic of Germany, United Kingdom, Sweden and Switzerland.
Report: "Communauté Atlantique" in: *Les Cahiers de Bruges, recherches européennes*, Collège d'Europe, Bruges, Vol. III, 1957, III/IV.

1957
Fifth Conference of the Council of Europe on the Revision of History Textbooks, Scheveningen, 15-25 September 1957.
Delegates from: Austria, Belgium, Denmark, Federal Republic of Germany, France, Greece, Iceland, Ireland, Italy, Luxembourg, Netherlands, Norway, Sweden, Turkey, United Kingdom.
Recommendations to teachers and authors of textbooks: from 1789 to 1871, in: Bruley/Dance *A History of Europe?*, Leyden 1960, 74/75 and *Pädagogische Mitteilungen*, Vienna 1958, II.

1958
Conference of Experts of West-European countries, Brunswick, April 1958, for the preparation of the UNESCO Conference in Tokyo, Autumn 1958.
Organised by the International Textbook Institute, Brunswick, with the help of UNESCO.
Recommendationas: for the "Treatment of European History in the Textbooks and the Teaching of Asian Countries" in: *Internationales Jahrbuch für Geschichtsunterricht* Vol.

Ⅱ, Brunswick 1959/60, pp. 169-192.

See also the findings of a meeting of experts on pre-and early-history, Brunswick, 25-27 March 1958: Karl J. Narr "Ur-und frühgeschichtliche Beziehungen zwischen Europa und Asien" in: offprint of the *Internationales Jahresbuch für Geschichtsunterricht*, Vol. Ⅶ, Brunswick 1960.

1958

Third International Study-Conference for the Teaching of History, Brussels, 18-20 May 1958.

Organised by World Brotherhood and the International Commission for the Teaching of History.

Theme: Some Disputed Points of the History of Colonial Expansion.

Participants from countries of Western Europe.

Results: J.B. Duroselle, *Einige strittige Punkte der Geschichte der Kolonialen Expansion*, the International. Commission for the Teaching of History, Brussels 1958.

1958

Meeting of Historians from Denmark, Finland, Norway, and Sweden, Frederikstad, Norway, 30 June-5 July 1958.

Organised by the Norden Associations.

Reports: *Nordisk Tidsskrit*, Vol. 1960, pp. 73-75, and *Norden*, Vol. 1958.

1958

Tenth Session of the Norden Association's Joint Committee, Eligaard near Oslo, 30 June and 4 July, in connection with the First Inter-Nordic Seminar for the study of textbooks in Nordic History.

Participants: Experts from Denmark, Finland, Iceland, Norway and Sweden.

Resolutions on the establishment of central records for the material and textbooks filed with the commissions of experts in each country, and on means of increasing the efficiency of the mutual revision work. Recommendation to the Norden Associations to organise more seeminars for the study of textbooks.

1958

Conference of Educators from the Nordic Countries, Fredrikstad, Norway 1958.

Theme: Has the criticism of textbooks born fruit and to what degree to textbooks give a survey of Scandinavian history?

Participants: History teachers in secondary schools of Denmark, Finland, Norway and Sweden.

1958

Sixth Conference of the Council of Europe on the Revision of History Textbooks, Istanbul/Ankara, 29 August-3 September 1958.

Austria, Belgium, Denmark, Federal Republic of Germany, France, Greece, Iceland, Ireland, Italy, Luxembourg, Netherlands, Norway, Spain, Sweden, Turkey, United Kingdom.

Recommendations to teachers and authors of textbooks: from 1870 to 1950, in: Bruley/Dance *A History of Europe?*, Leyden 1960, pp. 75-76.

1958

First International Conference on the History of the European Resistance Movement.

Organised by the Belgian History Teachers's Federation, Liège-Brussels-Breedonk, 14-17 September 1958.

Participants: Belgium, France, United Kingdom, Federal Republic of Germany, Italy, Poland, Netherlands, Denmark, Israel, Yugoslavia, USA, Australia.

"Compte-rendu des Travaux"(Record of Proceedings) in *Histoire et Enseignement*, published by the Belgian History Teachers' Federation, 7/8 year, Brussels 1957-1958 and reprinted for World Brotherhood, Centre International, Geneva, 1959, Henri Michel *Die europäische Widerstandsbewegung, Hauptbericht*, Brussels 1958.

1959

A course on the Teaching of History, London, 9-24 March 1959.

Organised by Western European Union and the British Council.

Participants: United Kingdom, Belgium, Federal Republic of Germany, France, Italy and the Netherlands.

Recommendations: *Bulletin de la Société des Professeurs d'Histoire et de Géographie*, No. 161, Paris, July 1959, 507-509.

Fourth International Days for History Teaching, Lausanne, 1-3 April 1959.

Organised by the International Commission for History Teaching and World Brotherhood.

Theme: Some disputed points of social history, 1850-1950.

Participants: 70 history teachers from Austria, Belgium, Federal Republic of Germany, France, Italy and Switzerland.

Results: *IVème Journée Internationale pour l'enseignement de l'histoire* published by the International Commission for History Teaching, Brussels 1960, and Claude Fohlen, *Einige umstrittene Punkte der sozialen Geschichte* 1850-1950, the International Commission for the Teaching of History, Brussels O.J.(1959).

1959

First International Conference on the History of European Resistance, Florence, 20-23 November 1959.

Organised by the *Fédération Internationale des Résistants*, Vienna.

Theme: The Resistance and the Young Generation.

Report: "Die Widerstandsbewegung und die junge Generation", Bericht, Vienna 1960.

1960

Conference of historians from the Nordic countries and the Federal Republic of Germany, Brunswick, 22-25 April 1960.

Organised by the International Textbook Institute, Brunswick.

Reports and Recommendations: "Germany and the Nordic Countries, 1933-1945" in : *Internationales Jahrbuch für Geschichtsunterricht*, Vol. VIII, Brunswick 1961/62, 195-277, also as off-print, and the report of Haakon Vigander, Oslo, May 1961, on the treatment of Norweigian-German relations during the Second World War in the Germany textbooks for history, in the same Yearbook, pp. 276-277.

1960

Third Atlantic Study Conference, Luxembourg, 3-8 July 1960.

Organised by the Atlantic Treaty Association, London.

Participants from: Belgium, Canada, Denmark, Federal Republic of Germany, France, Greece, Iceland, Italy, Luxembourg, Netherlands, Norway, United Kingdom, and USA.

Theme: Transatlantic Understanding in the Schools:

1. Teaching and information about the USA and Canada in the schools of Belgium, Denmark, France, Germany, Greece, Iceland, Italy, Luxembourg, Netherlands, Norway, Portugal, Turkey and the United Kingdom.

2. Teaching and information about these thirteen European countries in the schools of North America.

Report: *Transatlantic Understanding in the Schools*, the Atlantic Treaty Association, London 1960.

1960~61

Two meetings of the International Federation of Teachers' Associations (IFTA) with experts from France, United Kingdom, Federal Republic of Germany and Switzerland at the International Textbook Institute, Brunswick, 19-17 December 1960, and Paris, 27-28 October 1961.

Report presented by IFTA to UNESCO: "The Treatment of Asia in Textbooks in use in Primary Schools in France, the United Kingdom, the Federal Republic of Germany and Switzerland" with recommendations, Lausanne, December 1961, and reprint from *Internationales Jahrbuch für Geschichtsunterricht* IX, Brunswick 1963/64, 11-12: "Die Behandlung Asiens in den Lehrbüchern der Volksschulen in de Schweiz, Frankreich, Grossbritannien und der Bundesrepublik Deutschland". "The Treatment of Asia in Primary School Textbooks in France, the United Kingdom the Federal Republic of Germany and Switzerland", in *Orient-Occident* UNESCO-Paris, Vol. VI, N. 3 June 1963, pp. 4-5.

1962

Fourth Educational Study Conference, Strasbourg, 23-28 July 1962.

Organised by the Education Committee of the Atlantic Treaty Association, London.

Theme: The Teaching and Study of International Affairs in Secondary Schools.

Participants: Belgium, Canada, Denmark, Federal Republic of Germany, France, Greece, Iceland, Italy, Luxembourg, Netherlands, Norway, Portugal, Turkey, United Kingdom, USA, European Association of Teachers, Atlantic Treaty Association, Council of Europe and Nato-Oberver.

Report: *The Teaching and Study of International Affairs in Secondary Schools*, Education Secretariat Atlantic Treaty Association, London 1962 and *Bulletin of the Société des professeurs d'Histoire et de Géographie*, No. 179, Paris, December 1962, pp. 238-239.

1962

Symposium on "National Socialism and the Young Generation in Europe".

Organised by the International Commission for the Teaching of History, Brussels. Berlin, 6-9 October 1962.

Participants: Historians and history teachers of the following countries: Belgium, Switzerland, Federal Republic of Germany, France, Italy, Norway, Austria, United Kingdom, Sweden, Netherlands and the USA.

General Report drawn up by Professor Walther Hofer, Bern: "National Socialism and the Young Generation in Europe", based on the national replies received from various member countries and the joint recommendations made by the members of the meeting, with observations intended for teachers and authors of history textbooks.

1963

Eleventh Session of the Norden Association's joint Committee for History Teaching, Stockholm, 18 April 1963.

Participants: experts from Denmark, Finland, Norway and Sweden.

Final resolution on the contents of Vol. III of *Disputed Questions in Nordic History*. Recommendations to the Commissions of experts of each Norden Association:

1. to keep themselves well informed about changes in time-tables, syllabuses and textbooks concerning History Teaching in their own country and to give advice about joint Nordic historical topics;

2. to work out special desiderata, stating what should be mentioned from the history of each Commission's own country in the textbooks of the other Nordic countries. Recommendation to the Commissions of Finland and Norway to prepare short accounts of conditions prevailing in their countries during World War II. Resolution upon a record-office for the Committee at the Castle of Hasselby, Stockholm.

1963 / 1964

Meeting of the International Federation of Teachers' Associations (IFTA) on Experimental Projects for Better Understanding of Eastern Cultures in Sixteen Primary Schools, Lausanne, 8-12 April 1963 and Paris, 10-11 April 1964.

Organised by the International Federation of Teachers' Associations.

Theme: Meeting on Experimental Projects for Better Understanding of Eastern Cultures in 16 Primary Schools.

Participants from: Federal Republic of Germany, France, Switzerland and United Kingdom.

Results: Rapport de la FIAI à l'UNESCO "Une Expérience pratique tendant à associer des écoles primaires au projet majeur de l'UNESCO Orient-Occident", Lausanne, November 1964. "Meeting of the International Federation of Teachers Associations Lausanne, 8-12 April 1963" in: *Orient-Occident*, UNESCO-Paris, Vol. VI, 3 June 1963, and "International Federation of Teachers' Associations" in: *Orient-Occident*, UNESCO-Paris, Vol. VII, No. 3 June 1964, 12.

1964

International Working Party, Ditchley park, Oxfordshire, Great Britain, 21-24

February 1964.

Organised by the European Atlantic Movement, T.E.A.M., for Education on Atlantic Citizenship, Exeter, Devon, England.

Theme: Aids to Teaching for European and Atlantic Understanding.

Participants from: Belgium, Denmark, Federal Republic of Germany, Netherlands, United Kingdom, USA, NATO, OECD and the European, Atlantic Movement.

Findings: *The Changing Pattern of the Western World*, an Information Handbook for Lecturers and Teachers, published by the European-Atlantic Movement, Exeter, Devon, October 1964.

1964

International Seminar, Freiburg, Switzerland, 20 July-2 August 1964.

Organised jointly by the UNESCO Institute for Education, Hamburg, the World Brotherhood and the Swiss National Commission for UNESCO.

Theme: Education toward International Understanding despite Inter-group Tensions.

Participants: Austria, Canada, Belgium, Denmark, France, United Kingdom, British Guiana, Haiti, Hungary, India, Netherlands, Jamaica, Federal Republic of Germany, Switzerland, Czechoslovakia.

Report: "L'Education pour la compréhension intercnationale face aux problèmes de tension intergroupe", No. 8 *Education pour la compréhension internationale*, Institute de l'UNESCO pour l'éducation Hamburg 1965.

1964

Fifth Atlantic Study Conference on Education, Washington, 8-12 September 1964.

Theme: The Treatment of Ideologies in the Teaching of Current International Affairs in Secondary Schools.

Organised by the Atlantic Information Centre for Teachers with assistance of the National Association of Secondary School Principals of the United States of America.

Participants: teachers and educational experts from Belgium, Canada, Denmark, Federal Republic of Germany, France, Greece, Iceland, Italy, Luxembourg, Netherlands, Norway, Portugal, Turkey, United Kingdom and USA.

Findings: *The World and the School*, a Review for Teachers of Current Intercational Affairs, No. 3, Autumn 1964, publ. by the Atlantic information Centre for Teachers, London.

1964

Two Meetings of the Study Group of the Committee for General and Technical Education, Council of Europe, Brunswick, 9-10 September 1964 and Copenhagen, 11-14 September 1964.

Theme: History Teaching in Secondary in the Countries of the Council of Europe.

Organised by the Committee for General and Technical Education, Council of Europe, with the assistance of the International Textbook Institute, Brunswick and the Danish Ministry of Education, Copenhagen.

Particitpants: experts from Denmark, Federal Republic of Germany, Belgium, Luxembourg, Italy, Norway and the United Kingdom.

Results: Report on the Meeting in *Internationales Jahrbuch für Gesschichtsunterricht* Vol. IX, Brunswick 1965, (in French) pp. 250-254.

1964

International Conference of the Centre of European Culture: "Europe-the World", Basel, 29 September - 2 October 1964, Organised by the Centre Européen de la Culture, Geneva.

Participants from twelve European countries of the Council of Europe and the USA.

Theme: Europe and the World.

Findings: official report of the Conference, published by the C.E.C., Geneva: *L'Europe et le monde, Conférence Européenne de la Culture*. 11th year, Nos. 1-2 Autumn 1965, Geneva.

1965

Second International Conference for Teaching the History of the Resistance, Prague, 13-15 April 1965.

Organised by *la Fédération internationale des Résistants*.

Participants: Austria, Belgium, Bulgaria, France, Greece, Hungary, Italy, Israel, Luxembourg, Poland, Democratic Republic of Germany, Federal Republic of Germany, Rumania, Czechoslovakia, USSR and Yugoslavia.

Reports of the participating countries on the teaching of the history of the resistance.

1965

Course on the Teaching of History in Secondary Schools, Elsinor, Denmark 21 August - 1 September 1965.

Organised by the Committee for General and Technical Education, Council of Europe,

Strasbourg.

Participants: Austria, Belgium, Cyprus, Denmark, Federal Republic of Germany, France, Greece, Holy See, Iceland, Italy, Luxembourg, Netherlands, Norway, Spain, Sweden, Switzerland, Turkey, United Kingdom.

Theme: The Teaching of History in Secondary Schools.

Results: Official report in *Internatuinales Jahrbuch für Geschichtsunterricht*, Vol. X, Brunswick, 1965/1966.

III. History Textbook Revision Conferences on a Bilateral Scale

1946

The Hundorp Conference for British and Norwegian Teachers, August 1946.

Organised by *Norges Laererienne forbund, Norges Laererlag* and *Norsk Lektorlag*.

Participants: Educators from Great Britain and Norway.

Report: Haakon Vigander "The Teaching of History and International Understanding" in: *A Record of the Hundorp Conference*, Oslo 1948, pp. 97-118.

1949

First Anglo-German History Teachers Conference, 1-7 July 1949, Teachers Training College (*Kant-Hochschule*), Brunswick.

Organised by the History Teachers' Committee of the West German Teachers Organisation *Gewerkschaft Erziehung und Wissenschaft*, the Ministry of Education of Great Britain and the Ministries of Culture of the five north German *Länder*.

Result: Working Agreement of the International Commission of the Historical Association of Great Britain and of the German Teachers' Organisation on the exchange and revision of history textbooks, Hull, 1-7 January 1950.

1950

Second Anglo-German History Teachers' Conference, Brunswick, Teachers Training College *Kant-Hochschule*, 21-28 July, 1950.

Organised by the Committee for History teaching of the German Teachers Organisation and a group of British history teachers.

Recommendations: "Anglo-German relations 1890-1914" in: *Internationales Jahrbuch für Geschichtsunterricht*, Vol. Ⅰ, Brunswick 1951, pp. 130-131, and off-print.

1950

Franco-German study meeting at Freiburg/Breisgau, 8-19 August 1950.

Participants: History teachers from France and the Federal Republic of Germany.

Organised by the Directorate of Cultural Relations in the French Zone, the Ministry of Education of the *Land* of South Baden and the French Society of History Teachers.

Resolutions: "Rencontres Franco-Allemandes d'Historiens", Baden-Baden 1954, 7-8 and *Internationales Jahrbuch für Geschichtsunterricht*, Vol. Ⅰ, Brunswick 1951, pp. 167-169.

1951

Franco-German conversations, Sorbonne, Paris, 7-9 May 1951, and Mainz, 9-12 October 1951.

Recommendations by French and German historians for history teachers and authors of school textbooks on Franco-German relations in modern and contemporary history.

Text of recommendations: Special number, No. 130 *bis of the Bulletin de la Société des Professeurs d'Histoire et de Géographie*, Paris, March, 1952, and, "Franco-German Agreement on controversial questions in European history", reprint from *Internationales Jahrbuch für Geschichtsunteerricht*, Brunswick 1953.

1951

Third Anglo-German Historians' Conference, 23-28 July 1951, Teachers' Training College, Brunswick.

Discussion on Anglo-German colonial relations before 1914 and on German school broadcasting on British history.

Organised by the History Teaching Committee of the German Teachers' Organisation and a group of British history teachers under the direction of E.H. Dance, Esq.

Results: Exchange of six of the most modern and widely used British and German history textbooks for review in each of the following years.

1951

Meeting of French and German history teachers at Mainz, 1-11 August 1951.

Organised by the same institutions as for the first Conference.

Resolutions: "Rencontres Frenco-Allemandes d'historiens"(Meetings of French and

German Historians), Baden-Baden 1954, p. 9.

1951 / 52

Meeting of representatives of the French and United Kingdom National Commissions'
Sub-Committee for the Study of History, Paris, 22-23 February 1951 and London, 23-24
February 1952.

Organised by the National Commissions for UNESCO of both countries.

Theme: Examination of the Question how the Napoleonic Period (1800-1815) was
dealt with in the History Textbooks of Both Countries.

Results: *Educational Studies and Documents*, de. by UNESCO, No. IV, Pairs, July 1953,
p. 27.

French Report: "L'enseignement de l'histoire et la compréhension internationale"
Centre National de Documentation Pédagogique Paris 1951, p. 30.

1951 / 1952 / 1953

Conference of French and Italian Historians, Rome, Christmas 1951; Sèver October
1952; and Rome, Christmas 1953.

Organised by the French National Commission for UNESCO and a group Italian
historians.

Theme: Examination of Italian and French Textbooks of the Period 1870-1939.

Resolutions and general recommendations of the bilateral Committee: *For Improvement
of Textbooks and the Teaching of History: Franco-Italian Talks on Period 1870-1939*,
published by the *Centre National de Documentation Pédagogique* Paris, February 1956.

See also: "The Italian Wars and the History of Civilisation in the 15th and:
centuries," and "The French Revolution and the First Empire and Risorgimento Italian
Unity (1815-1870)": joint views drawn up after examining Italian and French textbooks
in a publication by the *Centre National de documentation Pédagogique entitled : Pour
l'amélioration des manuels et de l'enseignement de l'histoire* (Improvement of history textbooks
and teaching), Brochure No 95, DP, Paris 1952, and in *Internationales Jahrbuch für
Geschichtsunterricht*, Vol. III, Brunswick 1954, "Agreement between French and Italian
Historians", pp. 192-213.

1952

First American-German Historians' and History Teachers' Conference Teachers'
Training College (*Kant-Hochschule*), 12-23 May 1952.

Organised by the Committee for History Teaching of the German Teachers

Organisation (*Ausschuss für Geschichtsunterricht der Arbeitsgemeinschaft Deutscher Lehreverbände*) and the National Council for Social Studies, Washington, USA, Observers from 10 European Countries: Norway, Denmark, United Kingdom, the Netherlands, Belgium, France, Switzerland, Italy, Austria, Greece.

1952

Meeting of Belgian and Norwegian Historians, Oslo, 13-20 January 1952.

Organised by the Committee of the Norwegian Teachers' Organisation for the Mutual revision of textbooks with non-Nordic countries and the *Fédération belge des Professeurs d'histoire*.

Theme: Results of a Mutual Examination of History Textbooks on the Treatment of the Historical Relations of Both Countries.

Recommendations: "Bilateral Consultations for the Improvement of History Textbooks" in: *Educational Studies and Documents*, ed. by UNESCO, No Ⅳ, Paris, July 1953, 25-26, and "Recommendation aux auteurs et éditeurs des manuels sur l'Histoire de Norvège" dans: *Histoire et Enseignement, Bulletin de la Fédération belge des Professeures d'Histoire*, Vol. Ⅲ, Brussels 1953, pp. 36-39, and Vol. Ⅳ, Brussels 1954, pp. 75-80.

1952

Conference of Danish and German Historians, Copenhagen, February 1952, and Brunswick, 10-12 April 1952.

Organised by the German Teachers' Organisation (*Arbetsgemenschaft Deutscher Lehrerverbände*) and the Danish Association of History Teachers.

Recomendations on the treatment of the historical relations of both countries "Zur Geschichte und Problematik der dänisch-deutschen Beziehungen (811-1920)", off-print of *Internationales Jahrbuch für Geschichtsunterricht*, Vol. Ⅱ, Brunswick 1953, and new off-print Vol. Ⅳ., 1958.

1952

Third meeting of French and German History teachers, Tübingen, 31 July 9 August 1952.

Organised by the same institutions as for the first and second conference.

Resolutions: *Rencontres franco-allemandes d'historiens*(meetings of French and German historians), Baden-Baden, 1954, 4, and *Internationales Jahrbuch für Geschichtsunterricht*, Vol. Ⅱ, Brunswick, 1953, pp. 362-363 (text in French).

1952

Franco-British History Days, Bordeaux, 15-19 September 1952.

Themes: Franco-British relations in Guyenne (Aquitaine) during the Middle Ages, and Modern Atlantic Problems.

Report: *L'Information Historique* 15th year, No. 4, Paris, September-October 1953, p. 145.

1952 / 53

Meetings of French and German educators for the revision of textbooks, Brunswick, 10-14 September 1952, and Paris, 12-16 February 1953.

Organised by the *Commission Fédérale d'Etudes des manuels scolaires franco-allemande* of the *Fédération de l'Education Nationale*, France, and the Historical Commission of the German Teachers' Organisation.

Reports and Findings, "Deutschland und Frankreich im Spiegel ihrer Schulbücher ed. by the International Textbook Institute, Brunswick 1924, *Internationales Jahrbuch für Geschichtsunterricht*, Vol. III, Brunswick 1954, pp. 214-217 and Introductory Report by Emile Hombourger in *Deutschland-Frankreich-Europa, die deutsch-französische Verständigung und der Geschichtsunterricht*, Baden-Baden 1953, pp. 55-66.

1953

First German-Italian Historian's Conference, Brunswick, 8-12 April 1953.

Organised by the International Institute Brunswick, the South-German Radio Network and a group of Italian historians.

Recommendations: "Deutsch-italienische Thesen über die geschichtlichen Beziehungen der beiden Völker im 19/20. Jahrhundert", off-print of the *Internationales Jahrbuch für Geschichtsunterricht*, Vol. III, Brunswick 1954.

1953

First German-Yugoslavian Historians' Conference, Brunswick, 16-21 July 1953.

Organised by the International Textbook Institute with the co-operation of the German and Yugoslavian Teachers' Organisations.

Participants: Historians and History Teachers from Yugoslavia and the Federal Republic of Germany.

Theme: The Relations Between Germany and Yugoslavia from 1918 until 1945 and their Treatment in the Teaching of History.

Findings: Recommendations from the German as well as the Yugoslavian participants for the teachers of both countries, in *Internationales Jahrbuch für Geschichtsunterricht*, Vol. III, Brunswick 1954, pp. 239-247.

1953

Meeting of French and German teachers, Wiesbaden, 15-19 September 1953.
Organised by World Brotherhood.
Reports and conclusions: *Deutsch-frazösische Erzieherkonferenz. Pädagogik Ein Brückenschlag zwischen Deutschland und Frankreich*, World Brotherhood.

1953

First and Second Coference of Historians from Japan and the Federal Republic of Germany, Brunswick, 14-18 May and 21-23 September 1953.
Organised by the International Textbook Institute with the assistance of the German National Commission for UNESCO.
Particitpants: Historians from Japan and the Federal Republic of Germany.
Theme: The Treatment of the History of Both Countries as well as their Historical Relations in the Textbooks of Japan and Germany.
Findings: Recommendations for the Treatment of German History in Japanese Schoolbooks and of the History of Japan in German Textbooks, in: *Internationales Jahrbuch für Geschichtsunterricht*, Vol. III, Brunswick 1954, pp. 93-112, and Atushi Kobata "Geschichte Japans" for use in German classrooms, off-print from *Internationales Jahrbuch für Geschichtsunterricht*, Brunswick 1955.

1953

Fourth meeting of French and German history teachers, Tours, 24th August 2nd September 1953.
Organised by the French History Teachers' Society in France.
Resolutionts: *Bulletin de la Société des Professeurs d'Histoire et de Géographie de l'Enseignement public*, No 137(44th year), January 1954, pp. 196-220, and *Internationales Jahrbuch für Geschichtsunterricht*, Vol. III, Brunswick, 1954, pp. 218-222.

1953

Meeting of Historians from Norway and the Federal Republic of Germany, Oslo, 30 April-1 May 1953.
Session of the Committee of the Norwegian Teachers' Organisations for the mutual revision of textbooks with non-Nordic countries and a delegation of the German

Teachers' Organisation.

Recommendations: "Norwegian-German meeting of Historians" in: *Internationales Jahrbuch für Geschichtsunterricht*, Vol. III, Brunswick 1954, pp. 223-231.

1954

Plenary meeting of the Netherlands-Belgian bilateral Sub-committee on Belgian and Netherlands Textbooks used in Secondary Education, The Hague, 28 April 1954.

Joint report on the revision of history textbooks:

Histoire et Enseignement, Bulletin de la Fédératiou Belge des Professeurs d'Histoire (History and Teaching, Bulletin of the Belgian Federation of History teachers) 6th year, Brussels, 1956, 82-87, and reprint from *Herziening van de Belgische en Nerdelrandse leerboeken voor Geschiedenis en Aardrijkskunde* (Revision of Belgian and Netherlands History and Geography Textbooks), Brussels 1956.

1954

Fifth meeting of French and German history teachers, Sankelmark near Flensburg, 21 July - August 1954.

History of the 19th Century in French and German school textbooks.

Resolutions: *Internationales Jahrbuch für Geschichtsunterricht*, Vol. IV, Brunswick 1955, pp. 355-357.

1954

German/Belgian Conference on the Revision of History Textbooks, Brunswick 20-25 August 1954.

Organised by the Belgian Federation of History Teachers, the Historical Commission of the Arbeitsgemeinschaft Deutscher LehreverBände and International Textbook Institute, Brunswick.

Recommendations: "Deutschland-Belgien 1830-1945", "Allemagne-Belgie 1830-1945," and "Belgie-Duitsland 1830-1945", Taken from *Internationales Jahrbuch für Geschichtsunterricht*, Vol. IV, Brunswick 1955.

1954

First Indo-German Historians' Conference, Brunswick, 3-7 October 1954.

Organised by the International Textbook Institute with assistance of the German UNESCO National Commission and the Cultural - Attaché of the Indian Embassy in

Bonn.

Participants : Historians from India and the Federal Republic of Germany.

Themes: The Treatment of India in German History and Geography textbook and the treatment of Germany in Indian Schoolbooks.

Findings: "India-Germany, recommendations of the first Indian German historians' conference" , off-print from the *Internationales Jahrbuch für Geschichtsunterricht*, Vol. V , Brunswick 1955.

1954 / 1955

Fourth and fifth Anglo-German Textbook-Conference, Brunswick, 12-16 April 1954 and Goslar, 4-7 April 1955.

Organised by the International Textbook Institute, Brunswick, and a group British Historians.

Recommendations: "Germany and Great Britain, 1904-1914", off-print of the *Internationales Jahrbuch für Geschichtsunterricht*, Vol. IV, Brunswick 1955.

1955

Coference of Swiss and Italian Educationalists, Bellinzona, 12-14 April 1955.

Organised by the Fraternité Mondiale, Genève, and the Department of Education of the Canton Tessin.

Theme: The treatment of Switzerland in Italian textbooks and the treatment of Italy in the history and geography textbooks of Switzerland.

Reports: Will Vogt in *Schweizerische Lehrerzeitung* No. 22. 3 June 1955, and Fernando Zappa "Come la Svizzera è conosciuta nella scuola italiana e come l'Italia è conosciuta nella scuola svizzera" in: *Risveglio*, Vol. LXI, 4 April 1955, Lugano

1955

Sixth meeting of French and German history teachers, Sèvres *(Centre International d'Etudes pédagogiques)*, 17-25 July 1955.

Organised by the French History Teachers' Society.

Theme: Colonial Problems and Imperialism at the End of the 19th and the Beginnig of the 20th Centuries.

Resolutions: *Bulletin de la Société des Professeurs d'Histoire et de Geographie*, No. 144(46th year), November 1955, 90-91 and *Internationales Jahrbuch für Geschichtsunterricht*, Vol. V ., Brunswick 1956, pp. 308-311

1955

Second American-German Historians' Conference, Brunswick Teachers' Training College 23-31 August 1955.

Organised by the International Textbook Institute and the Office of the Cultural Attaché, American Embassy, Bad Godesberg.

Recommendations for history Teachers and Textbook Authers: "Relations between Germany and the United States of America in the 18th, 19th and 20th Centuries", off-print from the *Internationales Jahrbuch für Geschichtsunterricht*, Vol. V., Brunswick 1956.

1956

Second German-Yugoslavian Historians' Conference, Opatija, 20-27 April.

Organised by the Federation of Yugoslavian Historians and the Yugoslavian Teachers' Organisation and the International Textbook Institute, Brunswick.

Participants: Historians and History Teachers from the Federal Republic of Germany and Yugoslavia.

Results: *Internationales Jahrbuch für Geschichtsunterricht*, Vol. V, Brunswick 1956, pp. 297-299.

1956

Franco-German Seminar on the Mediaeval Period, Bamberg, 20-22 July 1956. Organised by the International Textbook Institute, Brunswick, and the French History Teachers' Society.

Recommendations: *Bulletin de la Société des Professeurs d'Histoire et Géographie*, No. 151, Paris, June 1957, and "Die deutsch-französischen Beziehungen im Mittelater, Ergebnisse der deutsch-französischen Historikertagung", (German-French relations in the Middle Ages, results of the Germano-French Seminar for historians), Bamberg, 1956, reprint from the *Internationales Jahrbuch für Geschichtsunterricht*, Brunswick 1957.

1956

Seventh meeting of French and German history teachers, Pasing near Munich, 23 July - 3 August 1956.

Organised by a group of German history teachers and the French History Teachers' Society.

Theme: Presentation of the Middle Ages in School Textbooks in Grammar Schools in the Two Countries.

Recommendations: *Bulletin de la Société des Professeurs d'Histoire et de Geographie*, No. 150 (47th year), Paris, March, 1957, pp. 412-417 and *Internationales Jahrbuch für Geschichtsunterricht*, Vol. VI, Brunswick 1957/58, pp. 363-369.

1956

First German-Netherlands Meeting of Historians, Brunswick, 2-4 August 1956.

Organised by the International Textbook Institute, Brunswick, and the Vereni gung van Geschichtvan Geschiedenesleraren in Nederland (V.G.N.).

Theme: Problems of th Historical Relations Between Germany and the Netherlands.

Recommendationas: *Internationales Jahrbuch für Geschichtsunterricht*, Vol. V, Brunswick 1956, 299-301, and Vol. VI of the same Yearbook, Brunswick 1957/58, pp. 98-108.

1956

French-Austrian Conference of Educators, Ettal, Austria, 21-25 August 1956.

Organised by the Committee for History Teaching of the National Commission for UNESCO in Austria with the assistance of World Brotherhood.

Participants: Teachers from Austria and France.

Theme: The Spirit and the Methods of Teaching especially in History.

1956 / 1957

Conference of British and German historians, Oxford, 25-29 March 1956 and Bamberg, 26-28 March 1957.

Organised by the International Textbook Institute, Brunswick, and a group of British historians.

Recommendations: "Anglo-German Relations, 1918-1933", off-print of the *Internationales Jahrbuch für Geschichtsunterricht*, Vol. V and VI, Brunswick 1957.

1956 / 1957

Conference of Austrian and German Historians, Brunswick, 9-12 April 1956 and Vienna May 1957.

Organised by the International Textbook Institute and the Textbook Committee of the Austrian and German National Commissions for UNESCO.

Recommendations: "Deutschland und Österreich 1700-1848 und 1848-1939" off-print from *Internationales Jahrbuch für Geschichtsunterricht*, Vol. V and VI, Brunswick 1956 and 1957, and *Pädagogische Mitteilungen, Belage zum Verordnungsblatt des*

Bundesministeriums für Unterricht, Vienna 1957, and 1958, Ⅱ.

1956~1959

Conference of Italian and German Historians in Goslar, 3-8 April 1956; Siena, 19-24 March 1957; Bamberg, 9-12 April 1958; and Erice/Sicily, 3-6 September 1959.

Organised by the International Textbook Institute, and a group of Italian historians with assistance of the Italian Governement and World Brotherhood.

Recommendations: "1000 Jahre deutsch-italienischer Beziehungen" (The relations of both countries from the fifth century A.D. to our time-1947) "Italia-Germania: Recomandazioni per lo studio della relazioni storichi tra i due popoli dall'ato medioevo fino all'età contemporanea", Series of the International Textbook Institute, Vol. V., Brunswick 1960 and off-print in German and Italian.

1957

Conference of Historians from Luxembourg and the Federal Republic of Germany, Brunswick, April 1957.

Organised by the International Textbook Institute, Brunswick, and the Teachers, Organisation of Luxembourg.

Recommendations: "Luxembourg-Deutschland 1815-1945" off-print - of the *Internationales Jahrbuch für Geschichtsunterricht*, Vol. VI, Brunswick 1957, and "Rencontre d'historiens allemands et luxembourgeois, Texte des Recommendations dans" *Courrier de l'Education National*, ed. by the *Ministère de l'Education Nationale* Luxembourg, No. 3., October 1957.

1957

First German-Indonesian Historians' Conference, Brunswick, 16-18 May 1957.

Organised by the International Textbook Institute, the German National Commission for UNESCO and the Indonesian Embassy in Bonn.

Participants: Historians from Indonesia and the Federal Republic of Germany.

Results: "Indonesian-Deutschland, Empfehlungen der indonesisch-deutschen Historikerkonferenz", off-print from *Internationales Jahrbuch für Geschichtsunterricht*, Vol. VI, Brunswick 1957/58, 204-209.

1957

Eighth Franco-German meeting of History Teachers, Clermont-Ferrand, 1-9 August 1957.

Organised by the French History Teachers' Society.

Theme: Presentation of the Period Extending from the End of the 15th to the Beginning of the 17th Century in Textbooks used in the "Intermediate Classes" of the Two Countries.

Recommendations: *Bulletin de la Société des Professeurs d'Histoire et de Géographie*, No. 155, Paris, April 1958, pp. 438-441, and *Internationales Jahrbuch für Geschichtsunterricht*, Vol. VI, Brunswick 1957-58, pp. 369-375.

1957

First Conference of Swedish and German historians, Brunswick, 11-14 September.

Organised by the International Textbook Institute, Brunswick, and the Swedish Historielärarnas Forenigs, Stockholm.

Recommendations: "Deutschland-Schweden vom Mittelalter bis zum Ende des 19. Jahrhunderts" off-print from *International Jahrbuch für Geschichtsunterricht*, Vol. VII, Brunswick 1958 (German and Swedish) and "Hansatiden och stormaktiden i tysk och svensk historieundervisning" and "Tysk-Svenska Rekommendationer" in *Historielärardas Föreninhs Arrskrif, särtryck ur*, Vol. 1957/58, Uppsala 1958.

1957

Historians' Conference, Königswinter, Federal Republic of Germany, 27-28 September 1957.

Organised by the "Europa-Union", Federal Republic of Germany.

Participants: Historians and history teachers from France and the Federal Republic of Germany.

Report : "Das europaische Geschichtsbild und die Schule" (The Pattern of European History and the School), ed. by the "Europa-Union" Deutschland, Bonn.

1959

Conference of French and Austrian historians, Vienna, 25-27 May 1959.

Organised by the School Textbook Sub-committee of the Austrian National Commission for UNESCO.

Themes: The Thirty Years' War and the Century of Louis XIV in France and the Austrian Monarchy.

Results: *Pädagogische Mitteilungen*, Vienna 1960, VII.

Franco-German meeting of History Teachers, Goslar, Harz, 29 July-7th August 1959.

Theme: Historiography in France and Germany since the 18th Century.

Results: *Bulletin de la Société des Professeurs d'Histoire et de Géographie*, 164, Paris, February 1960, pp. 396-398 and *Geschichte in Wissenschaft und Unterricht*, χ, 12, Stuttgart, December 1959, pp. 766-769.

1959

Third German-Yugoslavian Historians' Coference, Brunswick, 26-29 October.

Organised by the International Textbook Institute, the German Teachers Organisation and the Federation of Yugoslavian Historians.

Participants: Historians from Yugoslavia and the Federal Republic of Germany.

Themes: German-Yugoslavian Relations from 1918 to 1939 and Labour-Movements in Germany and Yugoslavia.

Reports: *Die neue Gesellschaft*, Vol. VII, 2, Bielefeld, March/April 1960, 147/47 and *Historijski Pregled*, Vol. IV, 5, Zagreb 1959, pp. 370-376.

1959 / 1960

Conferences of Austrian and French historians, Vienna 25-27 May 1959, and Sèvres, 5-9 October 1960.

Organised by the Textbook Sub-committee of the Austrian and the French National Commission for UNESCO.

Recommendations: *Pädagogische Mitteilungen*, publ. by Austrian Ministry of Education 1960 - No. 7, 1961, No. 1.

1960

Anglo-German Historians' and History Teachers' Conference, Brunswick, 20-23 February 1960.

Organised by the International Textbook Institute and the Textbook Sub-Committee of the National Commission for UNESCO of the United Kingdom.

Participants: Historians and history teachers from the United Kingdom and the Federal Republic of Germany.

Theme: Discussion on the German History Textbooks on Contemporary History.

Findings: The British reviews on German textbooks are printed in the *Internationales Jahrbuch für Geschichtsunterricht*, Vol. VIII, Brunswick 1961-62, pp. 292-296.

1960

Third American-German Historians' Conference, Brunswick, International Textbook Institute, 25-28 June 1960.

Organised by the International Textbook Institute, Brunswick, and the office of the Cultural Attaché, Embassy of the United States of America, Bad Godesberg.

Recommendations of the American Participants: "Die USA und Deutschland, Zeitgeschichtliche Fragen. Referate und Gutachten der 3. ameikanisch-deutschen Historikertagung", off-print from *Internationales Jahrbuch für Geschichtsunterricht*, Vol. IX, Brunswick 1962, pp. 31-39.

1960 / 1961

Working Sessions of Indonesian and German historians and history teachers during the days of Indonesian Culture ("Indonesische Kulturtage") in Brunswick, International Textbook Institute, May 1960 and May 1961.

Organised by the International Textbook Institute, the Committee for History Teaching of the German Association and the Indonesian Embassy, Bonn.

Recommendations and material for history teachers in: "Beiträge zum indonesischen Erziehungswesen" off-print from *Internationales Jahrbuch für Geschichtsunterricht*, Vol. IX, Brunswick 1963/64.

1960 ~ 1964

Four Conferences of Italian and Yugoslavian Historians on the Revision of History Textbook: Belgrade 21-24 September 1960; Milan, 21-24 March 1962 Ragusa, September 1963; and Taormina 27 September-2 October 1964.

Organised by the Academy of Sciences of Yugoslavia, the *Istituto per gli Studi-di Politica Internazionale*, Milan, the *Consiglio di Presidenza della Società degli Storici Italiani*, and World Brotherhood.

Observers on the Fourth Conference: the President of World Brotherhood and an Austrian historian from the University of Vienna.

Results: Bilingual Theses on the Italo-Yugoslavian Relations from 1830 until 1920, to be edited 1965 by the *Società degli Storici Italiani*, and the report: "Incont? italo-jugoslavi per la revisione dei testi di storia" from Dr. Nitti in: *Internationales Jahrbuch für Geschichtsunterricht*, Vol. X, Brunswick 1966.

1961

Tenth Franco-German meeting of History Teachers, Aix-en-Provence, 3-10 August 1961.

Organised by the French History Teachers' Society.

Theme: The Weimar Republic.

Results: Special number, No. 173, of the *Bulletin de la Société des Professeurs d'Histoire et de Géographie*, Paris, November 1961.

1961

Fourth German-Yugoslavian Historians' Conference, Dubrovnik, 23-25 September 1961.

Organised by the Federation of Associations of Yugoslavian Historians (*Saveza Itorijkih Drustava. F.N.F.J.*, Belgrade) in co-operation with the International Textbook Institute, Brunswick.

Participants: Historians from the History of Yugoslavia and the Federal Republic of Germany.

Themes: Special Problems of the History of Yugoslavia and of German Yugoslavian Relations after 1918.

Findings: The lectures of the conference are published in an off-print of the *International Yearbook of History Teaching*, Brunswick 1964: "Deutschland Jugoslawien, Referate der 4. jugoslawisch-deutschen Historikertagung, Dubrovnik 1961", and "Jugoslovenski Istorijski Casopis", *Organ Saveza Istorijskih Drustava Jugoslavije*, Vol. I. Belgrade 1962, pp. 151-154.

1961

First working meeting of French and Spanish historians, Madrid, 7-11 November 1961.

Organised by the French and Spanish National UNESCO Commissions, as a result of an agreement in April 1961, on the bilateral revision of French and Spanish history textbooks.

Results: "France in History Textbooks used in Spanish Secondary Schools and Spain in History Textbooks used in French Secondary Schools (XVIth and XVIIth centuries)"; *Bulletin de la Société des Professeurs d'Histoire et de Géographie*, Paris, No. 177, July 1962, pp. 642-655, and the Review *Ensenanza Menia*, No. 103-106, Madrid, May-July 1962, pp. 939-951.

1961

Franco-German Seminar on How to Teach Young People the History of Nazism, Paris, 11-12 November 1961.

Organised by the *Centre d'Etudes des Problèmes actuels* Paris.

Results: "Les Tables Rondes de l'Achi", *L'Arche*, FSJU Review, Paris, October 1962,

38-45 and 75.

1962

Second working meeting of French and Spanish historians, Paris, 9-12 April.
Organised by the National Commissions of UNESCO for Spain and France.
Results: "Rapport sur l'Histoire d'Espagne dans les manuels scolaires francais et sur
l'histoire de France dans les manuels scolaires espagnols (1715-1914)" in *Bulletin de la
Société des professeurs d'histoire et de géographie*, No. 182, Paris, July 1963, 641-652, and
"Conversaciones franco-espanolas para la revision bilateral de los manuales secolares de
Historia", Supplément de *Hispana*, revue espagnole de l'histoire de l'Institut *Jeronimo
Zurita, Conseil supérieur de la Recherche Scientifque*, Madrid 1962.

1962

Second Franco-German meeting of Historians: How to Teach Young People the
History of Nazis, Brunswick, 16-18, December 1962.
Organised by the International Textbook Institute, Brunswick, with *Centre d'Etudes
des Probèmes Actuels* and the French History Teachers' Society.
Recommendations to history teachers and authors of textbooks: Reprint from
Internationales Jahrbuch für Geschichtsunterricht, Vol. IX, 1963-1964, and "Le National
Socialisme Allemand et la Jeunesse" in *Bulletin de la Société des Professeurs d'Histoire et
de Géographie*, No. 189, Paris, December 1964, 332.

1963

First bilateral Spanish-Belgian meeting on the revision of history textbooks Madrid,
April 1963.
Organised by the joint Spanish-Belgian Commission for the Application of the
Cultural Convention between the Two Countries.
Theme: General revision of the textbooks of the two countries concerning questions
of common interest.

1963

Colloquium of Belgian and German Historians, April 1963.
Organised by the *Centre national d'études des problèmes de sociologie et d'économie
européenne*, Brussels and *l'Institut de Sociologie de l'Université Libre de Bruxelles*.
Theme: The Events in Germany which led up to the Outbreak of the First and
Second World Wars.

Results: *Sentiment national en Allemagne et en Belgique, XIXe-XXe siècles*, edited by the Institute of Sociology of the Brussels Université Libre, Brussels 1964.

1963

Sixth Conference of Italian and German Historians Trier, 16-19 April 1963.

Organised by the International Textbook Institute, Brunswick, and a group of Italian Historians.

Theme: The Relations Between the Two Countries during the Two World Wars.

Material: *Raschismus-Nationalsozialismus*, Vol. VIII of the Series of the International Textbook Institute, Brunswick 1964 (in German and Italian).

1963

Eleventh meeting of German and French history teachers, Kiel, 3-12 August 1963.

Theme: The Internal History of Germany from 1933 and Franco-German Relations during the Period.

Recommendations: *Bulletin de la Société des Professeurs d'Histoire et de Géographie*, No. 185, Paris, February 1964, p. 449.

1963

Fifth American-German Historians' Conference, Brunswick, Ineternational Textbook Istitute, 5-9 November 1963.

Organised by the International Textbook Institute, Brunswick, and the Office of the Cultural Attaché, Embassy of the United States of America, Bad Godesberg.

The recommendations and reviews of the American and German participants on the treatment of contemporary history in the textbooks of the Federal Republic and the USA. Off-print of *Internationales Jahrbuch für Geschichtsunterricht*, Vol. X, Brunswick 1966. "Elements of an Atlantic historical view.".

1963 / 1964

Meetings of American and British Historians, Washington, 26-31 August 1963, and London, 17-21 August 1964.

Organised by a group of American and British historians with the assistance of the Historical Associations of both countries.

Theme: Anglo-American Joint Enquiry into Nationalistic Bias in American and British History Textbooks for Secondary Schools.

Results: The criticism and comments on the textbooks appeared in Greta Britain:

The historian's contribution to Anglo-American misunderstanding, R.A. Birlington, London 1966.

1964

Fifth German-Yugoslav Historians' Conference, Brunswick, 17-23 September.

Organised by the International Textbook Institute and the Federation of Associations of Yugoslav Historians, Belgrade.

Participants: Historians from Yugoslavia and the Federal Republic of Germany.

Themes: Problems of the Workers' Movements in Both Countries during the Nineteenth Century and of the "First Internationale".

Findings: The lectures are printed in Vol. X of the *Internationales Jahrbuch für Geschichtsunterricht*, Brunswick 1965/1966, and Prof. Anto Babic in *Yugoslovensk Istorijsk Casopis*, Belgrade 1964, IV, pp. 156-157.

1964

Second German-Belgian Conference on the Revision of History and Geography Textbooks, Bamberg, Federal Republic of Germany, 20-24 October 1964.

Organised by the International Textbook Institute, Brunswick, and the Belgian History Teachers' Federation within the Framework of German-Belgian cultural relations.

Theme: The Presentation of Contemporary Relations between Belgium and Germany in History Textbooks in the Secondary Schools of Both Countries.

Material: *Internationales Jahrbuch für Geschichtsunterricht*, Vol. X, Brunswick.

1965

Seventh German-Italian Historians' Conference, Milan, 7-10 June 1965.

Organised by Prof. Franco Valsecchi, President of the Italian Historians' Association, and the International Textbook Institute, Brunswick, with the assistance of the *Società degli Storici Italiani Instituto per gli studi di politica internazionale*, Milan.

Theme: Discussions on Italian Reviews about the Treatment of the History of Italy since 1800 in German Textbooks and vice versa on German Reviews about the Treatment of German History in the 19th and 20th Centuries in Italian Textbooks.

Findings: the Italian and German reviews will be printed in Vol. X of the Series of the International Textbook Institute.

1965

Twelth Meeting of German and French Historians and History Teachers Dijon, 18-24 August 1965.

Organised by the Association of French History and Geography Teachers and a group of German Historians.

Theme: The Treatment of the Outbreak of World War I. in French and German History Textbooks.

Results: "L'Allemagne et la France et leurs buts de guerre, 1914-1918 in *Historiens et Géographes, Bulletin de la Société des Professeurs d'Histoire et de Géographie*, May 1966 No. 198, special number.

1965

Second Conference of German and Netherlands Historians, Hildesheim Federal Republic of Germany, 24-27 September 1965.

Organised by the International Textbook Institute in collaboration with the *Vereniging van Geschidenisleraren in Nederland (V.G.N.)*.

Participants: Historians from the Netherlands and the Federal Republic of Germany.

Theme: Recommendations for the Treatment of German-Netherlands Relations and the History of Both Countries in the Textbooks of the Netherlands and the Federal Republic of Germany.

Results: "Germany and the Netherlands" in : *Internationales Jahrbuch für Geschichtsunterricht*, Vol. X, Brunswick 1965-66.

1965

Conference of German and Norwegian Historians, Brunswick, 8-11 November.

Organised by the International Textbook Institute and Norden's Commission of Experts on History Teaching and the Committee of the Norwegian Teachers Organisation for the mutual revision of textbooks with non-Nordic countries.

Participants: Historians from Norway and the Federal Republic of Germany.

Theme: The Treatment of the History of Both Countries and German-Norwegian Relations in the History Textbooks of Norway and the Federal Republic of Germany.

Results: "Germany and Norway" off-print from *Internationales Jahrbuch für Geschichtsunterricht* Vol. X, Brunswick, 1965-66.

미래를 건설하는 역사교육

지은이 오토 에른스트 쉬데코프
옮긴이 김승렬
펴낸이 장두환
펴낸곳 역사비평사

등록 1988년 2월 22일 제1 - 669호
주소 서울시 종로구 계동 140 - 44
전화 영업부 741 - 6123~4
편집부 741 - 6127
팩스 741 - 6126
E-mail yukbi@chollian.net

제1판 제1쇄 2003년 1월 5일

ⓒ 역사비평사, 2003

값 10,000원

ISBN 89 - 7696 - 905 - 0 - 03900